情报与反情报丛书

# 以目标为中心的网络建模

## 复杂情报分析案例研究

[美] 罗伯特·克拉克（Robert M. Clark） [丹] 威廉·米切尔（William L. Mitchell）／著
孟 林／译

# Target-Centric Network Modeling

## Case Studies in Analyzing Complex Intelligence Issues

金城出版社
GOLD WALL PRESS
·北京·

**图书在版编目（CIP）数据**

以目标为中心的网络建模：复杂情报分析案例研究 /（美）罗伯特·克拉克（Robert M. Clark），（丹）威廉·米切尔（William L. Mitchell）著；孟林译 . —北京：金城出版社有限公司，2022.7

（情报与反情报丛书 / 朱策英主编 . 第二辑）

书名原文：Target-Centric Network Modeling: Case Studies in Analyzing Complex Intelligence Issues

ISBN 978-7-5155-2123-7

I. ①以… Ⅱ. ①罗… ②威… ③孟… Ⅲ. ①计算机网络－系统建模－应用－军事情报－情报分析－案例 Ⅳ. ① E87-39

中国版本图书馆 CIP 数据核字（2020）第 261009 号

**以目标为中心的网络建模：复杂情报分析案例研究**

YI MUBIAO WEIZHONGXIN DE WANGLUOJIANMO FUZA QINGBAO FENXI ANLI YANJIU

**作　　者** [美] 罗伯特·克拉克　[丹] 威廉·米切尔
**译　　者** 孟　林
**策划编辑** 朱策英
**责任编辑** 李晓凌
**责任校对** 蔡传聪
**责任印制** 李仕杰
**开　　本** 700毫米 × 960毫米　1/16
**印　　张** 19.25
**字　　数** 296千字
**版　　次** 2022年7月第1版
**印　　次** 2022年7月第1次印刷
**印　　刷** 天津旭丰源印刷有限公司
**书　　号** ISBN 978-7-5155-2123-7
**定　　价** 98.00元

**出版发行** **金城出版社有限公司**　北京市朝阳区利泽东二路3号　邮编：100102
**发 行 部** (010) 84254364
**编 辑 部** (010) 64222699
**投稿邮箱** gwpbooks@foxmail.com
**总 编 室** (010) 64228516
**网　　址** http://www.jccb.com.cn
**电子邮箱** jinchengchuban@163.com
**法律顾问** 北京市安理律师事务所　(电话)18911105819

# 目录

# 第二部分　案例研究

# 图表目录

# 报告目录

# 序 言

本书作为《情报分析：以目标为中心的方法》（已由金城出版社出版）姊妹篇，可以为情报分析学科提供有益参考。它介绍了如何建立和共享关于情报问题和情报目标的模型。建立目标模型是情报分析人员的日常工作。本书还将进一步重点讨论一种特殊的目标，即网络（network），因为在今天的一切领域（如国家、军事、执法甚至商业领域）中，大部分情报问题都与网络有关。

本书重点讨论如何对情报领域的学生和分析人员进行实践培训和培养，任务是教导他们学习如何将目标网络建立模型（建模）和分析的原理付诸实践。借助案例研究和想定（scenario），读者将学习如何使用各种工具，以成功地定义问题、成功地将问题分解为各项构成要素，以及成功地建立和使用目标网络模型，生成成品情报。读者将认识到以协作方式共享模型的重要性。简言之，读者将学习如何创建优质合理的答案，回答用户提出的问题。本书还包含一个可以选修的部分，即如何拟定搜集策略。

本书第一部分是对情报分析方法的简要回顾，强调了定义情报问题、创建模型和创建网络模型等通用的基本概念。第 1 章简要介绍了问题定义模型（PDM）和目标网络模型（TNM）这两个分析概念，并阐释了二者的重要性。该章结尾讨论了共享模型，以及如何有效地共享模型。第 2 章概述了如何运用第二部分中的案例，创建和使用这些模型。

第二部分提供了若干案例研究，这些案例中的想定内容详尽，可以培养读者运用情报分析中关键要素的能力。不同的章节强调了情报分析流程中的不同部分。有些强调定义问题，以及处理用户提出的定义模糊的问题，有些则强调建模问题，或是以协作方式解决问题。

本书的目标读者包括：

- 情报分析学科的学生（学员）和教师（导师）；
- 来自一切有序环境的在职情报分析人员；
- 必须拟定针对目标的策略，以及必须与分析人员合作以产生成果的搜集人员。

本书与其他作品的区别在于三个方面：

**1. 它的相关性面向国际**

本书的用户集群和案例包括来自国际、各国国内、军事和执法等领域的情报用户。许多情报类教材都假定读者是美国人，并且专门讨论美国的国家政策或军事情报分析。本书提供的案例研究，可以让读者在更广泛的情报用户群体中进行选择。

**2. 采用逼真的情报报告**

每个案例研究都包含原始情报，目的是让读者感受自己今后在现实世界中遇到的报告会是什么样子。读者必须处理模糊性、不确定性、彼此矛盾和自相矛盾的报告，以及拒止与欺骗。

**3. 允许教师发挥极大灵活性**

本书为量身定制，便于开展以下活动：

- 它的材料适用于一个标准学期或一个短期课程：全书包含的材料足够整个学期使用，但每个案例研究都是自成体系的，可用于时间较短的课程。
- 它的设计允许灵活设置课程：教师可以强调或跳过分析过程中的某些步骤，选择最适合自己班级的分析问题。

- 它的格式鼓励灵活分配任务：可以以整个班级、个人或团队项目为单位，分配案例中的任务。
- 它允许多种有效答案共存：绝大多数练习题都有不止一个可能的答案，通常现实世界中的情报问题也是如此。
- 许多案例都可轻易调整，用来讲授军事学说：它们可用来生成作战空间情报准备（IPB）、情报搜集计划（ICP）、高价值目标清单（HVTL）和目标集（target set）等标准文件。

# 第一部分

# 流程和方法

[第 1 章]

# 引　言

情报中不存在单节点目标。即使我们关注的只是一个人、一个组织、一个物体或一个位置，我们的目标也会与某个网络（通常会是某些网络）发生关联，因为它（或它们）都是了解目标所必需的。多年来，这些网络已经变得愈发复杂，主要原因是通信技术进步。如今，许多情报机构的网络都是跨组织的和跨国的。

对国家政策、军事行动或执法活动等一切领域的情报分析人员而言，最艰巨的工作就是处理网络。如今，各国政府面临的大部分重大挑战，都来自有组织的网络，这些网络拥有完备且可识别的基础设施，可以很好地适应所处的行动环境，能够在重大的军事、经济和政治变化中幸存并且自我适应。反制它们是很困难的，需要开展大量的情报工作。[1] 因此，本书案例专门用于分析目标网络。

本章和下章将简要介绍用以处理复杂网络的一种规范化方法论，即目标网络建模，它可以回答当今情报界最棘手的一个问题：情报碎片是互

[1]　原注：U.S. Joint Forces Command "Commander's Handbook for Attack the Network," Joint Warfighting Center, Suffolk, VA, May 20, 2011, http://www.dtic.mil/doctrine/doctrine/jwfc/ atn_hbk.pdf.

不相关的，但却可以构成一切复杂问题，那么我们需要如何理解它们所造成的困境，又需要如何与情报团队的其他成员（及与用户）迅速沟通这种困境？在本书中，“用户”一词被用来泛指情报用户（可以是军事指挥官、政府领导人或执法部门官员）。在某些案例中，我们会点明某一类用户的身份，比如军事指挥官。

目标网络建模可以提供蓝图，让人们了解常规或非常规战争、武装极端主义、反叛乱、恐怖主义和有组织犯罪活动等定义明确的活动，并让人们采取行动加以反制。究其根本，这种方法论依靠分解法和可视化技术，推动人们拟定和交流可以共享的态势感知和态势认知：

- 态势感知（situational awareness，SA）可以确保用户（特别是身处战场的用户）对态势的掌握程度是正确的，这样用户便可将新的数据和信息加入背景，从而做出合理的决策并采取适当的行动。
- 态势认知（situational understanding，SU）更进一步：它是对特定态势所做的认知和解读，可以提供有效决策所需的背景、见解和预见。[1]

这两个概念看起来非常相似，事实上，它们正是从同一个目标网络模型中得出的。不同之处在于，态势感知更加侧重描述，而态势认知更加侧重分析和解读，可以得出准确预测所需的预见。假设有一个叛乱组织，情报用户希望能够与之谈判。获取态势感知的手段是网络示意图，它可以识别该组织决策者身份及目的（这是描述）。态势认知来自对该模型的更深层次分析，比如认识到该组织所有决策者都是中年以上的男性，这说明目标组织的性质是父权制的，即其社会关系是男性驱动的（这是解读）。于是，用户便知道在与该组织谈判时应当选择一个男性长者。在另一个例子中，获取态势感知的手段是一份高价值目标清单，它的目的是发动攻击以

[1] 原注：NATO Allied Joint Publication 2.0 Version 2, 2012.

重创某恐怖主义组织（这是描述）。我们能够形成态势认知，是因为掌握了可以提供背景知识的见解或预见，意识到：如果攻击清单上的部分目标，将在政治或社会等领域产生严重的不良影响，或许会抵消业已取得的军事战果。

对情报团队而言，目标网络建模的决定性优势就是时效性。在瞬息万变的态势下，目标网络建模可在几秒钟内被修改和分发。而冗长的书面叙述不但携带不便，而且往往在第一次迭代之后便不会有人再看了。

在处理情报问题时，首先，目标网络建模可以用来同化数据，分析人员将数据输入其所创建的有组织的格式中，以方便自己理解数据。接下来，目标网络建模可以帮助将上述理解通报给分析人员、情报搜集人员、决策人员、行动规划人员、执法部门专业人员和军事指挥官等，他们虽然是组织以外的其他人员，但可以帮助改进模型。最后或许也最关键的就是，目标网络建模作为一种载体，能够以用户可以理解的方式，向用户表述某种态势的复杂性。

目标网络建模也具有创新性，因为它天然提供了一种机制，可以让人用来跟踪目标的发展历史、行动环境或一段时间内的叙事[1]。为什么它很重要？因为情报活动的关键并不是研读一张快照，而是分析一段时间（比如在跟踪恐怖分子时，可以是几年、几周甚至一天）内的模式，以便在掌握信息的情况下开展评估分析。

目标网络建模使用以目标为中心的情报分析方法，这种方法在罗伯特·克拉克所著的姊妹篇《情报分析：以目标为中心的方法》中有详细介绍。它使用了三个重要概念：建立问题模型、目标网络模型和以协作方式共享模型。下面将简要介绍这三个概念。

---

[1] 译注：叙事（narrative），对事件的描述，而非事件本身。在这里，作者强调的是情报，而非事实。

## 一、问题模型

如果情报分析人员不能在工作之初对情报问题或事件进行批判性思考，就无法正确地建立目标网络模型。如果跳过这一步，该分析人员就会在后面的工作中，排除本应属于该目标网络模型的内容，或加入本不属于该目标网络模型的内容。在前一种情况下，分析人员回答了错误的问题。在后一种情况下，分析人员给出的答案对用户毫无帮助。

本书练习部分将在每个案例研究的开篇位置，提供关于情报问题或事件的陈述。这些陈述非常典型，正是用户会向分析人员提供的那些陈述。它们非常笼统，通常反映用户对该问题的看法。比如，军事想定提供的问题陈述是以“指挥官意图”的形式呈现的，它只陈述了指挥官的目的。情报分析人员的工作就是建立一个问题模型，以对这个笼统的要求进行具象化。用户提供的问题或要求只是一个开始。有时用户会提出错误的问题。即使最初的问题提得很好，情报用户也很少能够考虑到该问题涉及的全部要素。这些都将是分析人员的工作。

在情报问题中，往往会有一些在初始阶段就必须考虑的要素。出现这种情况，是因为我们必须处理的不仅有网络，还有系统，后者在情报分析中具有明确的定义和特定的意义。因此，我们将在开篇位置稍事周章，解释一下我们对“系统”的定义。

军队使用的大型武器系统由许多相互作用的子系统组成，因此被称为“系统的系统”(system of systems)。比如，主战坦克需要弹药和燃料。它必须要有人员实施操作。操作人员需要培训。坦克需要经常保养，需要修理战损。它必须配备传感器，以探测、识别和攻击目标，还必须配备通信设备，才能在作战空间有效地发挥作用。如果没有构成武器系统的上述要素甚至更多其他要素，这辆坦克只不过是一坨毫无用处的金属块。

然而，许多具备情报价值的系统都与军事领域关系不大，或是毫无关系。医疗系统、执法系统、金融和银行系统就是如此，甚至这样的清单可以列得很长。本书所有案例研究都在讨论网络，但也会讨论系统。在第 3、4、7 和 11 章中，犯罪卡特尔[1]和黑帮既是网络，也是系统的系统。在第10、13和14章中，部分案例研究将讨论军事系统，或者军事和非军事系统的混合体。第12章的案例研究主要讨论单一军事系统，但即使是这样，也必然涉及民用问题。

系统理论和系统思维的发展可以追溯到几十年前。20世纪60年代，美国军方定义了国家赖以行使权力的四个顶层系统，被军方称为“国家权力工具”，它们是：政治、军事、经济和社会心理。多年来，这种分类法已经历多次迭代。目前的版本，也就是本书多次涉及的版本，是政治、军事、经济、社会、基础设施和信息（简称**PMESII**）。

情报问题几乎不会，或根本不会只包含这些要素或系统中的某一个。复杂的国际问题通常会包含上述所有要素。2011年的“阿拉伯之春”、同年开始的叙利亚反政府活动以及2014年的乌克兰危机，全都包含PMESII的所有要素。但是，能够涉及PMESII的事件，也不一定必须是国际性问题。在这些要素中，有些可以在本地执法事件中得到体现，比如本书中黑帮“野蛮萨尔瓦多人”的案例就是这样。

充分考虑上述事宜之后，下一步就是设计一个分解问题的方法。这种方法所建立的问题模型，几乎都会采取层次结构的形式。如何分解问题？我们将在第2章中，通过举例论证的方式加以讨论。

## 二、目标网络模型

讨论了问题模型之后，接下来就是创建目标网络模型。就灵活性而言，目标网络建模与其他范式（paradigm）相比具有两个明显的优点。

第一，它不会被某一种结构所束缚，因为在描述任意一个给定问题时，都有不同种类的目标模型供我们选择，而且数量随意。但事实上，在大多数情况下，分析人员的第一步都是针对目标建立交互模型。比如，曾经用来帮

[1] 译注：卡特尔（cartel），垄断形式之一，在这里指此类犯罪集团的组织形式。

助追捕本·拉登（Osama bin Laden）的关系模型（relationship model），在情报中就很常见。通常，关系模型所能生成的模型，是针对生活方式建立的：那些身处这些关系的人们，他们在哪里生活、在哪里做生意、在哪里从事宗教活动，或是在哪里送孩子上学？这些情报可以生成地理空间模型或类似的东西。这些目标模型相互交织，能够在建模的中间过程和最终阶段产生成果。《情报分析：以目标为中心的方法》使用大量篇幅，详细介绍了不同的模型类型，以及如何使用备选模型。第 2 章将介绍其中的部分内容。

第二个优点其实前文已有强调，那就是可以快速而又轻易地对它们进行修改，比如修改成品情报报告中某些不实的内容。所有的情报态势都是流动的：新信息传来之后，已被证明为无效或无关的现有情报就必须放弃。目标网络模型为分析人员提供了一种快速的工作方法，可以将图景更新后分发给工作伙伴和（或）用户。在战场或类似 2013 年波士顿马拉松爆炸案那种瞬息万变的态势中，这种能力是不可或缺的。

这里对目标网络的定义是广义的。当然，它会包含敌方的军队、人员、组织和盟友。但在某些情况下，它或许还要包括针对友方和中立方网络所建的模型。事实上，情报机构通常有责任评估友方和中立方的网络，有责任考虑 PMESII 的所有维度。

事实上，情报组织评估友方网络与中立方网络的历史，和评估敌方网络的历史同样悠久。两千多年前，中国军事家孙武曾说：“故不知诸侯之谋者，不能豫交。”一战期间和结束之初，英国情报机构依靠劳伦斯（T. E. Lawrence，即人们熟知的“阿拉伯的劳伦斯”）和格特鲁德·贝尔（Gertrude Bell）的人文地形知识和外交技巧，对阿拉伯和伊拉克的部族网络进行评估。如果没有他们提供的关于友方网络的情报，在一战期间和结束之后，英国在军事和外交上取得的成功可能会少很多。当然，如果劳伦斯和贝尔事先不太了解英国面临的情报问题，他们可能也不会去获得这些急需的情报。[1]

[1] 原注：Janet Wallach, *Desert Queen* (New York: Anchor Books, 2005).

必须了解友方和中立方的网络，这一点对多国行动中的军事分析人员和执法机构的官员而言尤其重要。这时，情报用户往往并不掌握关于己方盟友或潜在盟友的关键信息，因此情报机构必须提供这些信息。本书有多个关于如何创建敌方网络模型的例子，它们都是在第 2 章出现的。第 2 章之后还有一些案例研究，让读者有机会建立可以涵盖友方或中立方网络的目标模型。

## 三、共享目标网络模型

分析人员之间共享情报的做法在情报组织中已是司空见惯。因此，本书中的许多练习都需要分析人员以协作方式共享目标网络模型。有种做法或许不太常见，但却更加重要，就是与用户、与搜集人员，以及越来越多地与包括非政府组织在内的盟友共享这些模型。

现代情报机构必须将及时准确的态势感知和态势认知，提供并共享给用户以及本机构的行动策划部门，这项要求自劳伦斯和贝尔的时代起从来没有改变过。发生改变的，是在劳伦斯和贝尔提供情报之后，在让军事和民用用户接受它们时所面临的挑战。情报机构针对某个态势建立目标模型后，便能够与用户共享这个模型以及支持它的证据，这项能力自一战以来已有极大的进步。在我们所处时代的主要冲突，也就是**网络战**（netwar）中，上述进步已经提升了我们用户的实力。

## 四、在网络战中共享情报

20 世纪 90 年代，兰德公司研究人员约翰 · 阿尔奎拉（John Arquilla）和戴维 · 伦费尔特（David Ronfeldt）提出了网络战的概念。今天，它已经成为一个放之四海而皆准的概念。正如两人最初描述的那样，这个术语指代的是社会层面的冲突和犯罪，而不是战争。在战争中，敌方的组织形式更像是一种散漫无序的网络，而不是一种严谨有序的层次结构。他们指出，网络战是恐怖分子、犯罪分子、极端激进主义者和族裔—民族主义者所青睐的行动方式，因为他们都在发展网络战力量。[1] 信息革命不但导致组织开始采取网络化的形式，而且影响到社会的组织方式和冲突的实施方式。网络战就是它的结果。阿尔奎拉和伦费尔特随后拓展了这个定义。他们指出，网络战指代的冲突，发起方或是高度结构化的组织，或是事实上没有领导的团体——比如，公民社会的活动人士。举例来说，网络活动人士或“占领华尔街”抗议者就是这样的活动人士。网络战的与众不同之处，在于从事网络战的人员呈现出网络化的组织结构，以及他们为发动“蜂群”攻击而聚集时所表现出的极快速度。笔者认为，为应对这种新型冲突，政府、军队和执法部门必须开始对自身进行网络化。[2]

美国联合特种作战司令部前司令、退役陆军四星上将斯坦利·麦克里斯特尔（Stanley McChrystal）很赞同网络战的概念，他说：“只有网络才能击败网络。”[3] 他在担任美国联合特种作战司令部司令期间，曾就共享事宜发表过令人信服的意见：“你与更多的人共享你的问题，才能更好解决这个问题。”

克拉克提出的以目标为中心的方法，正是用来处理网络战中的共享问题的。具体而言，它要求情报分析人员提供关于目标及其所处环境的态势感知和态势认知。如本书所述，目标网络建模就是实现这一目标的“引擎”。图 1–1 阐释了这个过程将如何在网络战中发挥作用。从某种意义上讲，用户、搜集人员、处理人员和其他分析人员都是你的网络的参与者，他们正站在一张（电子）桌的周围，审视着针对这个目标网络所创建的模型，并交流着他们对这个模型的理解。

---

[1] 原注：John Arquilla and David Ronfeldt, *The Advent of Netwar* (Washington, DC: RAND Corporation, 1996).

[2] 原注：John Arquilla and David Ronfeldt, *Networks and Netwars* (Washington, DC: RAND Corporation, 2001).

[3] 原注：General (Retired) Stanley McChrystal, *Foreign Policy*, March/April 2011, http://www.foreignpolicy.com/articles/2011/02/22/it_takes_a_network.

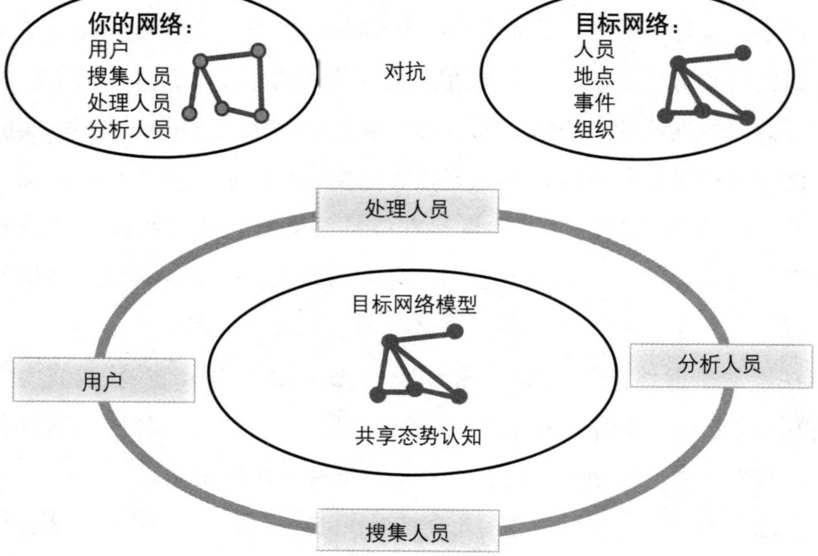


图 1–1　在网络对抗中共享情报

图 1–1 中标有“你的网络”的集合，近年来覆盖范围愈发广泛，也因此变得愈发复杂。各个国家单打独斗、警察机构间各自为政的时代已经一去不返了。在当今背景下，用户可以是盟友，也可以是其他合作伙伴。例如，他们还可以是军事行动中的联盟伙伴、打击跨国犯罪组织时的其他执法团体，以及化解国际危机时的政治盟友。通常，所有这些用户要想获得一个有效的解决方案，以便处理现代情报事务的话，他们的态势认知必须达到一般性的程度才行。

目标网络模型的情报共享事宜，也正是下文将要讨论的**观察—定位—决策—行动**（以下简称 OODA）**循环**中不可或缺的组成部分。

### （一）在 OODA 循环中共享情报

目标网络建模在战斗中的作用愈发明晰，它对那些设计和执行军事活动和行动的组织而言也是至关重要的。很明显，对于两个或多个不同的组织而言，当它们面对相同的态势或目标时，如果不能以相同的方式定义所面对的问题，或不能就所涉及的重要问题达成一致意见，将对行动造成不利影响。然而，在一个单一组织内部，如果指挥部门、情报部门和策划部门不能就态势或目标达成共识，也将对开展有效行动造成不利影响。目标网络建模作为一种格式化的方法，可供指挥官、情报支持部门及其手下的行动策划人员之间交流共享的态势认知，从而提高该组织的战斗力。比如，如果我们为了便于参考，将目标网络建模置入当前流行的 OODA 循环这个背景当中，那么所有三项参数，即指挥官、情报分析人员和策划人员都应该掌握共享的态势认知，以便本组织能在作战空间中有效发挥作用。图 1–2 阐释了 OODA 循环中的情报流程。[1] 在这里，情报的作用是观察（搜集信息）和定位（提出并评估关于敌方活动和意图的假设）。

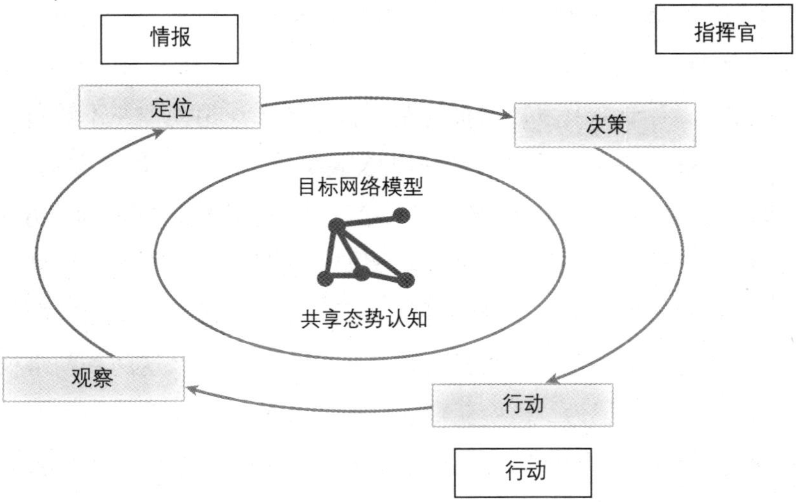


图 1–2　观察—定位—决策—行动循环中的情报活动

[1]　原注：John R. Boyd, *Destruction and Creation* (Fort Leavenworth, KS: U.S. Army Command and General Staff College, 1976).

### （二）共享中的配置管理

前面已经介绍了在利益攸关方之间广泛共享模型，但这种做法在早些年不太实用。不过，在今天的通信网络条件下，我们可以建立和共享海量的目标模型，不再受限于以前那种物质条件。

在这种共享过程中可能存在一项挑战：对复杂问题开展彻底分析的做法，可能意味着建立大量的备选模型和子模型。这样所造成的问题，也正是软件开发人员耳熟能详的那个问题：配置管理。首席情报分析人员必须跟踪模型，知道哪个模型才是准确的（通常是最新版本）。这种解决方案非常类似软件行业中使用的解决方案：使用注释，它能够唯一标示该模型的性质和确切版本。

执法部门以及战场上情报团队所采用的做法，是对共享模型使用配置标记。将在下章介绍的通用模型（generic model）会带有一个标记。比如，针对贩毒卡特尔建立的通用目标模型，可能会被标记为“毒贩”(narcotrafficker)。

然而，对于绝大多数情报问题而言，一个通用模型并不够用。很可能存在若干备选的通用模型。解决办法很简单，就是对备选方案进行编号。比如，“毒贩 3 号”表示已被共享的第三个备选模型。其他标记方法包括：

- 变体模型（variant model）。例如，它是以处理地区性变体为目的定制的通用模型，带有额外的标记。比如，假设西南亚毒贩使用的网络普遍不同于拉丁美洲毒贩使用的网络，那么这两种网络模型就可以分别标记为“西南亚毒贩”和“拉丁美洲毒贩”。
- 子模型（submodel）。它也需要加上标记。比如，毒贩通常会有一个洗钱系统。这种子模型可能会带有“洗钱毒贩”或“西南亚洗钱毒贩”等标记。

随着时间的推移，共享带有注释的通用目标模型，就能生成可供查阅的通用模型库——每个情报分析组织都应该拥有一个这样的模型库。这与过去几十年的情况截然不同。在那时，在提供以前那些模型时，经验丰富的分析人员的记忆，可能就是最优或唯一来源。而在实践过程中，他们将与新晋分析人员共享自己的概念模型。区别在于，如今有了目标网络建模这种方法论，我们就可以经常性地把这些模型提供给所有新晋分析人员。

讨论完通用模型之后，我们将更进一步，讨论各种具体的目标网络模型。仍然以毒贩为例，针对“泽塔斯”[1]贩毒卡特尔建立的目标模型可能带有“泽塔斯 4 号”的标记，表示这是为代表“泽塔斯”卡特尔的结构而制定的第 4 个模型。于是，在发送消息时，这个模型便可被对方识别。比如，得克萨斯州执法部门在与美国缉毒署通信时，可发送以下短信：“我知道你们正在追查‘泽塔斯 4 号’。这是关于它的最新报告，就在……”

分组开展这些练习时，你将了解到如何在实践中创建和共享模型。本书将安排多项练习，协助实现上述目的。

[1] 译注：“泽塔斯”(Zetas)，墨西哥一个庞大的暴力犯罪集团，主要从事贩毒活动。

[第 2 章]

# 案例研究流程

本书提供了多种不同类型的案例研究。它们涉及面广，并在侧重点、篇幅、细节、风格和组织环境等方面大相径庭。一些更加适用于非军事和执法部门的情报机构，另一些则更适合军方情报组织。此系刻意为之，原因有二：一是为了强调目标网络建模的通用性，以及它始终倡导的批判性思维和适应性思维，因为每个分析人员的基本技能组合都应当包含这些思维方式；二是为了反映现实世界的法则，以及开展机构间情报活动已经成为一种工作环境，并且已经变得愈发普及的情况。

本书的主要目的是培养人们使用目标网络模型的能力，因此在所有练习中，至少必须使用想定和情报报告，以便定义给定问题并创建适合的目标网络模型。在这个过程中，第五步和第六步是开放的，不论教师想在分析训练或提供不同情报产品方面达成怎样的目标，这两个步骤都允许根据实际情况，进行大量创新。

本章的重点是指导你如何能以收获最大的方式学习每个案例研究。图 2–1 展示了一个线性的六步流程，从某种程度上讲，这也正是它的工作原理。但是请注意，和任何一种解决问题的过程一样，这项工作也是迭代的。就本书练习而言，和在现实世界中一样，你将频繁地后退，然后一再重复这些步骤：比如，从目标网络建模或情报评估跳回到重新定义问题。

下面将通过一些示例，讨论该过程中的每个步骤。

## 一、第一步：阅读想定

阅读想定是第一步，可以用来理解背景设定或环境。想定通常包括在案例结尾处提供一些背景读物，从而提供必要的背景材料，帮助你完成练习的所有阶段。想定是每个案例中情报的背景设定。想定包含可以帮助定义问题的说明材料，也包含以组织任务或用户要求（如指挥官意图）等形式出现的要求——这些要求可以帮助你创建相关的目标网络模型。在许多案例中，想定还包括一些有益的补充性说明材料，比如：洗钱活动的通用模式，对武器性能评估的要求，恐怖主义网络自我组织、获得资金及策划和发动袭击的方式，以及灰市武器贩子的经营模式等。有些想定可以反映“何人”（who）、“何事”（what）、“何时”（when）、“何地”（where）、“何法”（how）等现实世界的要素；另一些完全是虚构的，但也是现实世界事件的反映。

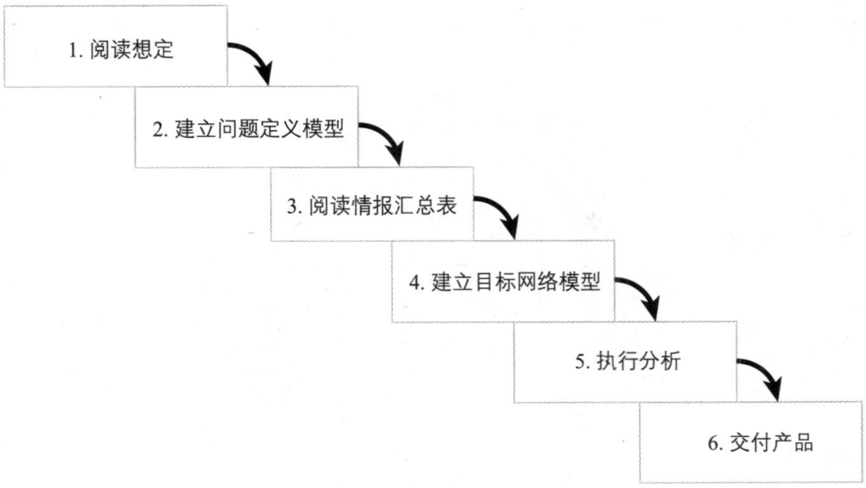


图 2-1　案例研究流程

虽然这些并不是最新的情报案例，但其中许多都包含历史事件的准确细节，包含业已公布的公职人员和罪犯的姓名。我们已经投入大量精力，务求让这些练习尽量逼真。但它们全都是事实和虚构的混合体（另外还有完全虚构的案例）。应当抵制诱惑，不要使用互联网开展搜索。完成本书所有任务时需要的情报，都是基于想定拟定的。不得挑战背景设定中的细节。

尽可能多地了解目标网络运行时所处的想定，这是解决现实世界情报问题的关键所在。就政治、军事、经济、社会、基础设施和信息等因素而言，它们之间存在不同程度的互动作用，绝大多数行动环境都会受此影响。如第 1 章所述，军事组织使用缩略语 PMESII 来简称这些因素。这个结构可以用来介绍绝大多数具有情报价值的网络的运行环境，我们在本书中也是这样使用这种结构的。如图 2–2 所示，为目标网络建模提供态势认知的，不仅仅是这些不同维度本身，另外还有它们之间互动关系的本质。PMESII 并非唯一的分析框架（远不止它一种），但对于那些没有其他分析框架的分析人员来说，它就是开展工作的起点。2008 年以来，它的部分内容已在理论和实践中得到反复的尝试和检验。可以帮助你的框架有很多，然而，问题在于你必须接受某种“系统的系统”的思维方式，这样才能确保从总体上去理解问题，才能创造足够的心理空间供你开展批判性思维。我们将在讨论结构化分析方法那一节（即介绍第五步时），再次讨论 PMESII 的独特优势。

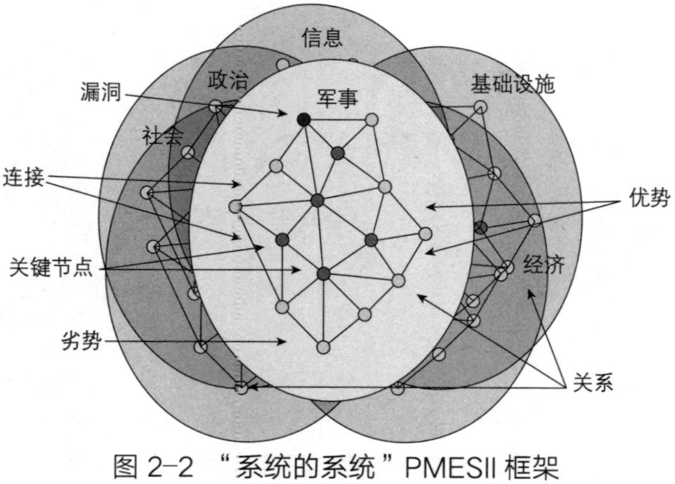


图 2–2 “系统的系统”PMESII 框架

## 二、第二步：建立问题定义模型

问题定义模型的目的是，对想定中的信息进行分解和可视化处理，对行动环境建立一种通用的认知。人们可以基于这种共享模型，向情报管理人员、搜集人员、分析人员和己方一切伙伴情报组织提出进一步的指令和要求。

对几乎一切情报问题而言，都存在一个或多个通用的问题定义模型。确实如此，因为许多年来，在不同的背景设定下，它确实已经多次解决情报问题。以通用模型为工作起点，分析人员可以创建特定的问题定义，用来处理正在考虑的想定。在按要求使用这一方法之前，你应当首先掌握简单基础知识。为此，我们将通过案例逐步深入探讨，以此介绍如何在通用层面和特定层面同时做出问题定义。

### （一）问题定义模型范例 1：网络攻击

假设你的任务是评估某国基础设施面临的网络威胁。首先一步是识别潜在攻击源：哪些国家或非国家行为体有发动此攻击的动机、手段和意图。下一步，你将思考哪些是攻击最可能针对的目标（可能包括这些部门：军事、能源、金融、政府、媒体或交通基础设施）。最后，应当尝试确定哪些是可能发动攻击的手段（如拒绝服务或破坏计算机），并评估每种手段出现的概率。因此在顶层层面时，问题定义如图 2–3 所示。

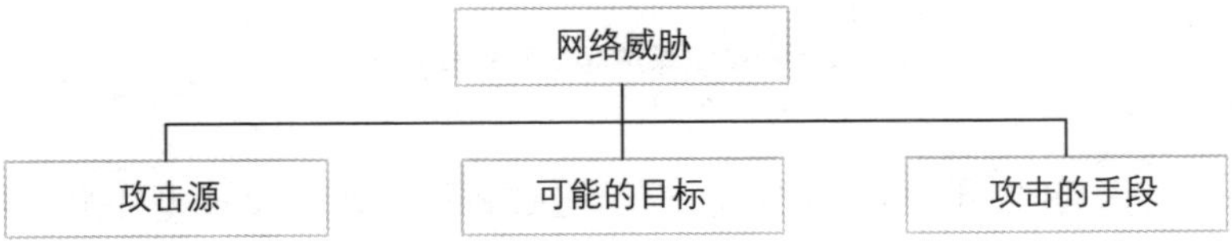


图 2–3　网络威胁评估的通用问题定义模型

上图是通用问题定义的一个示例。在一切网络威胁评估中，情况大致相同。如果是针对某个特定国家拟定问题定义，那么下一步将是继续向下，来到更低的底层，并让这些层面与你的目标产生相关性。以下是此类定义的一个例证。

2007 年，爱沙尼亚成为一系列网络攻击的受害者。爱沙尼亚议会、银行、报纸和新闻门户网站全都遭到攻击，攻击手段有拒绝服务、“淹没”网站[1]和破坏个人计算机等。人们认为，攻击来自俄罗斯境内和德涅斯特河沿岸共和国（摩尔多瓦的分离地区）。基于过去的经验，如果想要评估未来的潜在攻击源，就要评估俄罗斯、德涅斯特河沿岸共和国以及白俄罗斯（网络犯罪的主要来源）境内的攻击源。据此可以生成关于爱沙尼亚面临网络威胁的问题定义，如图 2–4 所示。例如，如果定义再低一层，有可能识别的要素将会包括：已知正在攻击爱沙尼亚的特定白俄罗斯网络犯罪团体，被认为最无力抵御攻击的特定金融中心，以及犯罪团体最喜欢的某些攻击手段。必须养成对问题定义模型添加注释的习惯，原因有二：第

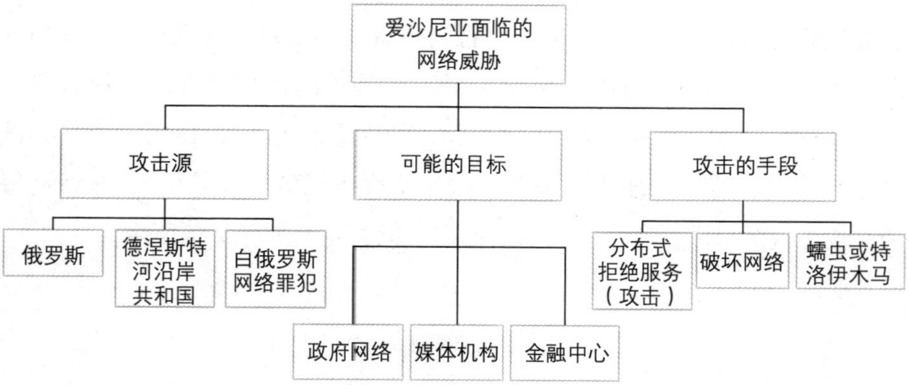


图 2–4 爱沙尼亚面临网络威胁的问题定义模型 1.1

[1] 译注：用海量访问使网站服务器瘫痪。

一，如果不同的组织、当局和联盟曾就你的态势认知进行沟通，那么当你查阅这些沟通内容时，注释就会非常有用；第二，它可以创建档案，供未来使用。根据第 1 章介绍的模型注释概念，该迭代将被命名为“爱沙尼亚面临网络威胁的问题定义模型 1.1”。事实上，它还需要加入一个组织标识符，以免在模型源头问题上产生混淆。

请注意，PMESII 的大部分要素，甚至全部要素都会在这里得到体现。攻击源同时包括政治敌方和经济敌方。攻击目标是政治、经济、信息和基础设施。攻击手段属于军事范畴。[1]

### （二）问题定义模型范例 2：国际贸易

我们将使用经济情报领域的一个示例作为研究起点，讨论如何应对另外一种不同类型的威胁。关于国际贸易的主要情报关切，是支持贸易谈判，以及识别能够影响一国经济和政治利益的贸易活动。通用的问题定义模型可以识破其他政府在双边或多边贸易谈判中的策略，警示企图绕开贸易制裁的尝试，指出不公平的贸易行为，以及检查潜在工业间谍活动。由此生成的通用问题定义模型，如图 2-5 所示。

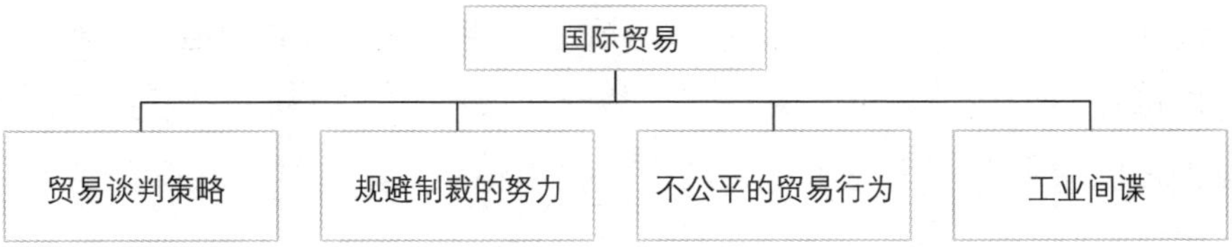


图 2-5　国际贸易的通用问题定义模型 1

处于底层的问题定义，主要关注某个特定国家（如前文爱沙尼亚面临

[1]　原注：人们认为，在 PMESII 语境中，“军事”一词所指的行动，在传统意义上并不属于军事范畴。例如，它包括此处讨论的网络攻击，或是执法时使用的武力。

网络威胁的案例所示），或是只关注图 2–5 所示定义中的某一部分。我们将选择一个例子来阐释这种底层定义，并在图 2–1 所示案例研究的剩余步骤（第三、第四、第五和第六步）里，一直使用这个例子。

以 20 世纪 90 年代后期的塞拉利昂为例。自 1991 年起，政府与革命联合阵线（RUF）爆发冲突，导致国家四分五裂。1992 年，联合国实施制裁，禁止向塞拉利昂贩运武器。在此案例中，问题定义的范围缩小，成为一个单独的问题："规避制裁的努力"。在这里，贸易谈判策略、不公平的贸易行为和工业间谍等，都不再是具有情报价值的事项。

一个国家破坏制裁的方法之一，就是利用国际犯罪网络提供的服务。由幌子公司、黑心商人和犯罪团体构成的地区和国际网络，擅长协助运输禁运产品（通常是武器）以及转移资金，用这些方法来规避贸易、军事和金融制裁。反制武器制裁措施的常用方法，就是通过武器灰市或黑市购买武器。

全球绝大多数的非法武器贩运都是通过武器灰市完成的。这个市场被个体掮客和武器掮客公司所控制。灰市武器贩运会使用合法的出口许可程序。通常，掮客会使用伪造的文件来获得出口许可证。通常，这种文件会隐瞒终端用户的身份或货物的军事属性。有了这种带有欺骗性的许可证，掮客就可以让贩运看起来是合法的，进而安排相关交易的付款和国际运输。[1]（它不同于黑市武器贩运，因为黑市武器贩运并不使用出口许可程序。相反，走私人员完全依靠向政府官员隐瞒违禁品武器的方法。它们的主要区别在于，在灰市武器贩运中，必须要有伪造的终端用户许可证。）

图 2–6 中的通用问题定义模型，展示了针对灰市武器贩运拟定的问题定义（它所包含的各个主题，正是用户的情报需求点）。

---

[1] 原注：Federation of American Scientists, "International Crime Threat Assessment," www.fas.org/irp/ threat/pub45270chap2.html.

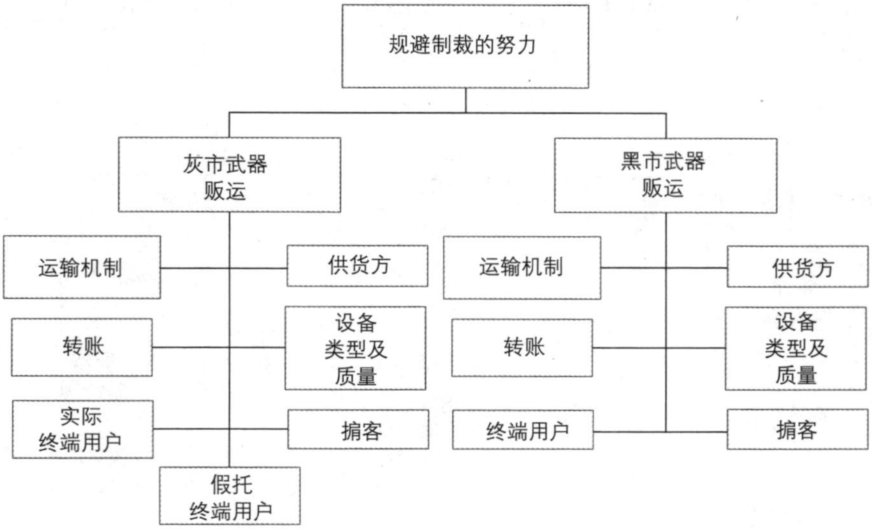


图 2–6　规避制裁的问题定义模型 1.1

### （三）问题定义模型范例 3：军事行动

为了阐明问题定义模型可以采取多种形式，我们将从另外一个不同的角度来探讨问题定义。

在作战空间中构建共享的态势感知和态势认知，这是极其关键的做法，可以用来了解所有军事行动的策划活动和实施情况。在今天，敌方是动态的、适应性极强的对手，可以在错综复杂的行动环境中开展行动。冲突正在不断地演化和变异，已经从常规战争延伸到维和行动，并且越来越多地对军方提出新的挑战。

在本范例中，假设你是第 76 联合特遣队司令手下的情报分析人员，被派往虚构的西希伯地区的某个作战空间。你的任务是以图 2–7 为工作起点，基于指挥官意图或所领受任务，识别出能够影响第 76 联合特遣队发挥实力的条件、环境和影响因素。具体而言，在这种特定态势下，第 76 联合特遣队接到的任务是，在防区内构建安全可靠的环境。你已经确定的情况是，泰罗尼亚（Tyronia）这个国家的政治态势是造成该地区不稳定的关键所在。

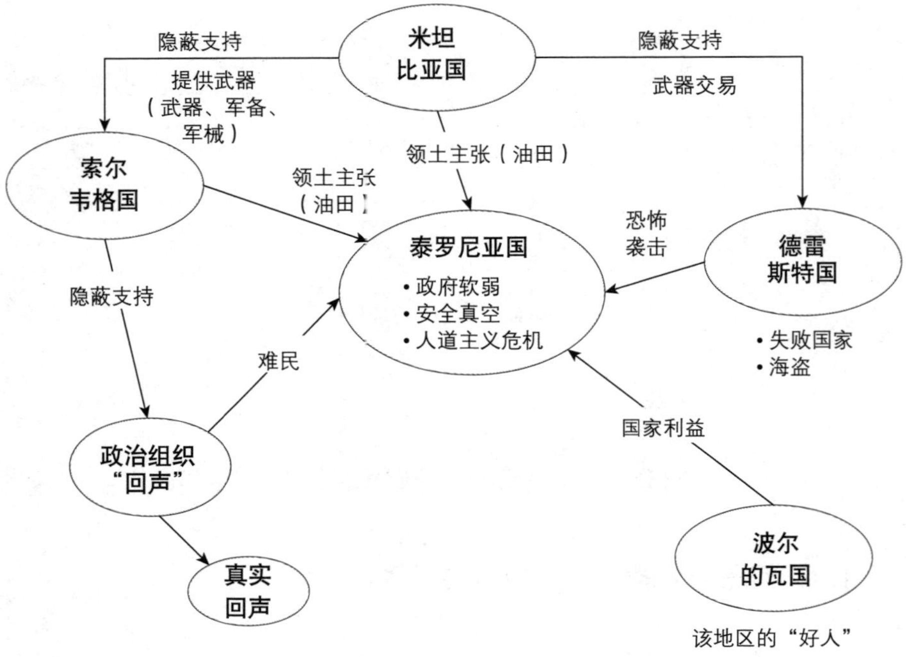


图 2–7　第 76 联合特遣队关于行动环境的问题定义模型 1

第 76 特遣队行动环境的问题定义模型 1（图 2–7）是创建知识库（knowledge base）的起始阶段，该库基于“系统的系统”PMESII 框架，内容为第 76 特遣队掌握的关于自身行动环境的情报。比如，图 2–7 所示模型是由以下信息生成的：

- **政治**。泰罗尼亚政府软弱无能。米坦比亚（Mitambia）对泰罗尼亚的国土提出领土主张。被索尔韦格（Solveg）提出领土主张的油田地区，也被泰罗尼亚提出领土主张。
- **军事**。人们认为，索尔韦格隐蔽地向政治组织“回声”（ECHO）的军事分支“真实回声”（Real ECHO）提供军事支持。德雷斯特

(Drest) 正在对泰罗尼亚发动恐怖袭击。德雷斯特的海盗拥有重型武装，这种情况限制了该海域的航行自由。

- **经济**。人们认为，米坦比亚正在隐蔽地向索尔韦格和德雷斯特提供武器。德雷斯特的海盗对贸易产生负面影响，并推高了该地区的航运价格。
- **社会**。泰罗尼亚面临人道主义危机，部分原因是“真实回声”叛乱和德雷斯特恐怖袭击等造成难民大量涌入。在德雷斯特部分沿海村落，海盗和恐怖主义组织正在积极地招募青年男性，并对其进行洗脑。在某些情况下，这些村落的社会服务主要也正是海盗和恐怖主义组织提供的。

请注意，某些事项将 PMESII 的几个维度联系在一起，比如海盗活动对作战空间的军事、经济和社会等维度有着明确的影响。问题定义模型对这种非常复杂的态势进行了可视化展示，因此只需就第 76 联合特遣队所面临的态势进行简要陈述即可，不必赘述。

另需注意的是，关于友方、敌方和中立方的 PMESII 系统及其子系统，已被识别为充分掌握的态势认知，这样一来，指挥官就能够确定并宣布下一步的目标了。更重要的是，这样可以让人从整体上了解到，如果采取或不采取行动，将对行动环境产生何种影响。

图 2–7 展示了第 76 联合特遣队必须进入的行动环境。但并非图中所示的所有事项都是第 76 联合特遣队有能力插手的，比如领土主张或难民事务就不是。因此，下一步就是压缩重点，仅关注那些需要问题定义模型的事项。因为第 76 联合特遣队具备相应能力（即武力），所以可以采取行动处理某些事项，图 2–8 展示的是“第 76 联合特遣队关于行动环境的问题定义模型 1”的一个子集，它将上述事项进行归类。为简单起见，在这里，我们再次用到层次结构的方法，以阐释那些可以详细分解的事项。然而，图 2–7 是一个更有价值的讨论起点，因为它用示意图直观地阐释了这些事项是如何相互关联的。

为相同想定创建的不同的问题定义模型，看上去会有极大的不同，因为每个人对信息的解读和权衡各不相同。然而，对一个特定想定来说，无论其可视化示意图看上去如何包罗万象，都应当认为该想定具备某些共性的东西。

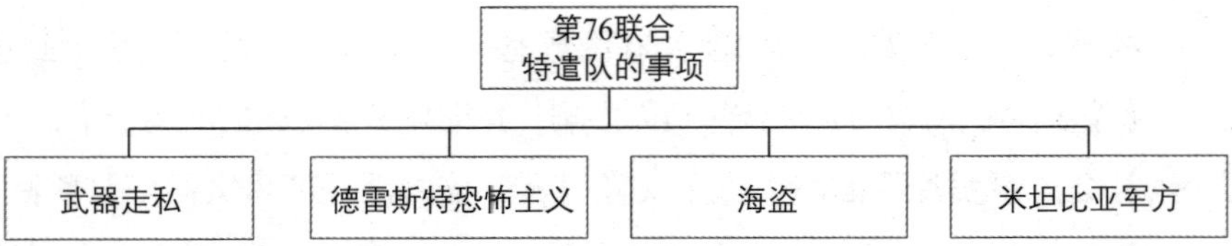


图 2–8　第 76 联合特遣队关于行动环境的问题定义模型 1.1

### （四）问题定义模型：为何建模

上面三个例子说明，在开始一切分析工作时，必须对问题进行全面而审慎的思考。有了表述明确的问题定义，我们在创建目标网络模型时就会更加容易，因为问题定义可以确保不会遗漏目标网络的关键要素。在生成一到两个问题定义模型之后，我们就可以直接进入目标模型这个步骤了，正如我们将在第四步看到的那样。但是要想进入第四步，就必须使用情报报告。请看下文讨论。

## 三、第三步：阅读情报报告

关于目标的一揽子情报报告来自各相关搜集科目，附于想定之后。这些原始情报（以及部分结论分析）采用简短摘要的形式，是人力情报（HUMINT）、通信情报（COMINT）、网络搜集、开源情报（OSINT）和技术搜集报告（主要是图像情报，缩写为 IMINT）等的概要。情报报告附于想定之后，可以用来构建一个或多个目标网络模型。

为阐释如何在练习中使用这种原始情报，我们将继续使用前文介绍过的、基本基于现实事件建模的案例：1998 和 1999 年，东欧的军火来源向塞拉利昂反政府组织革命联合阵线非法贩运灰市武器。以下是原始情报

(均为虚构，但许多名称和组织源自现实)。这个报告集还将用于下文第四步的目标网络建模范例当中。

**情报报告 2–1**

| 报告编号 | 日期 | 内容 |
|---|---|---|
| R1 | 人力情报<br>1998 年 10 月 6 日 | 革命联合阵线目前控制着塞拉利昂东部和南部的大片地区（那里盛产冲积钻石），并使用强制劳动力来开采钻石。（来源：可靠报告总结） |
| R2 | 通信情报<br>1998 年 11 月 3 日 | 以“空中好运”（Air Cess）、“中非航班”（Centrafrican Airlines）和“桑人空中通用贸易”（San Air General Trading）等名字注册的苏联前空军飞机，被用来从保加利亚一个机场向利比里亚运送武装直升机、装甲车和反坦克地雷。这批武器的最终用途不明。 |
| R3 | 开源情报<br>1998 年 12 月 2 日 | “空中好运”于 1996 年首次现身比利时，但它是在利比里亚蒙罗维亚注册的。它的所有者是维克托·布特（Viktor Bout）。人们认为布特还是“中非航班”和“桑人空中通用贸易”的所有者。（来源：法新社巴黎站世界频道英语新闻，它是法国独立通讯社法新社的世界新闻频道） |
| R4 | 人力情报<br>1999 年 1 月 4 日 | 利比里亚的查尔斯·泰勒（Charles Taylor）政权正在向塞拉利昂反政府组织革命联合阵线提供 AK-47 自动步枪、武装直升机和装甲车等武器。（来源：联络部门，相信是可靠的） |
| R5 | 通信情报<br>1999 年 4 月 2 日 | 1999 年 3 月 23 日，国际军火商维克托·布特收到来自利比里亚国际船舶注册局的 1200 万美元转账。 |
| R6 | 人力情报<br>1999 年 5 月 20 日 | 1998 年底，保加利亚军火商彼得·米尔切夫（Peter Mirchev）向武器掮客维克托·布特提供武器，让他转交给非洲某不明国家。米尔切夫的公司 KAS 工程公司（KAS Engineering）承接具体贩运事宜。这批武器是突击步枪和反坦克地雷，是从保加利亚的布尔加斯机场空运来的。（来源：相信是可靠的，但此前无报告史） |
| R7 | 人力情报<br>1999 年 6 月 13 日 | 1998 年 7 月，保加利亚的 KAS 工程公司获得终端用户许可证，允许该公司从保加利亚向多哥共和国运输重型军用装备，但这是假冒多哥共和国签发的。与多哥政府官员核对后发现，没有签发此类证书的记录。（来源：多个情报源生成的报告） |

提供情报报告（INTREP）时，可以使用多种不同的格式。报告格式在不同的情报机构中各不相同，甚至在情报机构内部也各有不同，这通常取决于情报源的类型。这里出现的报告范例，类似分析人员在国家层面或战区层面才会遇到的报告。此类分析人员通常拥有高级别的安全许可，因此报告中会包含重要的细节。还有一种会在战术层面战场遇到的格式，通常被称为“撕纸线”报告[1]，已经过脱敏处理，可以在较低的安全层面发布。因此，它们非常简短，也许就是一两句话。本书中的许多案例研究都会使用撕纸线格式的情报报告。

从一组原始情报中直接得出分析结论，这项任务并不轻松，即使这组情报数量有限也不例外。相关原始材料来自成百上千份报告时更加困难，然而有时情况就是如此。我们需要某种形式的目标网络模型作为框架，对原始材料进行组织和整理，如下文所述。

## 四、第四步：建立目标网络模型

想定和背景阅读、你创建的一个或多个问题模型，以及原始情报，它们都是用以创建初版目标网络模型的必要元素。（部分练习还将鼓励建立多个附属模型，比如流程模型或地理空间模型。）

绝大多数具备情报价值的问题都可被抽象建模。也就是说，通用模型可被精选、填充、细化和转换，形成特定的目标网络模型。我们仍然使用塞拉利昂灰市武器的案例，以阐释它的工作原理。

### （一）目标网络模型范例 1：向塞拉利昂运输灰市武器

图 2–9 介绍了通用网络模型的模板，它可以用于一切灰市（或黑市）

[1] 译注：在“撕纸线”报告（tear line report）这种格式中，信息的敏感部分位于撕纸线以上，脱敏版本位于线下。这样可以保护搜集来源的身份或手段。

商品的案例。它反映的问题定义，参见“规避制裁的问题定义模型 1.1”(图 2–6)。在本范例中，该模板与该问题定义模型是密切相关的。它将灰市武器掮客的网络展示为社交网络，囊括了交易中的各个行为体：供货商、掮客、终端用户、资金方和运输代理商。

为了保证该模型能够反映特定问题，我们将使用第三步中的原始情报来填充它。

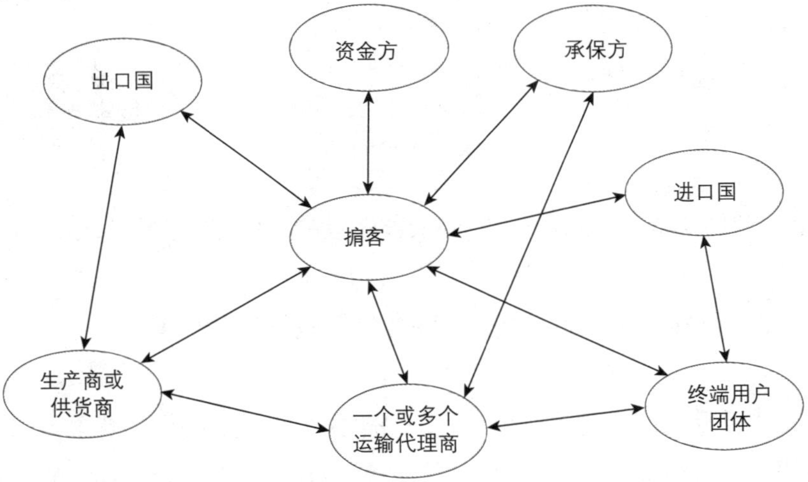


图 2–9　武器贩运的通用网络模型

图 2–10 以图 2–9 为基础，是填充原始情报之后的版本。请注意，原始情报没有提供承保方的身份（或许是维克托·布特自己承保）。这就形成了一个情报差距，需在未来策划搜集时加以解决。

再次强调，切记必须对你的建模工作进行注释和跟踪，以方便这些模型之间互通信息。这个灰市武器范例使用的是最简单的注释，但倘若增加注释的粒度[1]级别，将是最有效的做法，比如注明来源、称谓、日期和时间等。目标网络模型是达成目标的手段，它的目的是在所有利益攸关方之间迅速形成共识。

[1]　译注：粒度（granularity），指详细程度和清晰程度。

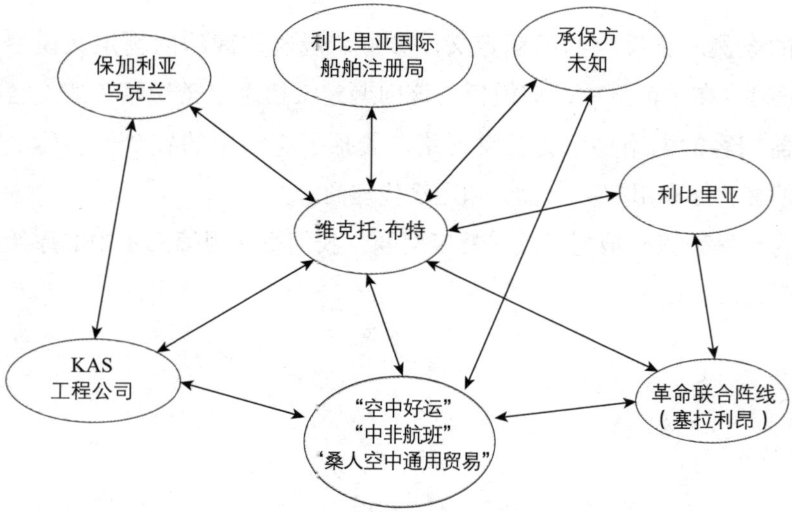


图 2–10　维克托 · 布特武器贩运的目标网络模型 1.1

## （二）目标网络模型范例 2：联合特遣队的行动环境

在本目标网络模型范例中，我们将根据情报报告提供的背景，探讨之前在第二步（图 2–7）中创建的"第 76 联合特遣队关于行动环境的问题定义模型 1"。此举的目的是在目标网络中，识别出哪些属于关键漏洞，有可能被情报用户用来造成改变或施加影响。它们可以是结构、通信、民众支持、动机、成员、领导人、基础设施或其他方面的漏洞。你的任务是创建目标网络模型，它应当只包含你所在组织力所能及的事项。第 76 联合特遣队作为军事组织，显然拥有威迫手段，可以扬言打击那些确实拥有武装而且危险的敌方（也可以理解为威胁网络）。

在图 2–8 的问题模型中，我们识别出 4 个目标网络模型主题：武器走私、恐怖主义、海盗活动和米坦比亚军方。然而，只填充 3 个模型也是有意义的，因为情报报告显示恐怖主义团体与武器走私之间存在非常密切的联系。"目标网络模型 1"可以将它们放在一起，展示跟踪情况和按要求搜集的结果，如图 2–11 所示。"目标网络模型 2"可以表示海盗网络，如图 2–12 所示。"目标网络模型 3"可以表示米坦比亚军方常规部队，如图 2–13 所示。

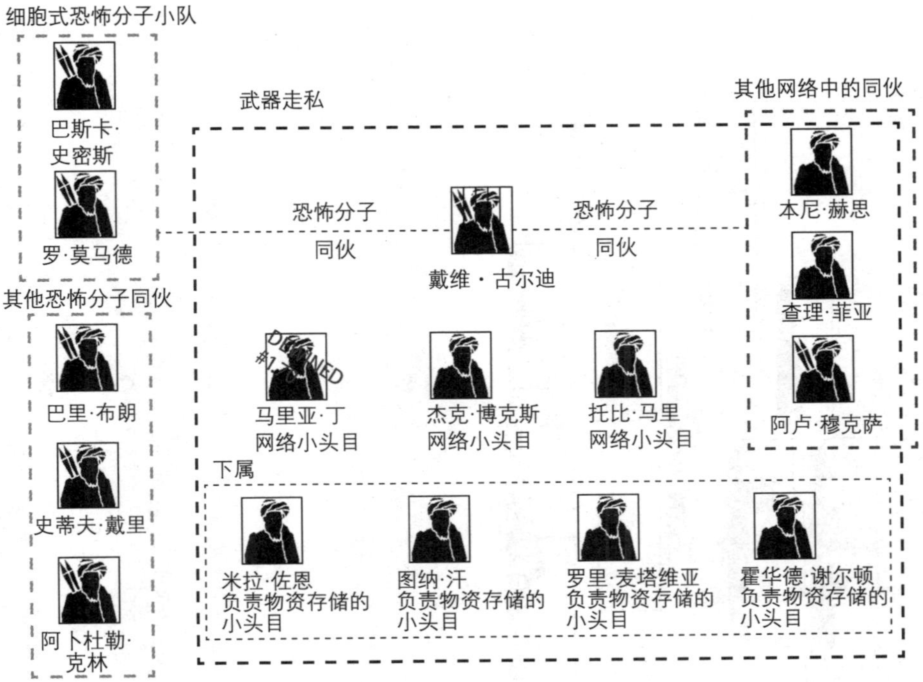


图 2–11　联合特遣队关于武器走私的目标网络模型 1

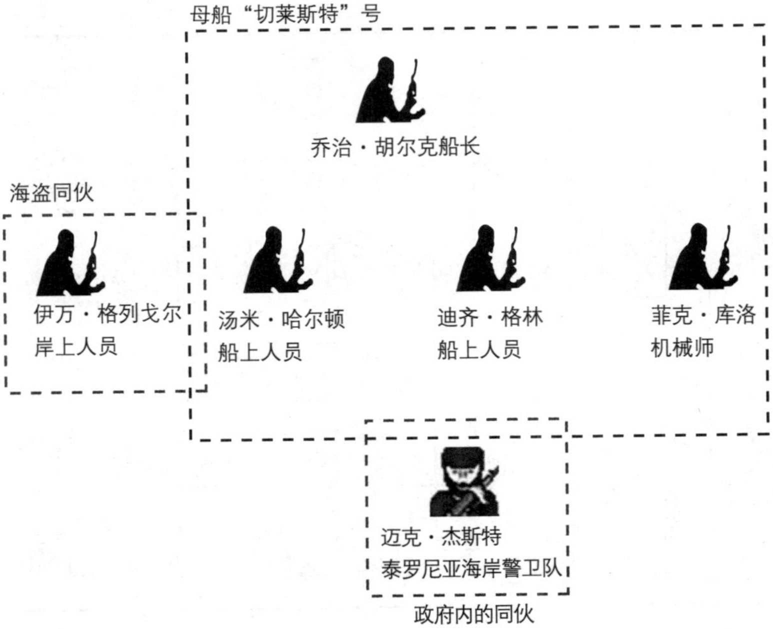


图 2–12　联合特遣队关于海盗活动的目标网络模型 2

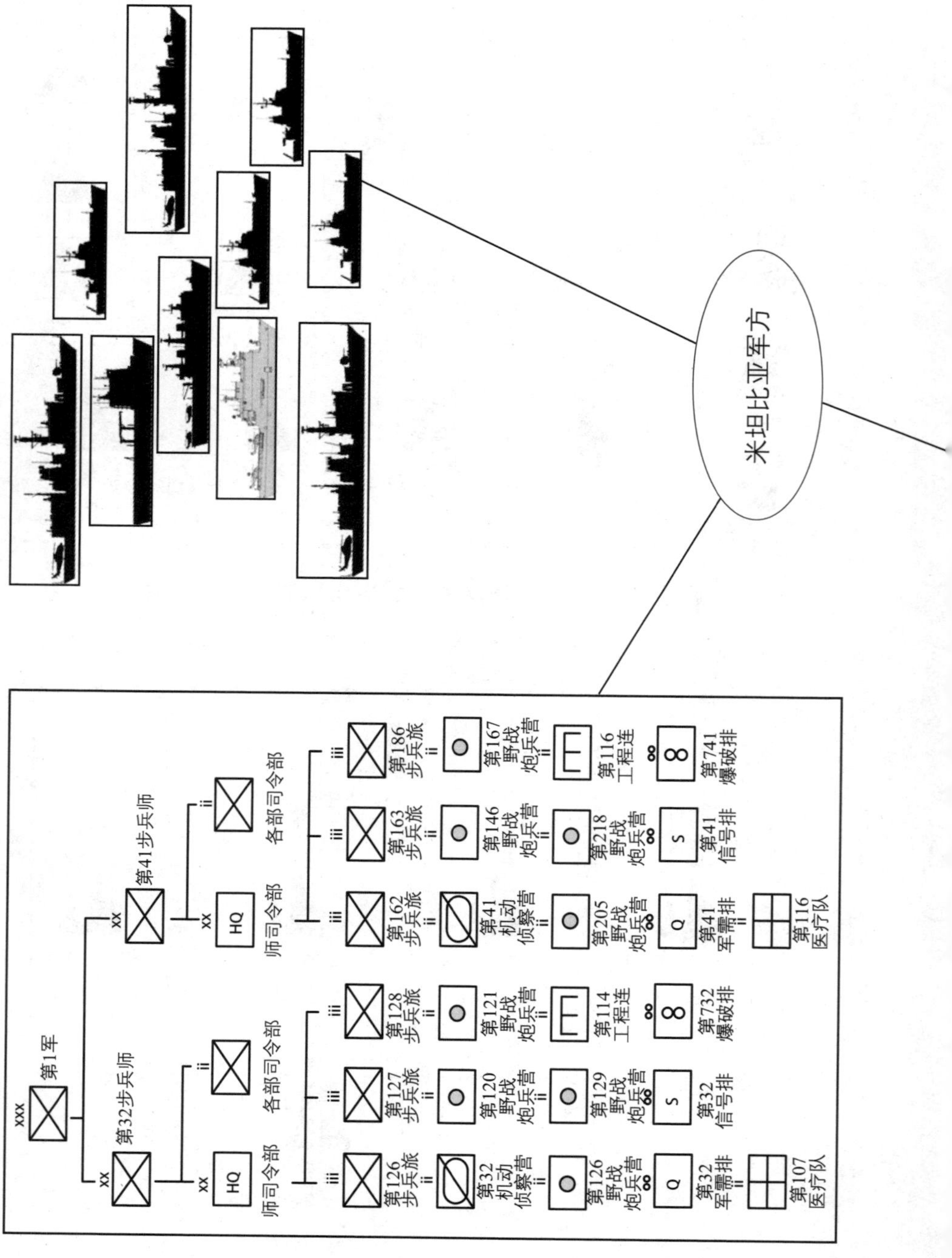
米坦比亚军方
第1军
第32步兵师
第41步兵师
HQ
师司令部
各部司令部
第126步兵旅
第127步兵旅
第128步兵旅
第32机动侦察营
第120野战炮兵营
第121野战炮兵营
第126野战炮兵营
第129野战炮兵营
第114工程连
第32军需排
第32信号排
第732爆破排
第107医疗队
第162步兵旅
第163步兵旅
第186步兵旅
第41机动侦察营
第146野战炮兵营
第167野战炮兵营
第205野战炮兵营
第218野战炮兵营
第116工程连
第41军需排
第41信号排
第741爆破排
第116医疗队

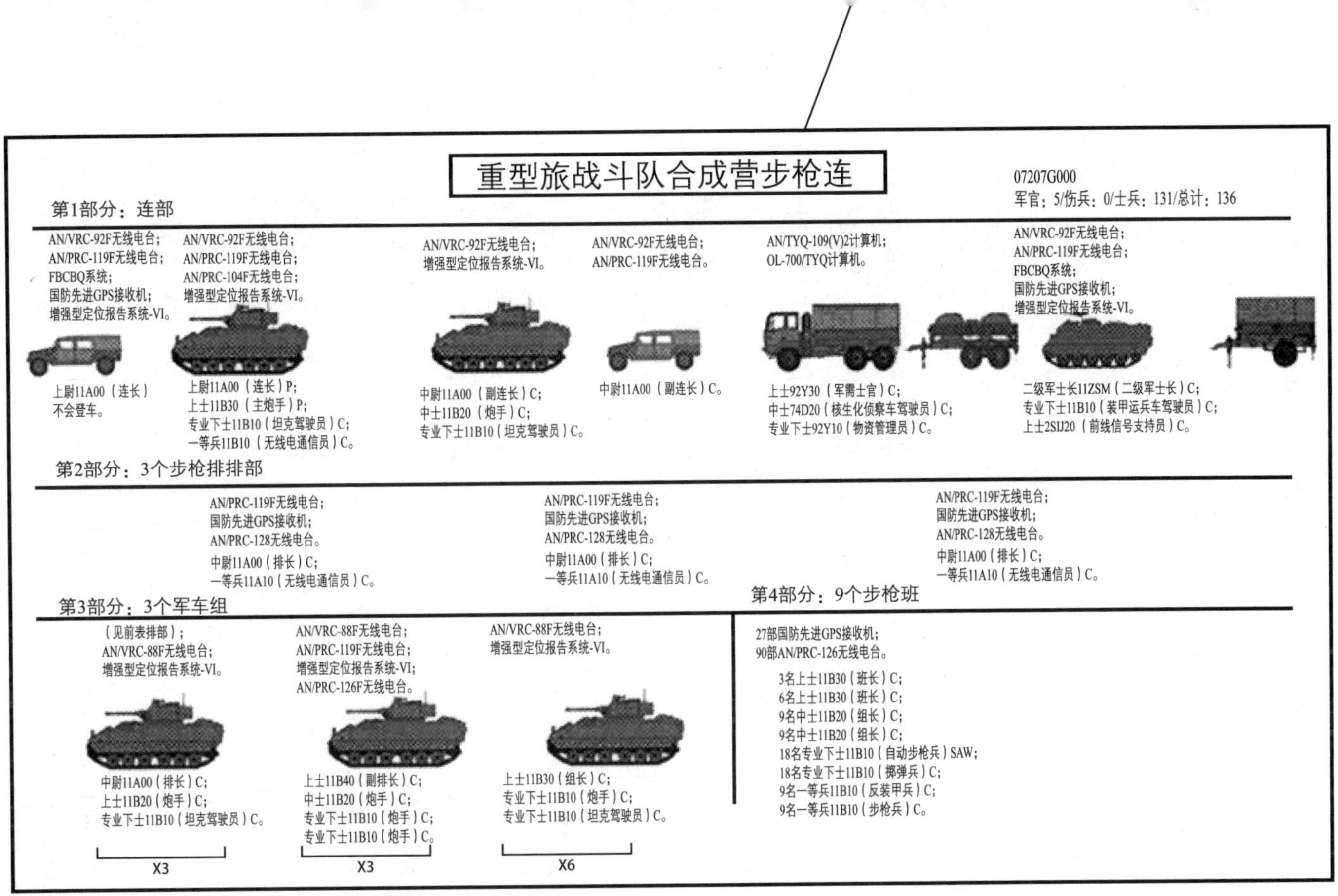


图 2-13 联合特遣队关于米坦比亚军方的目标网络模型 3

目标网络模型3（图2–13）展示了如何使用目标网络模型，对常规部队建模。这一步确实与以往统计战斗序列（OOB）的工作没有太大区别，或许只是更加关注该军事组织内部的社交网络。这些目标网络模型还可以根据需要，进一步分解为子目标网络模型，并分发给各部队，以便迅速说明已经掌握的情况和现存的情报差距，目的是建立共享的态势认知。

如你所见，目标网络模型并没有固定的设计。然而，它们应当互不干扰，但又足以体现各实体之间的关系，体现各实体组成的团体之间的关系，当然还可以体现结构、功能和组织之间的关系。

情报送抵之后，你就可以根据需要，在功能、结构和组织等项目上填充和更新你的目标网络模型。对于那些习惯使用目标列表或情报搜集计划等产品的人士而言，不需要太过费力的想象，他们就可以理解目标网络模型的用途，即帮助交付上述产品，以及其他用以处理本书提供想定的产品。然而，在生成这些产品之前，通常人们必须完成某种类型的情报评估或分析，这些工作将在第五步，即介绍分析那一节中讨论。

## （三）填充目标网络模型时应当谨记的警告

### 1. 回答“何人、何事、何时、何地、何法、何因”等问题

目标网络模型在回答“何人”问题时特别有效。创建网络模型的一种常见方法，就是首先创建关联矩阵。它可以通过图示，指出个人、组织、地点和事物之间的已知或疑似关联是存在的。分析人员使用关联矩阵来识别人员身份，并选出那些需要更加深入分析的关联，以确定各节点之间的关联程度。[1]

在回答“何法”与“何因”问题时，通常需要对模型进行更加深

[1] 原注：U.S. Joint Forces Command, “Commander’s Handbook for Attack the Network,” Joint Warfighting Center, Suffolk, VA, May 20, 2011, chap. IV, http://www.dtic.mil/doctrine/doctrine/jwfc/atn_hbk.pdf.

入的挖掘。通常，你必须详细审查各个节点及节点间的关系，这个过程被称为节点分析或组分分析（individual component analysis）。它重点关注发生在特定地理区域、特定节点的活动。通常，此举的目的是确定在系统中，各个节点是如何在相互关联中发挥作用的，并确定哪些节点是关键的。换言之，确定情报用户可以针对哪些节点采取行动，才能以有利的方式影响态势。[1] 在通用化网络或功能性网络中，这些节点可以是地点或物体。有时，节点分析可以评估飞机或导弹等物体的性能。节点也可以是组织，而你的工作可能是评估该组织在更大网络中所发挥的作用。

因为不存在单节点情报问题，所以经验丰富的分析人员总是使用一个或多个网络模型。但是，人们往往要求这位分析人员回答之前已经识别的所有典型情报问题。其中有些需要补充其他类型的通用模型模板。通常，流程模型、时间线和地理空间模型等模式分析模型，可以回答“何事”、“何时”及“何地”等问题：

- 流程模型以图形形式显示活动的顺序，即“何事”问题。
- 时间线，即时间事件图，是按时间顺序对个人或团体活动所作的记录。分析人员可以使用这些图表，帮助分析更加大型的模式，比如活动和关系等事项的模式，以确定“何事”和“何时”。
- 事件地图等地理空间模型，重点关注事件的“何事”和“何地”问题。[2]

我们再次回到塞拉利昂灰市武器的案例。图 2–10 的目标网络是关于维克托·布特武器贩运的模型（目标网络模型 1.1），它可以提供准确概述，是极其必要的。但其他补充模型可以从流程、空间或时间等角度，展示正在发生的事件，以此提供一个更加完整的图景，例如：

---

[1] 原注：U.S. Joint Forces Command, “Commander’s Handbook for Attack the Network,” Joint Warfighting Center, Suffolk, VA, May 20, 2011, chap. IV, http://www.dtic.mil/doctrine/doctrine/jwfc/atn_hbk.pdf.

[2] 原注：同上。

（1）显示从武器源头到终端用户的流程模型。

（2）在地图上显示武器运送路线的地理空间模型。

（3）显示武器从出口国送抵革命联合阵线的过程中，关于转手次数的时间线模型。

没有哪种类型的模型模板可以适用所有的情况，此外，部分事实态势可以自然地使用某些类型的模板。比如，请思考一下洗钱。和灰市武器贩运一样，它涉及的网络是由各公司、各金融机构、各犯罪组织和许多个人组成的。显然，使用网络模型是正确的做法。但洗钱是一个流程，通常有存放、掩藏和整合三个阶段，因此建立一个流程模型也是有意义的。

**2. 来源评估**

在现实世界中，填充模型时通常需要分析人员评估情报报告。将信息填入已有的模型模板当中，这是一个三步流程：评估来源、评估信息送达的通信渠道，以及评估信息本身的质量。以下问题需要分析人员谨记：该来源的可信依据是什么？该来源是否拥有可以获得信息的适当访问权限？该来源是否存在偏见或既得利益？信息是如何送达的？信息送达你处之前已经转手多少次？你是否信任信息流经的组织或人员？最后，你将如何权衡这则信息？它是否为谣言、传闻或目击者陈述？它是否能够得到其他陈述的佐证？

对于本书需要达成的目的而言，绝大多数案例并不需要评估。需要强调该要素的案例，将在任务部署的章节中加以说明。

在第3、4、13和14章中，采用撕纸线形式呈现的情报报告，使用了表2–1所示的标准人力情报评估图式。对线人使用这种标准注释方式时，往往会附上对该线人的参考意见，并以数字标明。比如，有份报告被标记为“人力情报020–B2”，说明它来自20号线人，说明该线人被判定为“通常可靠”（B），还说明这份报告被判定为“可能为真”（2）。

表 2–1 6×6 式来源评估和评级图式

| 来源的可靠性 | 信息的可信度 |
| --- | --- |
| A. 完全可靠（Completely reliable） | 1. 已经其他来源确认（Confirmed by other sources） |
| B. 通常可靠（Usually reliable） | 2. 可能为真（Probably true） |
| C. 比较可靠（Fairly reliable） | 3. 或许为真（Possibly true） |
| D. 通常不可靠（Not usually reliable） | 4. 存疑为真（Doubtfully true） |
| E. 不可靠（Unreliable） | 5. 不似为真（Improbable） |
| F. 可靠程度无法判断（Reliability cannot be judged） | 6. 真实性无法判断（Truth cannot be judged） |

**3. 网络建模工具**

国际商业机器公司（IBM）的“分析人员笔记本”（Analyst Notebook）或帕兰提尔科技公司（Palantir）的“哥谭”（Gotham）等网络建模工具，让分析人员能够以电子方式填充网络模板。另外还有许多地理信息系统（GIS）工具，它们使用地理空间建模和软件包来创建时间线。如果没有更加先进的可用工具，那么所有这些模型都可以使用 PowerPoint 创建，并以电子方式在学员之间共享。对正在开展工作的情报单位而言，可以这样说，目标网络建模的最大优势就是便于以电子方式共享。但是，如果所有其他方法全都失败，我们仍然可以创建本书中的各种模型模板，使用的方法正是几十年来一直用以创建这些模型模板的方法：纸和铅笔（另外还有经常使用的橡皮）。如果是在课堂上，共享硬拷贝里的模型也是可以的。

## 五、第五步：执行分析

分析想定、拟定问题定义、使用情报报告填充模型，以及创建目标网络模型，这些都需要用到批判性思维。这些活动和生成其他情报产品的活动（将在第六步中讨论）也需要使用结构化分析方法。下面将逐一简要介绍这些方法，以提醒所有新晋分析人员必须基本掌握这些概念。

## （一）批判性思维

关于批判性思维（critical thinking）的著述很多，最早可以追溯到公元前400年和苏格拉底时代。批判性思维曾被冠以不同的名称，在中世纪和文艺复兴时期，在欧洲被人反复讨论；后来，又在18世纪、19世纪和20世纪被人广泛讨论。绝大多数受过教育的民众都很清楚，如果缺少这项学科的训练，整个社会注定是失败的。许多学者和专业人士都在自己整个职业生涯中，针对这个主题和应用批判性推理法时所需的各种行为，潜心研究并著书立说。在绝大多数情况下，这些作者都会将自己的建议提炼成10个步骤或行动（很像是关于有效管理或领导力的书籍），最终目标也都是实践批判性思维。

对于情报分析人员而言，批判性思维至少需要两个可以鼓励这种做法的核心性格特征或天生倾向。首先，它需要无法抗拒的好奇心，对一切主题或流程抱有几乎无限的好奇心。好奇心思维往往对各种可能性都持开放态度。其次，它需要极度关注细节的能力，以及保持专注的能力。介绍完这两个显著特性之后，接下来我们就要介绍一些标准的批判性推理能力（多数超过10条），它们历经时间的检验，围绕创建情报产品的流程搭建框架，并使用情报分析人员专用的术语来表述。

### 1. 定义问题

绝对不要全盘接受用户陈述的问题定义。要求用户澄清问题。用自己的语言向用户复述问题，以确定自己是否确实理解他们的诉求。这往往会导致追加信息，从而缩小或扩大其初始要求的范围。密切关注一切可以表明用户希望得到某个特定结果的陈述。应当系统地将问题分解成子元素，并对子元素建模。自问该模型是否适用，如果不适用，就以备选模型为起点重新开始工作。

**2. 客观处置问题**

客观处置问题，并使用系统化方法来坚持这种处置方式。首先，立即反思自己关于这个问题的信念体系和潜在偏见（特别是政治和文化观点），并摈弃它们。接下来是定期检查，确保生活经验不会影响自己的看法。应当防范不可避免的成见。有种策略可以用来保持开放的态度，即像科学家那样去思考问题。科学的标准就是观察和报告时不作判断。

**3. 处置证据或情报报告**

你几乎得不到能够起证明作用的证据，而且几乎肯定只能使用有限的数据。选定一个系统化结构，以此评估、权衡和整合证据。情报分析就是为了寻找合适的模式。寻找具备一致性的证据。是否存在看似一致的报告？反之，也要留意具备不一致性的报告。检查来源、逻辑、时间，以及其他一切可以表明可信性存在或不存在的参数。请思考报告所处的背景。要对事实和观点（或谣言）加以区分，但不要自动摈弃观点。必须摈弃你在反思或检验时发现的具备不相关性的证据。

**4. 生成假设**

最重要的是必须认识到，第一个假设就是起点。所有假设都是基于不完全的信息，因此需要检验。必须以合乎逻辑的方式对假设进行推导，具体做法是针对提供给你的各种迥异且有限的证据，在它们之间找到关系和联系。你做过假设吗，它们是否可行？使用明确、简单、精确的语言，绝对不能笼统。字数越少越有效。

**5. 检验假设**

在情报领域，“自我”是批判性思维最大的敌人。在思想上或感情上坚持最初的假设并过早形成定论，将会造成严重的后果。应当进行创造性思考，以证实备选的、相反的甚或略有不同的观点。力求在你的推理链中找出缺陷或矛盾。你得出的结论能否追溯到支持性情报？如果结论的表述不够简明扼要，推理思路也并非一目了然，那就应当重新评估你对该项结论的支持。

### （二）结构化分析方法

现有的结构化或描述性分析方法数量很多，包括所有教科书在内的无数出版来源都曾对它们展开讨论。有位研究人员曾对美国情报界使用的分析方法开展调查，结果找出至少 160 种不同的方法。[1] 无数众所周知的方法都将在本书中信手拈来，比如关键假设检验、竞争性假设分析或时间线分析等。力场分析、分解法和可视化是目标网络建模的主要方法。但是，正如第 1 章讨论、本章提及、许多案例研究引用的，情报应用中有一种最简单却也最有效的结构化分析方法，那就是 PMESII 范式。因为它在目标网络建模中极重要，所以我们将对它进行详细讨论。

### （三）结构化分析方法：PMESII

PMESII 可以用来描述敌方的基础、特征和活动，描述三者之间的关系，另外还可以描述第 1 章讨论的友好或中立团体的基础、特征和活动。它可以帮助确定所有这些团体的优势和劣势。因此，它作为非常重要的工具，可以支持决策制定、行动策划和目标选定，以处理所有涉及情报关切的网络。虽然它已成为现代军事学说中最流行的“系统的系统”分析工具，但事实证明，它也同样适用于支持国家政策或打击犯罪团体的情报。虽然 PMESII 中的 **M** 代表“军事”，但在非军事语境下，它通常指代军事威胁或使用武力。

问题定义模型和目标网络模型天然可体现一个或多个 PMESII 维度。这种方法论的使用情况，我们已在前文“问题定义模型范例 3”中加以强调。为说明它在另一种不同背景下的效果，我们将再次讨论塞拉利昂灰市武器的例子。我们将分别讨论 PMESII 的各个维度，以分析图 2-10 中的“维克托·布特武器贩运的目标网络模型 1.1”。

---

[1] 原注：Rob Johnson, *Analytic Culture in the U.S. Intelligence Community* (Washington, DC: Center for the Study of Intelligence, CIA, 2005), xviii.

**1. 以目标网络模型1.1（参见图2–10）分析塞拉利昂灰市武器**

（1）**政治**：对塞拉利昂实施武器禁运是一项政治活动。情报用户希望了解的是，如果获悉禁运遭遇挫折，应当如何调整禁运措施，才能减少灰市武器贩运。所涉及国家（保加利亚、利比里亚和塞拉利昂）之间的关系也是政治性的，而且当各方开展政治活动以减少武器贩运时，这些关系会因此发生改变。

（2）**军事**：被贩运武器的威力、性能和质量，在评估塞拉利昂冲突结果时非常重要。这些武器可能的最终用途也是具有情报价值的问题。

（3）**经济**：这里涉及的事项是与武器贩运有关的转账情况，以及塞拉利昂反政府军（革命联合阵线）用以购买武器的资金来源（据称是钻石交易。可以单独创建一个目标网络模型，以绘制革命联合阵线非法钻石交易的示意图）。

（4）**社会**：利比里亚领导人查尔斯·泰勒和反政府军革命联合阵线之间关系的性质极其重要，它将决定此类武器运输的未来。维克托·布特和军火商彼得·米尔切夫之间关系的牢固程度也很重要。

（5）**基础设施**：武器的运输路线和运输手段属于这个类别。另外，对前线武器的支持能力也具有情报价值。

（6）**信息**：具有重要情报价值的事项，包括伪造终端用户许可证的使用情况，以及国际社会的认知。这种认知是主流媒体和社交媒体报道制造的，它助长了针对利比里亚的总体负面报道。有个例子就是关于这种认知的：有些报道采用的故事，称反政府军通过利比里亚获得武器，并称这些武器帮助革命联合阵线使用强迫劳动力来开采钻石。

**2. PMESII模板**

除上述要素外，我们还可以在另一个层面添加分析结构，也就是创建一个 PMESII 与其他诸要素组成的矩阵。比如，基于活动的分析重点关注涉及地理空间和时间的活动。比如，在下面第 3 章的案例分析（毒品和阿富汗暴乱）中，类似表 2–2 那样的分析模板或许可以派上用场。

还有一种类似的矩阵，其介绍更加详尽，常被支持联合行动的情报官所使用，被称为 PMESII 或 ASCOPE（地区、结构、能力、组织、人员和

**表 2–2　在基于活动的分析中使用PMESII**

| | 政治 | 军事 | 经济 | 社会 | 基础设施 | 信息 |
|---|---|---|---|---|---|---|
| **地理空间** | 地区边界和行政区边界；<br>政党属地 | 军方控制区域；<br>事件发生地点 | 市场；<br>工厂地址；<br>银行业中心 | 居住地址；<br>学校；<br>娱乐地点 | 供水；<br>交通路线 | 广播电视<br>媒体报道 |
| **时间** | 选举；<br>政治会议 | 部队部署；<br>部队活动 | 收获作物；<br>营业时间 | 祈祷集会；<br>节假日 | 建筑项目 | 信息战 |

事件)。表 2–3 仍然是一个范例模板，可以介绍在讨论“毒品和阿富汗暴乱”案例研究时，需要检验哪些事项。

**表 2–3　PMESII或ASCOPE模板示例**

| | 政治 | 军事 | 经济 | 社会 | 基础设施 | 信息 |
|---|---|---|---|---|---|---|
| **地区** | 地区边界和行政区边界；<br>政党属地 | 军方控制区域；<br>事件发生地点 | 市场；<br>工厂地址；<br>银行业中心 | 居住地址；<br>学校；<br>娱乐地点 | 供水；<br>交通路线 | 广播电视<br>媒体报道 |
| **结构** | 行政区中心；<br>舒拉[1] | 政府建筑；<br>军方和警方的营房 | 食物存储地点；<br>获取渠道 | 医院；<br>娱乐和宗教中心 | 道路；<br>桥梁；<br>机场；<br>电线 | 电视；<br>电话；<br>印刷厂 |
| **能力** | 争端解决；<br>领导力 | 军方和警方的领导力；<br>正直；<br>可靠性 | 电子实力和可靠性 | 部族团体、宗教团体和政治团体的力量 | 建造和维护道路及公共设施的能力 | 读写能力和访问媒体的能力 |
| **组织** | 政府政党、政府组织和非政府组织 | 军方和警方部队的结构和管理 | 工业和服务业；<br>工会 | 部族；<br>家族；<br>俱乐部；<br>体育组织 | 政府各部；<br>建筑产业；<br>非政府组织 | 媒体、政府和宗教中心 |

[1]　译注：舒拉（Shura），伊斯兰语，意为“协商”。在不同的伊斯兰国家，它可以是部落会议，也可以是国家议会。

（续表）

| | 政治 | 军事 | 经济 | 社会 | 基础设施 | 信息 |
|---|---|---|---|---|---|---|
| **人员** | 省长；<br>毛拉[1]；<br>长老 | 军方和警方的领导力、正直和可靠性 | 银行业和工业领袖；<br>腐败；<br>反对派 | 族长；<br>宗教、政治、工会和社会活动 | 建造商和建筑公司；<br>技术基础；<br>劳动分工 | 政府、反对派和宗教团体的媒体控制方 |
| **事件** | 选举；<br>政治会议 | 部署 | 收获作物；<br>营业时间 | 祈祷集会；<br>节假日 | 建筑项目 | 信息战 |

## 六、第六步：交付产品

创建和填充目标模型既有挑战，也有回报。分析人员不再是在真空中工作。目标网络模型是一项巨大的飞跃，它让分析人员有能力共享关于某个情报事项的通俗易懂的图景，有能力让所有利益攸关方提供帮助，或者为其提供帮助。使用以目标为中心的分析方法，需要掌握创建目标网络模型的技能。但真正的挑战和回报，仍然来自你的目标网络模型协助生成的情报产品。

在实践中，许多类型的情报产品都是由建好的目标网络模型生成的。用户需要你来提供某种形式的情报，我们称之为“具有可操作性的情报”(actionable intelligence)。来自执法部门或军方的用户，需要在过多的潜在目标中加以区分。虽然培训的明确重点是在创建、填充和共享目标网络模型等方面取得进步，但本书的任务也要求生成产品。我们刻意把生成产品的任务设计得非常简单。以下是部分背景资料，供读者了解这些案例中三项共同的内容：

### （一）情报评估

很明显，目标网络建模的目的之一，就是生成情报评估或成品情报报

[1] 译注：毛拉(mullah)，伊斯兰教职，现为具有较高宗教学识的宗教人员。

告，以回答用户或军事指挥官所提的问题。如果你的情报评估表述不清或被误解，后果极其严重。优质的表述是很难掌握的。但你必须迎难而上，好让用户的决策过程变得更加容易。

以下是开展正确情报评估时的部分通用准则。

1. 系统地组织你的思维。

2. 使用陈述句。避免被动语态。要避免两个极端：硬套格式，以及另一个极端，不守格式，这会造成信息的减少或影响信息的可信度。

3. 首先陈述你的主要发现和结论。直奔主题，不要铺垫。绝不能等到最后再作陈述。换言之，就是先给答案再解释，先给结论再详述。

4. 支持每一个分析结论。提供、解释并强调关键的见解。必须要让用户时刻都能看懂你的推理。

5. 用户期望的是符合逻辑的客观论证。当你从事实部分转到分析部分时，应当明确指出。不能让用户无法确定自己看到的到底是事实还是分析。

6. 不要使用没有提前定义的缩略语。即使是整个组织内常用的标准首字母缩略语，也有可能给组织外的读者带来难题。

7. 可以在你认为合适的地方添加图表，但随后必须在评估中提供解释或出处。

8. 确保语法和拼写正确。即使分析的推导结构严谨，也会被语法或拼写错误彻底毁掉。

9. 应当认识到，后期过程（即润色）需要的时间比其他任何部分都要长。优质的表述通常意味需要反复修改。你熟悉主题，所以你的结果在你自己看来一目了然；要确保不像你那样熟悉数据的人看到该结果时，可以同样一目了然。书面评估不会让你有机会通过口头报告加以澄清。

情报评估可以很短（一两段文字），也可以提供结论和支持性证据，从而扩展为好几页。仍以塞拉利昂灰市武器为例，我们将使用图2-10所示的“目标网络模型1.1”。从这个目标网络模型中得出的简短评估如下：

针对塞拉利昂的武器制裁，正被军火商维克托·布特掌控的网络所规避。支付武器的资金似乎来自非法钻石贩运，并通过利比里亚国际船舶注册局转出。这批武器主要来自保加利亚和乌克兰，是由一家保加利亚公司，即 KAS 工程公司出面提供的。这批武器使用伪造的终端用户许可证，通过布特控制的航空公司运到利比里亚，然后运给塞拉利昂革命联合阵线。

## （二）情报搜集计划

除情报评估外，目标网络建模还能生成一项常用的产品，那就是情报搜集计划。这种计划可以采用许多形式，从非常普通的形式到极其详尽且高度具体的形式，不一而足。

为了帮助掌握态势认知，情报流程必须是一个学习流程，也就是说，它必须以迭代的方式掌握相关情况。这要求分析人员谨慎地识别哪些内容是自己不了解的，明确如何运用搜集活动来弥补差距。建立目标网络模型之后，就可以用它来帮助管理这个流程，即以可视化的方式直观地介绍什么是已知的，什么是未知的。下面讨论的是搜集计划的产品，在部分案例研究中，它们是被当作任务来布置的。

### 1. 情报差距和情报需求

所有搜集计划都是从情报需求开始做起的。通常提出需求的依据，就是对目标网络模型进行检验后，发现情况掌握中存在哪些差距。通常必须对这些需求进行优先级排序，因为可以满足所有需求的可用搜集手段即便是有，也是极少的。

比如，许多情报评估的结尾都会单列一段，指出情况掌握差距——它正是搜集计划里的第一步。在塞拉利昂灰市武器的示例中，差距包括以下内容：

- 所提供武器的数量；
- 利比里亚和塞拉利昂之间的供货路线；

- 用于支付武器的转账资金；
- 承保方的身份（如有的话）。

2. **情报搜集计划**

情报搜集计划是一种详细的分类条目，以搜集要求和搜集活动等条目的形式，详细介绍了如何满足情报搜集需求。它可以提供极大的助力，就需要哪些情报和为何需要等问题，确保搜集管理人员和分析人员之间共享态势认知。目标网络模型提供了一种框架，可以通过可视化的方式来识别情报差距，以此帮助打造情报搜集计划。目标网络模型还可以用来拟定假设，这种假设以所刻画的关系为基础，而且应当在搜集活动中接受检验。

因此，情报搜集计划是一种以图示意的方法，可以将情报需求与搜集能力相互匹配。它最简单的形式可以是一个差距清单或需求清单，以及一个要求使用特定搜集手段的任务部署，目的是弥补差距或满足需求。它通常采用矩阵的形式（即需求 × 能力）。表 2–4 介绍了情报搜集计划的一种格式，它来自之前在塞拉利昂武器事项中列出的前两项差距（现在已成为优先情报需求）。

## （三）行动目标选择

目标网络建模还能生成一项常用的产品，那就是行动目标选择(operations targeting)。行动目标选择可以支持军事、隐蔽活动和执法行动。

那些接触过国家或军方情报产品的人员，可能比较熟悉前文讨论的情报差距和情报搜集计划等概念。下文将要讨论的“目标集”和“高价值目标清单”等术语，人们就不太熟悉，不过看起来，似乎这些术语与行动计划的联系更加紧密，而与传统情报作用的联系更加疏远。第 1 章介绍过的网络战出现后，已经导致这些传统作用变得模糊，在反恐、禁毒和反扩散等领域更是如此。今天，人们经常要求情报分析人员制作以前并非由其负责的产品。特别值得一提的，就是军方和执法机构中的情报分析人员，如今正在大量从事行动目标选择的活动。

**表 2–4　情报搜集计划：塞拉利昂灰市武器贩运的矩阵**

<table>
<tr><th>优先情报需求</th><th>信息需求</th><th>情报来源</th><th>特定信息需求</th></tr>
<tr><td rowspan="2">确定运给塞拉利昂反政府军的武器数量。</td><td>多少架武装直升机？<br>多少辆装甲车？</td><td>人力情报<br>图像情报<br>通信情报<br>开源情报</td><td>它们的型号是什么？<br>它们的运转状态怎样？<br>它们的位置在哪里？</td></tr>
<tr><td>多少枚反坦克地雷？<br>多少支突击步枪？</td><td>人力情报<br>通信情报<br>开源情报</td><td>地雷型号是什么？<br>突击步枪的型号或种类是什么？</td></tr>
<tr><td rowspan="2">识别利比里亚与塞拉利昂之间用于武器贩运的供货路线。</td><td>走私人员的主要越境地点都在哪里？</td><td>图像情报<br>测量与特征情报<br>人力情报</td><td>罗伯茨国际机场是否为走私地雷和步枪的可能入境地点？<br>蒙罗维亚是否为直升机和装甲车的可能入境地点？</td></tr>
<tr><td>确定入境地点与反政府军部队之间的贩运地点和运输手段。</td><td>图像情报<br>人力情报<br>联络员</td><td>利比里亚与塞拉利昂之间的公路是否被用来开展夜间走私？<br>马诺河的各处桥梁和浅滩是否被用来开展走私？<br>塞拉利昂军方是否掌握关于已知走私路线的特殊信息？</td></tr>
</table>

以下部分示例所阐释的情报产品，可广泛用于行动目标选择，并将在部分选定的案例研究中，被当作任务加以部署。

1. **目标集**

拟定指定目标清单（即目标集），主要有两个目的。第一，它可以确保所有参与部门都清楚地看到目标选择的过程。第二，它可以协助实现及时性；有了预先批准的目标集，就不需要逐一批准目标。对于在作战空间参战的大股部队而言，目标集是最有用处的，因为这样可以确保各项工作协调统一。表 2–5 是根据“塞拉利昂灰市武器的目标网络模型”创建的不完整目标集。

**表 2–5　不完整的目标集：塞拉利昂武器贩运**

| 目标 | 预期效果 | 理由 |
| --- | --- | --- |
| 查尔斯·泰勒 | 影响 | 据报告，泰勒担心联合国会干预塞拉利昂问题。如果公布关于灰市武器的报告，很可能会迫使他做出让步，不再允许此类运输。 |
| “空中好运”<br>“中非航班”<br>“桑人空中通用贸易” | 破坏 | 维克托·布特控制的这些飞机，需要依靠北非的机场补充燃料。所涉及的这些国家或许会拒绝它们过境。 |
| 彼得·米尔切夫 | 影响或破坏 | 保加利亚政府可能不会理会米尔切夫的武器交易，但似乎很容易屈从于负面舆论和国际压力，从而出面对付米尔切夫。 |

**2. 高价值目标清单**

高价值目标清单是一份高优先级的目标清单，它源自目标集，并已经依照任务的总体目的，接受了审查和风险评估。高价值目标清单看起来非常类似表 2–5，但增加了优先排序的理由。应该创建某种标准的评估框架，以确定一个目标相对另一个目标的优先级别。高价值目标清单可以提供共同的目的，可以帮助确定资源使用情况，帮助确定情报搜集计划。填好目标网络模型之后，识别高价值清单的工作应当可以变得相对简单。再次重申，这份清单可用于动态和非动态的目标选择。

关于所有三类产品（情报评估、情报搜集计划和行动目标选择），新增的示例将在案例研究中加以介绍。已经完成本书案例研究的读者，都会有最佳的学习体验，其中一些最佳体验就是开展比较研究的结果——面对相同的案例时，不同的个人或团体都会生成目标网络模型产品，他们比较的正是这些产品。

## 七、一个简单范例：流程平面图

我们将通过执法领域的一个国内犯罪案件，简单示范一下如何依次完成本章讨论的各项步骤，以此结束本章的讨论。

### （一）目标

本练习提供以下实践经验：

- 练习使用社交网络分析（SNA），进行目标网络建模；
- 练习识别和使用 PMESII 各项要素，进行目标网络建模；
- 以目标网络建模为支持，创建一份简短的（一两段）情报评估。

### （二）任务

在本案例中，假设你是联邦调查局白领犯罪组的情报分析人员。美国住房和城市发展部要求你调查一系列不动产转让，它们导致该部担保贷款损失数百万美元。住房和城市发展部的官员担心，转让过程中有可能存在欺诈行为。

### （三）想定

涉案不动产名为“破旧公寓”。它位于美国阿肯色州的松树岭，是一个地处农业区的中等城市（人口 5.7 万），经济萧条。绝大多数居民生活在贫困线以下，小部分地主和商人占据着绝大部分财富。它还是美国犯罪率最高的城市之一。

破旧公寓是该市最贫困区域的一处公共住房建筑群。在这个城市里，有资格获得住房和城市发展部财政支持的公共住房建筑群共有 3 处，它就是其中之一。

你从住房和城市发展部收到的文件包含以下一系列交易活动。

**情报报告** 2–2

| 报告编号 | 日期 | 内容 |
|---|---|---|
| R1 | 1988 年 6 月 | 1988 年 6 月 3 日，詹姆斯·布林森（James Brinson）和苏珊·斯迈思（Susan Smythe）以卡斯韦尔不动产有限责任公司（Caswell Properties，LLC）的名义，以 123 万美元的价格购买破旧公寓。沃尔里奇企业金融公司（Walridge Enterprises Financial）提供该不动产的抵押贷款，共计 110 万美元，由住房和城市发展部担保。 |
| R2 | 1988 年 8 月 | 卡斯韦尔不动产有限责任公司向杰克逊郡通用承包公司（Jackson County General Contractors）支付 23.5 万美元，用于维修破旧公寓。 |
| R3 | 1989 年 7 月 | 卡斯韦尔不动产有限责任公司宣布破产。沃尔里奇企业金融公司获得破旧公寓的所有权，随后以 24.3 万美元的价格，将其出售给以里程碑公司（Milestone Corporation）名义出面买房的菲利普·麦凯恩（Philip McCain）和莎伦·斯隆（Sharon Sloan），住房和城市发展部承担抵押贷款损失。里程碑公司获得了沃尔里奇企业金融公司提供的 22.4 万美元抵押贷款，用以购买该不动产。 |
| R4 | 1989 年 11 月 | 里程碑公司向杰克逊郡通用承包公司支付 27.7 万美元，用于维修破旧公寓，并获得了沃尔里奇企业金融公司提供抵押贷款以支付维修资金，抵押贷款由住房和城市发展部担保。 |
| R5 | 1990 年 10 月 | 里程碑公司宣布破产。沃尔里奇企业金融公司获得破旧公寓的所有权，住房和城市发展部承担维修和贷款等损失。 |
| R6 | 1990 年 11 月 | 沃尔里奇企业金融公司以 132.3 万美元的价格，将破旧公寓出售给以新时代控股公司（New Age Holding Company）名义出面买房的约翰·布里斯科（John Briscoe）和塞缪尔·菲斯克（Samuel Fisk）。沃尔里奇企业金融公司提供该不动产的抵押贷款，共计 111 万美元，由住房和城市发展部担保。 |
| R7 | 1991 年 1 月 | 新时代控股公司向杰克逊郡通用承包公司支付 31.3 万美元，用于维修破旧公寓。 |
| R8 | 1992 年 2 月 | 新时代控段公司宣布破产。沃尔里奇企业金融公司获得破旧公寓的所有权，住房和城市发展部承担维修和抵押贷款等损失。 |
| R9 | 1992 年 3 月 | 沃尔里奇企业金融公司以 117 万美元的价格，将破旧公寓出售给以南港不动产有限责任公司（Southport Properties）名义出面买房的迈克·麦卡锡（Mike McCarthy）和埃伦·詹姆斯（Ellen James）。 |

### （四）问题定义

给你的要求是调查这些转让行为，寻找证据以证明存在犯罪活动，并已造成住房和城市发展部的损失。基于这项笼统的要求，简单的问题定义将包括以下要素：

- 这些不动产转让活动的性质；
- 抵押贷款公司与这些前后买家之间关系的性质；
- 对该不动产进行的一系列耗资颇巨的维修活动。

### （五）目标网络模型

和本书许多案例研究一样，在本案例中，你没有现成的目标网络模板，或许也并不知道什么模板才是合适的工作起点。并不存在可以开展工作的“正确”方法，通常这是一个试错的过程，但下面介绍的方法通常是有效的。

目标网络一般由节点（人员、地点、事物、组织和活动）和连接（节点之间的关系）组成。开始建立网络模型的方法，就是在这些节点类别中选择一个，并绘制（连接）这些节点之间的所有关系。从这个起点开始工作，你将补充其他节点和这些节点间的连接。

在破旧公寓的案例中，看起来合乎逻辑的做法是从参与不动产转让的那些组织着手分析。共有五个组织，其中有一个正是为每次转让活动提供资金的抵押贷款公司。这五个组织和用以描述不动产转让活动的连接关系，已在图 2–14 展示。该图也正是网络建模的工作起点。

接下来，你将找出参与转让活动的所有公司，补充公司所有者的姓名，从而建立目标网络模型 1.2（参见图 2–15）。

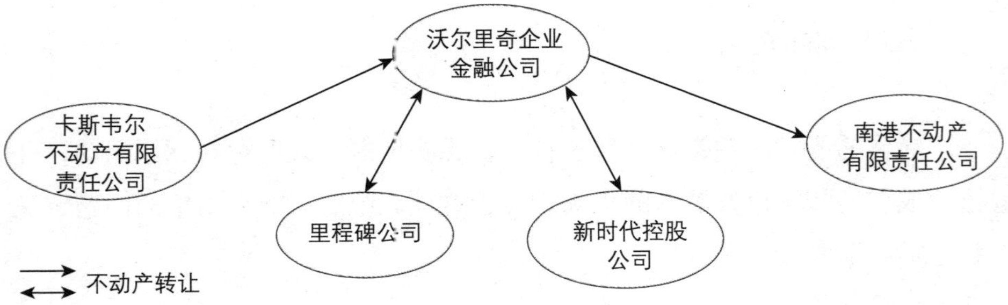


图 2–14　破旧公寓不动产转让的目标网络模型 1.1

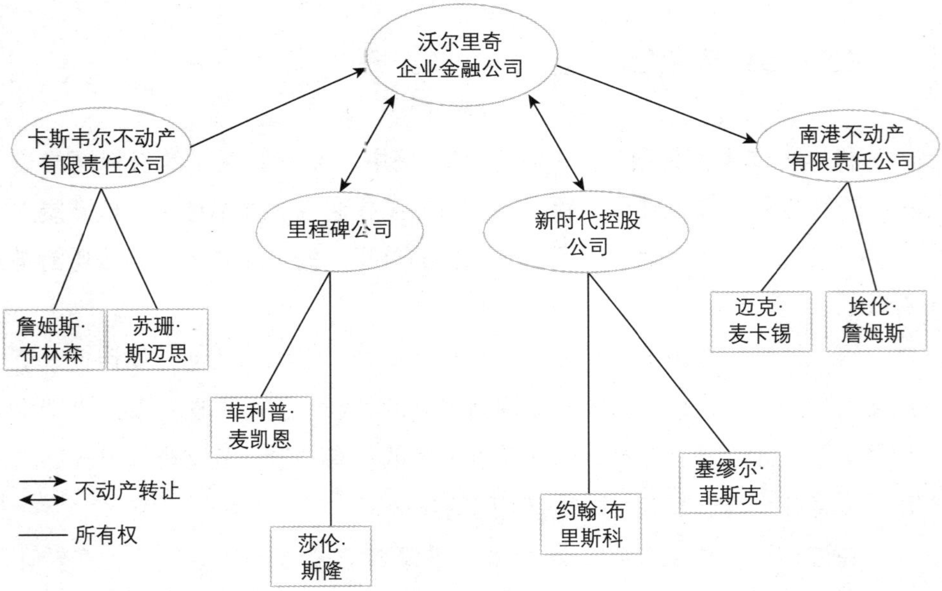


图 2–15　破旧公寓不动产所有权的目标网络模型 1.2

到目前为止，所有交易看起来都是合法的。从姓氏来看，在每宗不动产交易中，新的产权所有者看起来都不存在亲缘关系。但你可以搜索公共记录，从而发现这些转让人员之间存在某种家族、商业和社会等方面的关系，如下所示。

**情报报告 2–3**

| 报告编号 | 内容 |
|---|---|
| R1 | 詹姆斯・布林森与莎伦・斯隆是夫妻。 |
| R2 | 苏珊・斯迈思和菲利普・麦凯恩是亲兄妹。 |
| R3 | 莎伦・斯隆和菲利普・麦凯恩曾是夫妻。 |
| R4 | 约翰・布里斯科和塞缪尔・菲斯克是干洗生意的商业伙伴。布里斯科开始经商时，曾经从密友迈克・麦卡锡手中收购公司。 |
| R5 | 塞缪尔・菲斯克和埃伦・詹姆斯是亲兄弟。 |

将这些关系补充至目标网络模型 1.3 的模型结果当中，如图 2–16 所示。

在这些转让活动中，有两笔转让活动（卡斯韦尔不动产有限责任公司转让给里程碑公司，以及新时代控股公司转让给南港不动产有限责任公司）看起来很可疑，原因是其中存在家族或商业关系。但有一项交易，从表面上看它似乎是合法的，因为在里程碑公司转让该不动产、随后新时代控股公司购买该不动产的过程中，转出方和受让方之间的关系网出现断

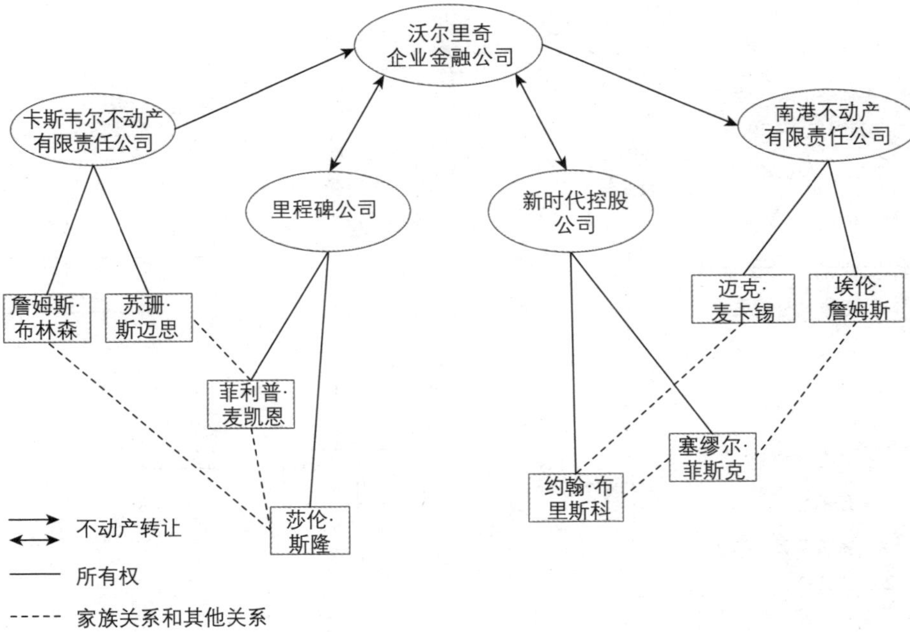


图 2–16　破旧公寓所有者之间社会及家族关系的目标网络模型 1.3

裂。这个断裂现象需要更进一步的调查。所以你决定再次进行搜索，寻找其他社会或家族关系，从而补全这组关系。

**情报报告 2–4**

| 报告编号 | 内容 |
|---|---|
| R1 | 约翰·布里斯科是温菲尔德·米勒（Winfield Miller）前妻的继子。 |
| R2 | 莎伦·斯隆是温菲尔德·米勒的妹妹。 |
| R3 | 伊丽莎白·米勒（Elizabeth Miller）嫁给了温菲尔德·米勒。 |
| R4 | 伊丽莎白·米勒是沃尔里奇企业金融公司的管理合伙人。 |
| R5 | 温菲尔德·米勒是杰克逊郡通用承包公司的所有者。 |

将这些关系补充进网络模型，就可以创建下一个迭代，也就是图 2–17 所示的目标网络模型 1.4。该结果所呈现的这一系列交易，与合法毫不沾

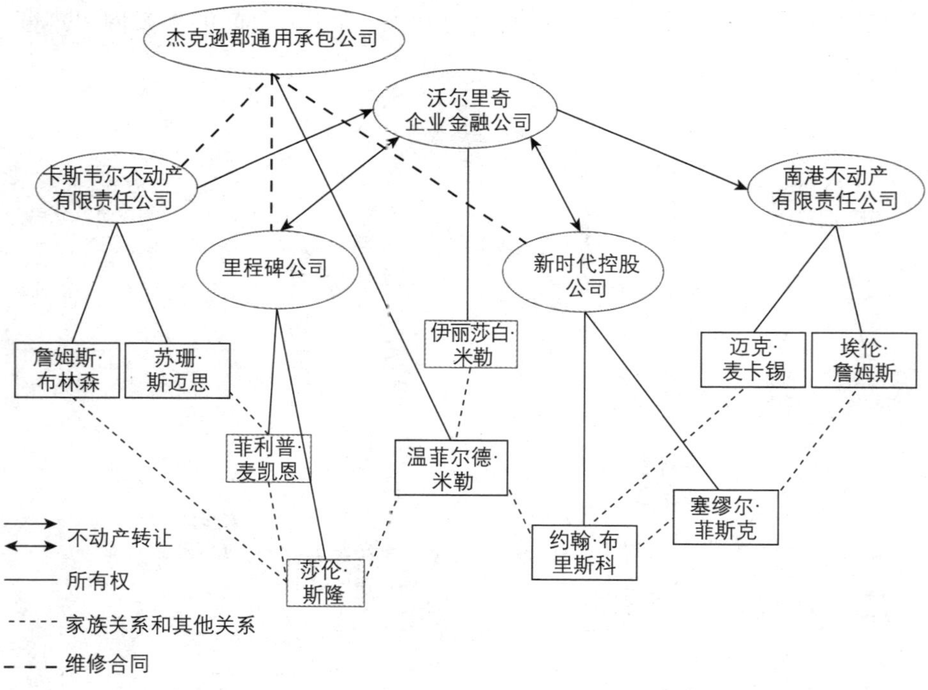


图 2–17　破旧公寓不动产交易的目标网络模型 1.4

边。所有参与者都在一个由家族关系和商业关系组成的网络中彼此关联，其中温菲尔德·米勒居于核心位置。

### （六）PMESII 的分析及应用

请看图 2–17，你注意到伊丽莎白·米勒是沃尔里奇企业金融公司的管理人，而她的丈夫温菲尔德·米勒是杰克逊郡通用承包公司的所有者。但是请看报告，难道不正是杰克逊郡通用承包公司经手破旧公寓的维修工作，共计三次，每次都收取大笔费用的吗？

因此，这个目标网络模型是令人信服的证据，可以证明该不动产的转让和维修并不像表面看上去的那样。相反，它们看起来像是某个计划的组成部分——整个计划旨在诈骗住房和城市发展部，好让沃尔里奇企业金融公司和阴谋参与者们从中获利。由于杰克逊郡通用承包公司的所有者是温菲尔德·米勒，它可能也参与了关于该不动产维修的诈骗活动。

你的下一步是查看 PMESII 维度。乍看之下，PMESII 在这里的适用性似乎非常有限。毕竟这只是一宗刑事案件，主要驱动力是参与者的经济利益。但请考虑以下因素：

- **政治和经济**。此案可能会刺激政策发生变化，即增加审核手续，以防住房和城市发展部的贷款遭遇抵押诈骗。因此，分析人员需要确定犯罪者是怎样做到长时间不引人注意的。
- **军事（执法）和社会**。必须评估诈骗计划参与者之间的关系。联邦调查局探员希望了解该网络中的薄弱连接，即哪些参与者最有可能指证同党，以换取免于起诉或减轻刑罚。
- **基础设施**。必须评估破旧公寓建筑群的真实状况。比如，维修是否必要？是否真的做了维修？
- **信息**。住房和城市发展部情报用户感兴趣的是，诈骗参与者之间的关系是如何被隐瞒的。再说一遍，这样做的目的是为了能在今后识破此类案件。

## （七）产品交付

可以直接根据“破旧公寓不动产交易的目标网络模型 1.4”（图 2–17）创建情报评估。你的评估可以总结如下：

> 涉及破旧公寓的不动产转让并非公允交易。它们似乎是一系列虚假交易，目的是诈骗住房和城市发展部，好让贷款申请方（沃尔里奇企业金融公司）和阴谋参与者们从中获利。这个阴谋的核心人物是一对夫妇，伊丽莎白·米勒和温菲尔德·米勒，他们和所有买家都有家族或商业关系。伊丽莎白·米勒是沃尔里奇企业金融公司的管理合伙人。温菲尔德·米勒是杰克逊郡通用承包公司的所有者，也正是该公司接连经手了三份维修该不动产的合同。

根据目标网络模型（图 2–17）和之前讨论的 PMESII 等，你就可以识别信息差距，可以准备一项能够支持起诉的搜集计划，并可以帮助住房和城市发展部避开或识破此类诈骗案件。例如，这项计划或许可以建议以下内容：

- 对所声称的不动产维修开展调查，很可能是杰克逊郡通用承包公司收取维修费用，但并未开展维修。
- 对这些转让活动的账面线索开展深入调查，着重调查那些与转让活动有关的资金往来。
- 对参与者开展背景调查，以识别最有可能与哪些人达成认罪协议，换取不利于主谋（米勒夫妇）的证词。
- 对住房和城市发展部的档案进行审查，并与其他调查结果进行对比，以确定诈骗活动是如何被隐瞒的。

# 第二部分

# 案例研究

[第 3 章]

# 毒品和阿富汗暴乱

本案例研究是关于阿富汗伊萨哈扎伊族（Ishaqzai）毒品卡特尔，以及它在赫尔曼德省暴乱中所起的作用。联合 国曾经发布报告，简要概括阿富汗的毒品问题：

> 然而，在世界各地，毒资最终战胜意识形态，变得和毒品一样让人上瘾。阿富汗即将发展为这种状态。在与犯罪黑帮和腐败官员勾结多年后，如今一些暴乱者抓住机会，正在向价值链的上游移动：他们不仅对供貨征税，而且参与毒品的生产、加工、储存和出口。此事对阿富汙稳定的影响，以及抵消这种影响的方式方法，都需要引起我们的关注。[1]

这份联合国报告还将赫尔曼德省暴乱的发展情况与“哥伦比亚革命武装力量”（FARC）的发展进行了比较，因为后者正是哥伦比亚境内一个由

[1] 原注：United Nations Office on Drugs and Crime Afghanistan Opium Survey, 2009, https://www.unodc.org/documents/crop-monitoring/Afghanistan/Afghanistan_opium_survey_2009_summary.pdf.

暴乱者转变而成的毒品卡特尔。[1] 所以说，这两个国家毒品交易愈发猖獗的关键是，政府控制力有限，以及存在暴乱势力。

## 一、目标

本练习提供以下方面的实践经验：

- 引入网络建模作为分析方法，对问题进行可视化和分解处理，以便对有组织犯罪这种行动环境中的威胁网络做出定义；
- 以个人和组织层面支持情报的社交网络分析为基础，生成目标网络模型；
- 引入“撕纸线”的报告方法，引入将在后面练习中遇到的可靠性评估或可信性评估等方法。

## 二、任务

假设你是全源[2]情报分析人员，隶属派驻你所在行动区域（阿富汗赫尔曼德省盖雷什克地区）的联军禁毒特遣队。你的任务是制作情报，以支持旨在破坏和影响毒品威胁网络的行动，从而为联军行动带来优势。

为了完成这项任务，每个学生或小组都应当阅读后文中的想定、背景资料和撕纸线情报报告，然后完成以下任务：

- 基于所提供的信息，根据需要建立问题定义模型和目标网络模型，

[1] 原注：United Nations Office on Drugs and Crime Afghanistan Opium Survey, 2009, https://www.unodc.org/documents/crop-monitoring/Afghanistan/Afghanistan_opium_survey_2009_summary.pdf.

[2] 原注：全源分析人员（all-source analyst），是指该分析人员经过培训，可以使用各种方法来整理、融合和分析来自各种传感器或来源的信息。单源分析人员擅长生成只基于特定传感器或来源的产品。例如，人力情报或图像情报分析人员通常都是单源的。通常，单源产品可以为全源产品提供帮助。

目的是执行这项任务。

- 使用所提供的撕纸线情报，开展简单的社交网络分析，具体方法是提供关键参与者的概述，以及他们在其所属团体、组织或社会等整体中所发挥功能或作用的概述。
- 使用所提供的撕纸线情报，依时间线顺序概述该行动区域发生的事件。
- 基于所提供的撕纸线情报，识别与该项任务相关的情报差距。创建一个简单的情报搜集计划，即生成 20 个需要你方搜集“资产”[1] 回答的问题。（你可以假设自己有权访问人力情报、图像情报、测量与特征情报、开源情报和信号情报。）
- 基于所提供的情报，生成与该项任务相关的目标集，并指出希望对该目标集造成何种影响；附上希望造成该项影响的（合理）理由。
- 基于所提供的情报，生成一份高价值目标清单。
- 生成一份新的情报搜集计划，它应当包括 10 个需要你方搜集流程回答的问题。

## 三、想定

这一想定基于 2009 和 2010 年阿富汗的真实态势，并附有这段时期的时间线。

### （一）行动区域

#### 1. 赫尔曼德省纳里萨杰区的盖雷什克

（1）地区：盖雷什克是赫尔曼德省纳里萨杰（Nahri Saraj）区最大的

[1] 译注：资产（asset），是人员、设备和技术手段等的总称。在本书中，作者有时也称之为“实力”（capability）。

城市。这个区包括赫尔曼德河两岸的肥沃农田，盖雷什克是区首府。

(2) 人口：盖雷什克的人口为 48546 人，其中男性约 3.5 万人，女性约 1.3 万人。4 个民族构成 3 个主要的部族：伊萨哈扎伊族（48%）、巴拉克扎伊族（Barakzai，39%）、努尔扎伊族（Noorzai，11%）和卡拉加尼族（Karagani，2%）。

(3) 宗教：97% 的人口是逊尼派；3% 是什叶派。

**2. 政府管理**

(1) 概况：市政府由省长任命的市长领导。这位市长任命该市负责监督税收、公共设施（电力和水务）和地方发展项目的关键机构长官。这些长官只对市长负责，不受其他形式的监督。现任市长是米尔·扎菲克（Mir Zafik），他在过去 3 年里一直担任这个职务。扎菲克来自巴拉克扎伊族，是部族舒拉的高级长老。该市的机构长官是负责税收的穆明（Momin）、负责电力和水务的哈吉·加法尔（Haji Ghaffar）和负责地方发展的多特·伊布里罕姆（Doth Ibrihm）。3 人都来自巴拉克扎伊族，除穆明外都是自扎菲克担任市长起便一直担任现职的。

农村复兴与发展部和教育部在盖雷什克派驻代表。来自教育部的机构长官只顾及他们自己的问题，很少关注本市和本省的总体政府事务。因此，来自农村复兴与发展部的那位官员，便成为地方政府和喀布尔中央政府之间的主要联络渠道。

盖雷什克没有正式的司法实体。部族内部和部族之间的争端都是部族舒拉出面，通过协商决策的传统办法加以解决。涉及文官政府的问题由市长解决，有时也会以协商的方式解决，但通常都是市长独断专行。

(2) 情报评估：地方政府效率极低，阻力来自系统性腐败和部族间的摩擦。扎菲克市长表面上对联军持合作态度，但在关键领导人会晤期间，似乎并不愿意提供关于自己政府的精确细节，特别是关于该市的收入问题。有报告称，他与据称由汗·瓦利德（Khan Walid）掌控的犯罪组织有联系。这种报告原本应该是毫无根据的，但这种不情不愿的态度反倒让它显得有几分可信。不过，因为扎菲克市长仇视努尔扎伊族（汗·瓦利德所属的民族）一事是有目共睹的，所以上述关系不太可能存在。

该市的这些机构长官看似胜任，但至少有 2 人可能受到腐败的影响。税务长官穆明已被非政府组织投诉 3 次，他们指控他要先收取“特种税”，然后才会允许这些组织在盖雷什克行动。（警长法赫兰 [Fahran] 调查所有 3 起事件后，认定不存在任何不当情况。）据报告，公共设施长官哈吉·加法尔正在黑市出售该市发电机使用的燃料，这或许可以解释为什么燃料会频频短缺，并导致该市电力中断。

即使将腐败问题淡化为文化特征，扎菲克市长的政府也面临合法性问题。目前的文官政府几乎完全由巴拉克扎伊族所把持，这或许不算什么问题，只不过他们履职的方式并非选举，而是任命。因此，其他少数民族，特别是人数占多的伊萨哈扎伊族并不拥戴扎菲克市长或者他的政府。

阿富汗政府在盖雷什克的势力聊胜于无。达里娅（Darya）是来自农村发展部的官员，她能力卓越，思想开明，是联军的坚定支持者，但受两个关键因素的制约。第一，她是少数民族卡拉加尼族，与巴拉克扎伊族或伊萨哈扎伊族的一切权力掮客都没有关系。因此，她同时遭到扎菲克市长和法赫兰警长的边缘化。第二，她身为女性，却处于非常保守的文化环境中，这会把她的影响力降到最低，即使在她自己的部族里也是如此。

只要扎菲克市长的政府不是争端的当事方，没有实体司法系统的问题就不是一个严重的障碍。在与其他 3 个民族举行的舒拉会议上，长老们经常对市长的裁决表示不满，抱怨他单方面做出的决定，因为这些决定几乎都是在保护他手下的官员或是偏袒巴拉克扎伊族。而当他真的与人讨论问题时，又总是会强迫对方接受妥协，另外这个妥协方案也不见得胜过他的独断专行。

**3. 安全**

（1）概况：盖雷什克只有 1 个警察局，配备 178 名阿富汗国民警察警员，其中 105 人来自盖雷什克或周边地区。包括警长在内，只有 23 名警员接受过阿富汗国民警察学院或北大西洋公约组织（以下简称“北约”）警察行动指导和联络小组的正式培训。现任警长名叫法赫兰，属努尔扎伊族。他是扎菲克市长任命的。这项任命旨在缓解多数伊萨哈扎伊人和努尔扎伊人的担忧。

驻盖雷什克的阿富汗国民军部队是来自第 3 坎达尔（Kandak）连的 2 个排，由塔吉克族穆罕默德·艾哈迈迪（Mohammad Ahmadi）少校指挥。

（2）情报评估：驻盖雷什克的阿富汗国民警察被认为是聊胜于无。警长法赫兰确保警察部队由努尔扎伊族所把持，用这种方法将警察部队变成强化努尔扎伊族权力的工具。178 名警员中有 109 名是努尔扎伊族，其中无一接受过正规的警察培训。23 名接受过培训的警员都是外来户，或是来自赫尔曼德省其他地方，或是来自坎大哈省，又或是巴拉克扎伊族，而且法赫兰故意给他们安排一些他们无从插手的任务。法赫兰自己接受过警察行动指导和联络小组教官的培训，但从未进入阿富汗国民警察学院深造。

因此，法赫兰与联军关系龃龉。虽然警方成功地为盖雷什克及其周围的省级重建小组和非政府组织开发项目等提供了良好的安全保障，但却是通过恐吓和极端暴力等手段实现的。此外，虽然法赫兰在通常情况下是支持联军工作的，但他坚决反对一切旨在改革警察部队的努力，即反对吸收其他少数民族人员，反对通过正规培训来提高专业水平。因此，这支警察部队面临的是合法性和能否被本地全体民众接受等长期问题。它在减少鸦片生产方面毫无作为，事实上，自法赫兰被任命为警长以来，在这个行动区域里，鸦片的生产和加工活动已经增加了 30% 以上。有人怀疑，这个行动区域内鸦片加工设施数量增加一事，这位警长是完全知情的。

驻盖雷什克的阿富汗国民军的声誉就要好上许多。艾哈迈迪少校被认为是较为出色的阿富汗国民军军官，手下士兵也相当称职。阿富汗国民军在与联军士兵搭档时表现最好，而在执行独立行动时往往较为不堪。

## （二）态势发展

### 1. 概述

（1）住宅：根据政府和省级重建小组的统计数据，现已识别出 4756

个私人住所，每个住所可容纳 10 至 20 人。盖雷什克的绝大多数住所都相当现代化，都有玻璃窗、室内管道和壁炉。该区周边的住所，以及该区的政府大楼、医院和警察局，只能获得有限的电力。

（2）公共建筑：盖雷什克有 2 个政府中心（市政府和区政府）、2 个警察局、1 所监狱、40 座清真寺、5 所学校（2 所宗教学校、2 所男校和 1 所男女混合学校）、1 所医院和当地集市。

市政府中心是新式建筑结构，里面是市政府各个办公室。这座大楼装有电线和热力管线。办公室宽敞，能够容纳市长手下工作人员办公。这个市中心还装有座机电话，并且能够进行无线电通信。

目前的区中心和政府大楼陈旧不堪，每况愈下。办公室狭小拥挤，光线很差。只有区长办公室装有 1 部电话。虽然所有建筑都有电线，但线路老化，电路无法承担高负荷用电。因此，电子产品无法广泛应用，大部分电力都用于夏季的照明和风扇。

警察总局是中等大小的两层建筑，是本市和本省的阿富汗国民警察总部。一楼的大部分空间都是警察局办公大厅，警官不出外勤时就在这里打发时间。警长法赫兰在办公大厅的后面有个私人办公室，隔壁就是储藏室或军械库。第三个房间是审讯室和拘留区。二楼是本区阿富汗国民警察总部的办公室。

红色清真寺是这座城市最大的单体建筑，估计有 300 多年的历史。清真寺是一个受人尊敬的圣地。

医院是印尼伊斯兰援助基金会去年建造的。这个设施的工作人员包括 5 名医生、10 名护士，以及 45 名其他支持人员。这家诊所可以做外科小手术，有 20 张床位可供病人住院使用。

盖雷什克只有 1 所男女混合学校，但去年因生源不足关闭，教师也因无事可做而离职。目前，男生会被送到由毛拉·阿吉尔（Mullah Agir）管理的伊斯兰学院。阿吉尔是加兹尔（Ghazil）族长老，又是红色清真寺的毛拉。女生将不会接受任何正规教育。

（3）交通：盖雷什克目前只有一条铺好的道路，它连接 1 号公路与集市。这条道路的维修状况极差，去往环城主路时通行困难。除此之外，其他所有道路都是土路。

在赫尔曼德河上，有座新桥正在建造当中。

(4) 公共设施：虽然盖雷什克的大部分居民都有室内管道和自来水，但当地没有废物处理设施，污水直接排入赫尔曼德河。这座城市有几台大型柴油发电机，能够为大约 40% 的人口（以及政府中心、医院和警察局）提供电力。发电机还为水泵提供动力，以便从赫尔曼德河取水。发电机使用的燃料必须用卡车从拉什卡加运来，如果燃料供应被切断，就会导致经常性停电。

(5) 通信：政府中心和警察局都有座机电话和无线电通信，而医院只有 1 部座机。一些比较有钱的居民也拥有座机可供通信。盖雷什克只有受限的手机服务。盖雷什克没有电台或电视台。当地收听的一些商业无线电广播来自阿富汗其他地区。

(6) 经济：盖雷什克的主要收入来源是鸦片交易。盖雷什克依赖鸦片交易，因此引来许多援助机构项目，它们都在尝试让本地农民放弃鸦片，转而种植合法经济作物。不幸的是，迄今为止的所有努力全都宣告失败，因为本地农民对其他作物不感兴趣。

集市为这个城市提供了次要但不断增长的收入来源。

赫尔曼德河大桥即将完工，使得盖雷什克成为极具吸引力的地点，可以开展建筑项目。该市已经收到 1000 多万美元的项目资金，用于改善供水和排污管道、铺设住宅区道路、收尾新政府中心工程和修葺警察局。预计在未来 1 年内，盖雷什克还将再获得 1.5 亿美元的资金，用于建造 300 多个住所和 1 个大型室内市场，以及铺设该市所有道路。

**2. 情报评估**

红色清真寺目前的作用成谜。作为重要的历史和文化遗址，它可以对当地社区释放统一的凝聚力，否则这个社区早已支离破碎。另一方面，高级宗教人士毛拉·贾威德（Mullah Jaweed）经常公开批评联军和扎菲克市长的政府。不过，尽管毛拉·贾威德明显是宗教保守派，并且渴望恢复基于伊斯兰教法的宗教统治，但他并没有明确支持塔利班对伊斯兰教义的解读，也没有呼吁恢复塔利班统治。

经济：如果能够找到一种利润更高的作物，推动盖雷什克的经济增长，或许就可以提供一个机会，用来劝说本地农民停止种植鸦片。然而，零星出现了一些未经证实的报告，称市长、警长与鸦片交易有关联，这可能意味着需要更加全面的解决方案。预期流入的发展资金，也可能给当地主要承包商班迪巴克建筑公司（BandiBak Construction）带来潜在难题。不久前，因为有人投诉班迪巴克建筑公司腐败，因此相关机构开展调查，结果发现该公司存在一些不同寻常的地方：班迪巴克建筑公司由巴拉克扎伊族经营，但主要劳动力却几乎全部都是努尔扎伊族。鉴于两个部族间由来已久的敌意，这件事是极其不合常理的。

**3. 暴乱与毒品的联系**

（1）塔利班：本地的塔利班网络言辞强硬，但实力不足。虽然塔利班根基很深，但似乎主要通过伊萨哈扎伊和努尔扎伊这两个部族开展活动。虽然它可能在其他部族也有支持者，但部族间的分歧可能意味着这种支持者寥寥无几。同样是这种分歧，它或许会让本地塔利班组织无力在部族间实施协调，开展活动。即便如此，塔利班仍然能为该行动区域的毒品产业提供大量的人力和双重功能。塔利班在阿富汗获得的大部分毒品收入，都来自盖雷什克区的高密度罂粟种植。

尽管塔利班言辞强硬，又有坚实的支持基础，但却仍然难以赶走联军，这主要是因为该区的地理位置孤立无援，塔利班很难获得外部支持。因此，它被迫主要依靠本地资源，在本地采取的战术主要是使用小型武器和简易爆炸装置，伏击联军的巡逻部队。在这方面，毒品卡特尔容许塔利班征收一定数额的税款，目的是尽可能削弱阿富汗国家安全部队活动的影响，因为这些活动旨在控制盖雷什克区，以及建立司法实体。图 3–1 展示了毒品交易征税的模式。

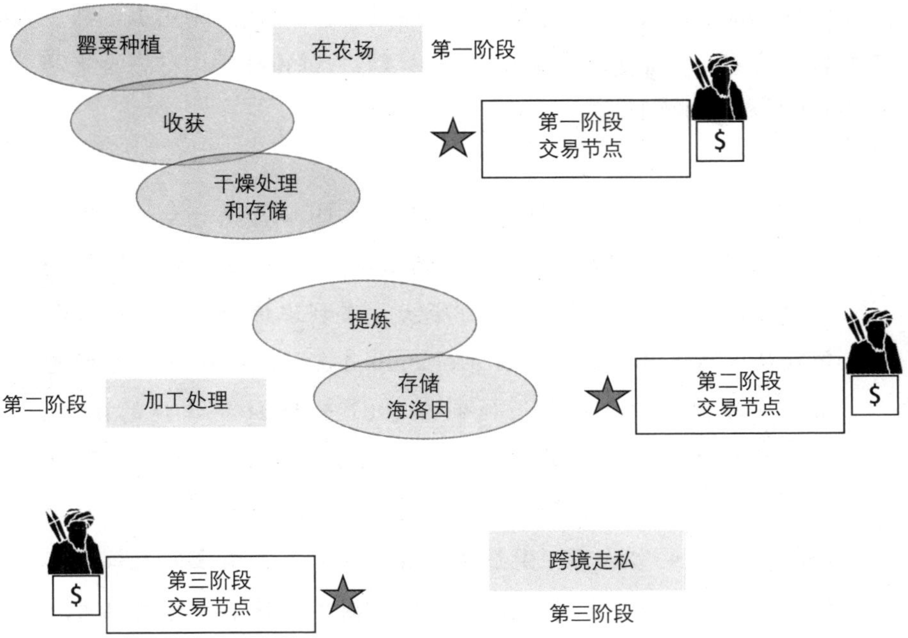


图 3–1 毒品和塔利班税收

(2) 犯罪团体：盖雷什克行动区域的最大威胁，是汗·瓦利德（努尔扎伊族）领导的贩毒组织。汗·瓦利德手下部队的装备优于塔利班和阿富汗国民警察，并且展示出多种作战能力，从小型武器伏击、到中小型突袭、再到使用简易爆炸装置发动复杂伏击，不一而足。汗·瓦利德会攻击一切被他视作威胁的势力，目标包括联军、阿富汗国家安全部队，甚至塔利班。

### （三）补充情报报告：伊萨哈扎伊族和努尔扎伊族毒品卡特尔

补充情报报告旨在突显暴乱与伊萨哈扎伊族毒品卡特尔之间的关系。盖雷什克上游河谷地区是全球鸦片市场中的关键鸦片产区，每年产值大约 80 亿美元。伊萨哈扎伊族占据着该鸦片产地中的绝大部分。他们与努尔扎伊族一样，都是现政府的政治对手，并在反政府军高层中占据多数。就弱点而言，盖雷什克上游河谷是反政府军最后一处重要的内部资金来源。截至 2009 年的态势说明如下：

> 在塔利班政权统治下，阿里扎伊（Alizai）族一直控制着赫尔曼德省，直到 1994 年为止；阿里扎伊族失势之后，伊萨哈扎伊族在该省的影响力一直都很大。塔利班垮台后，谢尔·穆罕默德·阿洪德扎达（Sher Mohammad Akhundzada）身边的阿里扎伊族势力，便恢复了他们在 1981 至 1994 年掌握的权力，并继续将伊萨哈扎伊族边缘化，而且还对他们“征税”。2006 年，暴力冲突爆发。塔利班利用这场冲突，巩固了自己在桑金（Sangin）区的影响力。虽然伊萨哈扎伊族在桑金区的人口中占据多数，但这并不妨碍塔利班让仇视谢尔·穆罕默德的阿里扎伊族各部落继续支持自己，比如在巴格兰省和赫尔曼德省北部其他地区便是如此。[1]

伊萨哈扎伊族是杜拉尼联盟（Durrani Confederation）中潘尼帕伊派（Panjpai Group）的成员（参见图 3–2）。虽然在崛起之际，在两个世纪的大部分时间里，他们一直都是备受尊崇的游牧部族或战士部族，但在杜拉尼联盟的内部冲突中，他们却成为失败的一方。伊萨哈扎伊族牧民迫于形势，最终演变成农民。[2] 今天，虽然阿富汗政府总统哈米德·卡尔扎伊（Hamid Karzai）也属于杜拉尼联盟，但相比与卡尔扎伊的关系，伊萨哈扎伊族领导人与塔利班和毒品产业的关系更加密切。[3]

---

[1] 原注：Giustozzi, Antonio, *Koran, Kalashnikov, and Laptop: The Neo-Taliban Insurgency in Afghanistan*, pp. 60-61.

[2] 原注：在杜拉尼联盟其他成员组织的眼中，他们成了“苏格扎”(Sogzai)，意为“菜农”。

[3] 原注：Cultural and Geographic Research Tribal Analysis Centre (TAC) Report on “Ishaqzai Tribe,” Tribal Analysis Center Ltd., Williamsburg, VA, November 2009,

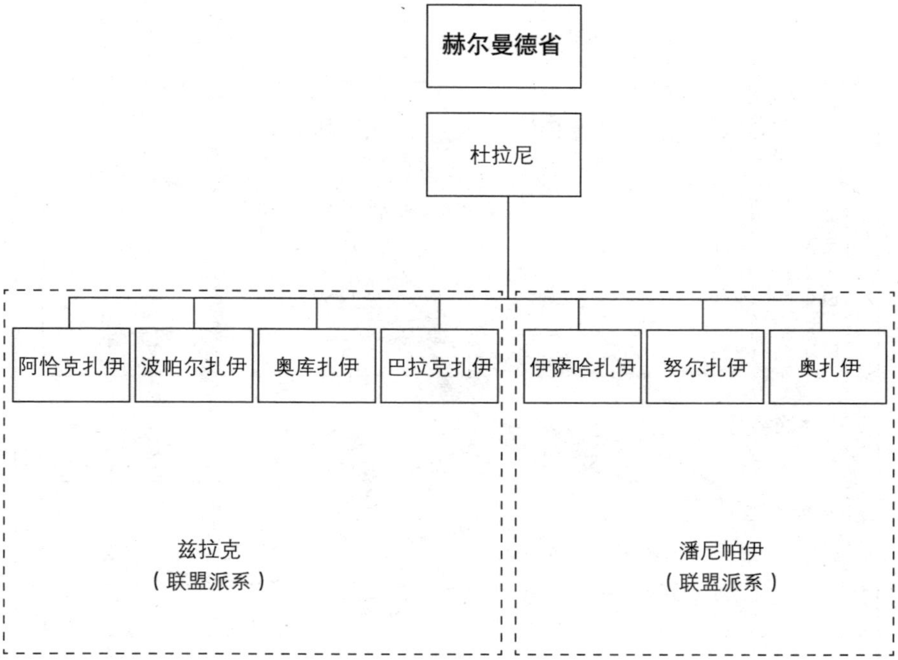


图 3–2 赫尔曼德省各族分布图

伊萨哈扎伊族是赫尔曼德省内规模较小的部族之一，但却凭借自身地理位置以及与毒品和反政府军的关系，掌握了极大的权力。他们的家园位于地势较低的赫尔曼德河谷走廊，具有重要的战略意义，尤其盖雷什克上游河谷更是如此。毒品走私路线和反政府军活动路线所依赖的通道，都需要穿越伊萨哈扎伊族实际控制的地盘，如图 3–3 所示。

为了能给伊萨哈扎伊族带来权力，贩毒武装分子和反政府军采取行动，让该部族大量人员加入反政府军行列，但此举也可导致伊萨哈扎伊族

http://www.tribalanalysiscenter.com/Home.html；请注意关于伊萨哈扎伊族反政府军高官阿赫塔尔·穆罕默德·曼苏尔（Aktar Mohammed Monsour）和伊萨哈扎伊族毛拉·萨达尔（Mullah Sardar）的部分案例。

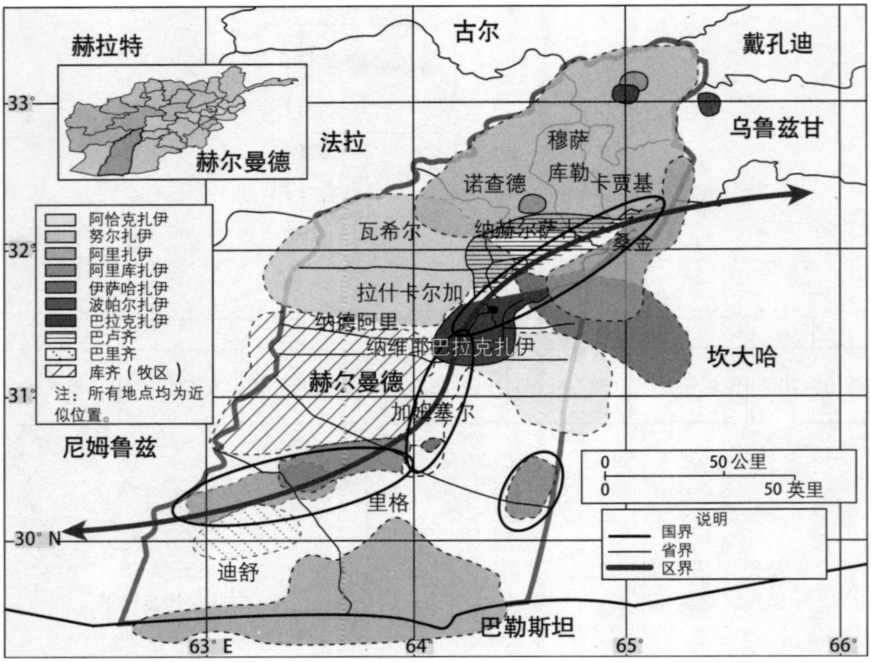


图 3–3　赫尔曼德鸦片生产地带

发挥影响力，打破吉尔扎伊（Ghilzai）反政府军秉承的拒不妥协的意识形态。不过，在现实层面上，这意味着伊萨哈扎伊族控制的地区基本上都会支持反政府军活动，也意味着他们将为反政府军士兵提供援助，伊萨哈扎伊族控制的盖雷什克上游河谷的巡逻基地“灰狗”以北更是如此。巡逻基地“灰狗”以南是谢克汗扎伊（Sheikhanzai）族，他们是伊萨哈扎伊族的分支部族，也是这里土地的主人，但并不在本地生活，而是把这些灌溉土地租给努尔扎伊族种植作物，收取租金。由于这种部族从属关系，可以预期的是，在盖雷什克地区，反政府军将得到租种谢克汗扎伊族土地的农民提供的援助。[1] 所有这些造成了一个有趣的社会结果，那就是在巡逻基地“灰狗”以南直到盖雷什克郊区的地方，形成了一种微型封建制度；但在

[1]　原注：这些努尔扎伊人与普什图族有亲属关系，与谢克汗扎伊族有姻亲关系。

这里，耕种土地的却往往都是移民工人。

过去，伊萨哈扎伊族一直就走私网络和贩毒利益等问题，与阿里库扎伊（Alikozai）族、阿里扎伊族和努尔扎伊族有暴力冲突。然而，努尔扎伊族和伊萨哈扎伊族之间的合作，对于继续开展毒品交易而言却是绝对必要的，因为努尔扎伊族的地盘连接着很多位于伊萨哈扎伊族地盘的鸦片产区。此外，在盖雷什克上游河谷以西，努尔扎伊族可以将吗啡糊剂和印度大麻脂向西运往伊朗，并在返程时运送武器。

伊萨哈扎伊族与塔利班和反政府军是有关系的，体现这种关系的代表人物是阿赫塔尔·穆罕默德·奥斯曼尼（Akhtar Mohammed Osmani）[1]，他是伊萨哈扎伊族高层，是奎达[2]舒拉的议员。1996 年，伊萨哈扎伊族向塔利班提供支持，以促使塔利班进攻坎大哈。在此过程中，他发挥了关键作用。2008 年 7 月之前，伊萨哈扎伊族的毛拉·阿卜杜勒·拉希姆（Mullah Abdul Rahim）一直是赫尔曼德省的影子省长。在此期间，伊萨哈扎伊族在当地高层中势力很大。目前，伊萨哈扎伊族职位最高的塔利班成员是毛拉·穆罕默德·阿赫塔尔·曼苏尔（Mullah Mohammed Akhtar Mansour），他是奎达舒拉的联合议长，（自从在巴基斯坦被俘之后，）目前正在与同为联合议长的波帕尔扎伊族毛拉·贝拉德尔（Mullah Berader）进行一场漫长但并不激烈的争论。

努尔扎伊族有许多来自赫尔曼德省中部地区的高级别权力掮客，其中包括前任和现任的赫尔曼德省警长，即博比·范迪克（Bobby Van Dick）和帕比·洛斯哈特（Pappy Losthat）。努尔扎伊族占据拉什卡尔加（Lashkar Gar）和纳德阿里（Nad e Ali）周边地区，因此对地方事务拥有很大的影响力，另外他们还广泛参与毒品产业。[3]

---

[1] 原注：奥斯曼尼很可能在 2006 年底美国的精确打击行动中被击毙，此后许多伊萨哈扎伊族成员都极力指责是塔利班出卖了他。参见路透社 2006 年 12 月 27 日新闻稿《塔利班确认最高指挥官被美军空袭击毙》。

[2] 译注：奎达（Quetta），巴基斯坦俾路支省的首府。

[3] 原注：The Taliban Ishaqzai-Noorzai Split.

## 四、情报报告

（注：日期时间条目遵循以下格式，包含日期、时间、英文字母L、月份和年份，其中时间以24小时即军用计时符号表示，字母L意为当地时间。例如，030915LFEB08就是当地时间2008年2月3日9时15分。）

**1. 日期时间**：071622LJUL10（当地时间2010年7月7日16时22分）

**主题**：汗·瓦利德会见班迪巴克建筑公司经理。

**内容**：线人报告称，7月5日，汗·瓦利德前往班迪巴克建筑公司名下的一个储物场，会见班迪巴克建筑公司经理皮尔沃尔（Pirwhal）和公司安全主管成吉思（Genghis）。这位线人没有听到谈话内容，但汗·瓦利德似乎非常愤怒，成吉思还打了皮尔沃尔一巴掌。（来源：无既往报告历史；报告被评估为F3级，即可靠程度无法判断，或许为真。）

**2. 日期时间**：101421LJUL10（当地时间2010年7月10日14时21分）

**主题**：非政府组织投诉市政府存在腐败

**内容**：联军高层会见2个非政府组织的代表，他们在盖雷什克有开发项目。2个代表都对税务长官穆明怨声载道，称他再三拖延项目进度，要求收取“特别税”。这些非政府组织已经找过警长法赫兰，但由于穆明只对市长负责，阿富汗国民警察对此无能为力。

**3. 日期时间**：171426LJUL10（当地时间2010年7月17日14时26分）

**主题**：皮尔沃尔向其叔霍曼迪抱怨成吉思和汗·瓦利德。

**内容**：线人报告称，7月16日，班迪巴克建筑公司总经理皮尔沃尔和他的叔叔霍曼迪在集市一家茶叶店会面。皮尔沃尔抱怨说，“努尔扎伊狗”汗·瓦利德再次来到他的办公室，威胁说如果皮尔沃尔还要继续殴打他手下的努尔扎伊族工人，他就会伤害皮尔沃尔。当时，皮尔沃尔反驳说，如果他们不是那么愚蠢懒散的话，自己也不会殴打他们，于是成吉思就把他打了一顿。皮尔沃尔接着抱怨说，当自己把这事告诉父亲的时候，父亲只是耸耸肩，说了句“这是安拉的旨意”。霍曼迪表示同情，也觉得皮尔沃尔的父亲太过软弱，当不了市长。霍曼迪承诺，下次在部族舒拉上见到皮尔沃尔父亲的时候，自己会和他提及此事，但在此期间皮尔沃尔必须忍耐一下。皮尔沃尔表示同意，然后离开茶叶店。（来源：无既往报告历史；报告被评估为 C2，即比较可靠，可能为真。）

**4. 日期时间**：261016LJUL10（当地时间 2010 年 7 月 26 日 10 时 16 分）

**主题**：阿富汗国民警察关于简易爆炸装置袭击源的报告。

**内容**：阿富汗国民警察的探长特里（Sergeant Tori）通知所属联军巡逻队队长，称伊萨哈扎伊族反政府军士兵应当对两天前的简易爆炸装置袭击事件负责。特里称，反政府军没有足够的兵力挑战联军和阿富汗安全部队，所以有个名叫曼苏尔的头目找来一个“工程师”，为反政府军制造简易爆炸装置，直到他们能够拥有强大的力量为止。探长特里并不知道这个工程师的名字，但基于 7 月 24 日袭击事件的相关报道，他对此人能力的评价并不高。

**5. 日期时间**：032045LAUG10（当地时间 2010 年 8 月 3 日 20 时 45 分）

**主题**：汗·瓦利德警告联军当心简易爆炸装置。

**内容**：有个已知与汗·瓦利德的鸦片贩运组织有联系的男性找上联军巡逻队，警告他们将发生简易爆炸装置袭击。这位名叫成吉思的男性称，反政府军计划在未来 48 小时内，在贯通城市东南农田的主路沿线放置 1 枚简易爆炸装置。成吉思不愿提供更多细节，也不愿解释自己是如何获得这些信息的。（来源：无既往报告历史；报告被评估为 F3，即可靠程度无法判断，或许为真。）

**6. 日期时间**：091056LAUG10（当地时间 2010 年 8 月 9 日 10 时 56 分）

**主题**：政府存在腐败。

**内容**：拉西姆（Rasim）是当地农场主，又是努尔扎伊族舒拉议员，他与联军一个巡逻队成员交谈时，告诉他们关于当地政府腐败的情况。拉西姆称市长和他手下的机构长官都是“吸毒者”和“小偷”，但无法提供任何细节。拉西姆还声称，警长是个好人，愿意打击腐败，但为市长所阻。（来源：无既往报告历史；报告被评估为F3级，即可靠程度无法判断，或许为真。）

**7. 日期时间**：151302LAUG10（当地时间2010年8月15日13时02分）

**主题**：汗·瓦利德和法赫兰控制班迪巴克建筑公司。

**内容**：线人报告称，努尔扎伊族军阀汗·瓦利德和警长法赫兰是班迪巴克建筑公司幕后的真正实权人物。汗·瓦利德是该公司的共同所有者，经常利用法赫兰和阿富汗国民警察，对这家公司的总经理皮尔沃尔施加“合法的”影响力。这个线人还指出，汗·瓦利德利用这家公司来增加努尔扎伊族的财富，具体做法就是确保这家公司雇佣的主要都是努尔扎伊工人，以及利用这家公司把钱“弄干净”。（分析人员评论：这可能是指汗·瓦利德利用班迪巴克建筑公司，对贩运鸦片的收入进行洗钱。）（来源：无既往报告历史；报告被评估为B2，即通常可靠，可能为真。）

**8. 日期时间**：161403LAUG10（当地时间2010年8月16日14时03分）

**主题**：有人看到阿富汗国民警察警员与嫌疑反政府军士兵交谈。

**内容**：有阿富汗国民警察警员报告称，看到探长特里在与嫌疑反政府军士兵交谈。这名警员名叫阿米尔（Amir），来自卡拉加尼族，他声称自己在一个检查站值勤，而特里正是那里的站长。有一次，阿米尔在树丛中方便，结果听到有说话的声音。他决定前去调查，结果看到特里正在和名叫阿拉曼德（Alamander）的人交谈。阿拉曼德和特里一样，也是伊萨哈扎伊族，尽管不能肯定地说阿拉曼德就是一名反政府军，但已知他和曼苏尔从小就是朋友。（来源：无既往报告历史；报告被评估为C4，即比较可靠，存疑为真。）

**9. 日期时间**：241326LAUG10（当地时间 2010 年 8 月 24 日 13 时 26 分）

**主题**：有人看到阿富汗政府代表与毛拉发生争执。

**内容**：有报告称红色清真寺发生骚乱，有联合巡逻队对此做出响应。他们赶到时，发现农村发展部代表达里娅正在对毛拉·阿吉尔大喊大叫，还有一小群本地居民围观看热闹。巡逻队里的阿富汗国民警察警员将泪流满面的达里娅约束住，并将她关进汽车里。在与面无表情的毛拉进行简短交谈后，巡逻队离开现场，并将达里娅送回住处，同时要求她暂时远离清真寺。

**10. 日期时间**：291622LAUG10（当地时间 2010 年 8 月 29 日 16 时 22 分）

**主题**：可能有人运送简易爆炸装置组件。

**内容**：信号情报报告称截获一则通话。在通话双方中，一方身份确认，是名叫德拉格姆（Dragam）的男性；另一方是名叫莱特富特（Lightfoot）的男性，但身份不明。莱特富特称，一批新的盘子已经准备交付。德拉格姆确认此事，并通知莱特富特在老地方安排交货。（分析人员评论：众所周知，德拉格姆是当地反政府军简易爆炸装置网络的后勤辅助人员。"盘子"指的可能是军械。）

**11. 日期时间**：041013LSEP10（当地时间 2010 年 9 月 4 日 10 时 13 分）

**主题**：银行经理提供关于扎菲克市长和汗·瓦利德的信息。

**内容**：在集市里，联合巡逻队与名叫汗（Khan）的年轻人交谈，他是阿富汗银行盖雷什克分行的助理经理。汗声称自己是扎菲克市长的孙子，他对祖父无法开展有效治理一事深感难过。汗将市长的软弱归咎于汗·瓦利德在盖雷什克的广泛影响力。这种影响力不但来自他的毒品收入，也来自他所拥有的合法生意。汗表示，只要这个军阀无人约束，盖雷什克就不会有和平与安全。

**12. 日期时间**：091318LSEP10（当地时间 2010 年 9 月 9 日 13 时 18 分）

**主题**：阿富汗国民警察警员殴打班迪巴克建筑公司经理。

**内容**：警长法赫兰通知联军，称他手下警员殴打班迪巴克建筑公司经理皮尔沃尔。殴打事件发生时，阿富汗国民警察警员发现皮尔沃尔正在殴打一名工人。这些警员命令皮尔沃尔住手，但他充耳不闻。于是，一名警员抓住皮尔沃尔，并开始拳打脚踢。当这名警员变本加厉，准备用枪托击打皮尔沃尔时，另外两名警员出手干预，制止了这场殴打。法赫兰称皮尔沃尔不会有事，但也表示不会理会卡拉加尼族向联军提出的一切投诉。

**13. 日期时间**：101032LSEP10（当地时间 2010 年 9 月 10 日 10 时 32 分）

**主题**：集市商户诉说安全担忧。

**内容**：在盖雷什克集市的一次联合巡逻中，几个店主上前诉说他们对盖雷什克安全形势的担忧。商户要求联军采取更多措施，好让阿富汗国民警察有所收敛。一个名叫霍曼迪的商人尤其不安，他质问联军为什么会命令阿富汗国民警察殴打他的侄子，并指责联军在一场部族仇杀中偏袒努尔扎伊族。联军巡逻队队长向霍曼迪和其他商人做出保证，称他们的投诉将得到处理，而后带领巡逻队离开，没有引起更多事端。

**14. 日期时间**：121143LSEP10（当地时间 2010 年 9 月 12 日 11 时 43 分）

**主题**：班迪巴克建筑公司经理威胁联军的外包团队。

**内容**：联军外包团队拜访班迪巴克建筑公司的皮尔沃尔，期间皮尔沃尔暴跳如雷，拒绝与他们交谈，并指责联军人员命令阿富汗国民警察殴打自己。皮尔沃尔还指责联军偏袒努尔扎伊族，并向外包团队表示，如果他们不肯立即离开，自己就要找人杀死他们。外包团队听从他的要求，离开现场，没有引起更多事端。

**15. 日期时间**：131637LSEP10（当地时间 2010 年 9 月 13 日 16 时 37 分）

**主题**：联军伊斯兰随军教士会见毛拉·阿吉尔。

**内容**：联军指挥官会见驻堡垒营机场的伊斯兰随军教士，联军上尉约翰·贝克（John Bec）。应阿富汗高级教士发起的外展倡议，贝克在盖雷什克拜会了毛拉·阿吉尔。贝克在结束了与阿吉尔的会面之后，立刻向指挥官通报会谈成果。

贝克上尉说，会面开始时不顺利，因为当他走入清真寺时，多位本地民众看到他的制服，以为他要带人对清真寺进行突击搜查，所以毛拉·阿吉尔现身的时候，是带着敌对和防御情绪的。贝克解释了自己来到清真寺的原因，设法平息了局势，但这些似乎对这位毛拉没有起到什么作用，这位毛拉责备贝克穿着联军的异教徒制服。贝克试图与阿吉尔开展对话，但这位毛拉的立场非常顽固。阿吉尔拒绝承认一切世俗政府的权威——扎菲克市长的政府也不例外，并称唯一真正的律法只属于真主。他还拒绝了贝克上尉提出的经济援助，解释说他不会接受异教徒的援助，因为这会损害自己在真主眼中的地位。当贝克准备离开时，毛拉·阿吉尔表示，如果这位上尉选择脱下制服，不再效忠世俗权力，那么他将被视为真正的信徒，永远受到红色清真寺的欢迎。

当被问及对这位毛拉的看法时，贝克上尉表示，阿吉尔极端保守顽固，他对盖雷什克的任何政府而言都将是一个永久性的难题。他还表示，这位毛拉是真心虔信之人，心无旁骛，一心想让盖雷什克的人民“走上正义的纯洁之路”。贝克特别向指挥官指出，阿吉尔对伊斯兰教义的理解虽然僵化保守，但仍然与反政府军的解读大相径庭。

**16. 日期时间**：140937LSEP10（当地时间 2010 年 9 月 14 日 9 时 37 分）

**主题**：扎菲克市长被遥控简易爆炸装置炸死。

**内容**：扎菲克市长的车队（两辆车，有保镖护卫）遇袭。当天早晨，在去往市中心之前，这位市长来到朋友萨米尔（Samir）开的茶叶店里，他的座位旁边发生爆炸，看起来似乎是遥控简易爆炸装置被引爆。（分析人员评论：目前无人宣布对此事负责，这说明反政府军可能并不太想为这次袭击承担责任。有关方面已经公开承诺，说喀布尔将派出一个调查小组，但并没有给出抵达时间。鉴于该地区复杂的政治局势，这个小组可能永远也不会来。）

**17. 日期时间**：162033LSEP10（当地时间 2010 年 9 月 16 日 20 时 33 分）

**主题**：霍曼迪警告联军当心敌对情绪。

**内容**：商人霍曼迪警告联军称，联军人员不应该离开前线行动基地，即使在与阿富汗国民军开展联合巡逻时也是一样。这位商人称，该市部分居民会把市长的死归咎于联军，要么是说他们没有保护好他，要么是说他们给盖雷什克带来了“邪恶”。霍曼迪认为，自己这个兄弟非常愚蠢，所以才会在盖雷什克这样的圣地与异教徒结盟，并认为他的死是真主的旨意。霍曼迪还向联军表示，巴拉克扎伊族需要选出一位新的高级长老，以及一位新的市长。

**18. 日期时间**：171019LSEP10（当地时间 2010 年 9 月 17 日 10 时 19 分）

**主题**：采访穆明。

**内容**：在医院协助工作的联军医务人员与税务长官穆明交谈。穆明在炸死扎菲克市长的爆炸中受伤。穆明称，他当时正好路过茶叶店，萨米尔跑来说市长想要见他。他们刚到茶叶店，里面就有什么东西爆炸了。萨米尔走在穆明前面，首先遭遇爆炸，而穆明只受了中度伤。穆明表示自己并不知道谁想杀死市长，但他肯定此事与扎菲克和联军的关系有关。

**19. 日期时间**：181430LSEP10（当地时间 2010 年 9 月 18 日 14 时 30 分）

**主题**：外包团队会见达里娅。

**内容**：在会见联军外包团队时，农村发展部的官员达里娅抱怨称，扎菲克市长的死造成了巨大的混乱，然而农村发展部没有给她下达任何指示。达里娅表示，她接到喀布尔国防部和内政部官员分别打来的两个电话，他们指示她向汗·瓦利德提供援助。喀布尔的第三个指示是商务部官员下达的，此外赫尔曼德省长办公室的两名官员也下达指示，他们都是让她向霍曼迪提供援助。乱上加乱的是，霍曼迪、警长法赫兰和皮尔沃尔都向达里娅要钱，说这是已故市长曾经承诺给他们的，但她对此毫不知情。最后，法赫兰威胁称，如果达里娅不把已故市长承诺购买四辆新警车的钱给他的话，自己就要把她抓起来。

**20. 日期时间**：191011LSEP10（当地时间 2010 年 9 月 19 日 10 时 11 分）

**主题**：警长法赫兰转达汗·瓦利德提出的支援建议。

**内容**：在联军高层会见警长法赫兰时，这位警长称汗·瓦利德希望能与联军高层对话，讨论努尔扎伊族向联军提供支援的相关事宜。警长法赫兰强调了这项提议的重要性，因为汗·瓦利德此前从未向联军高层提出过这样的提议。新出现的干扰事件让叛军重整旗鼓，也让巴拉克扎伊族扩大了他们在这个地方政府中的影响力。法赫兰认为，在汗·瓦利德的帮助下，联军可以在盖雷什克拥有巨大的影响力。

**21. 日期时间**：201452LSEP10（当地时间 2010 年 9 月 20 日 14 时 52 分）

**主题**：霍曼迪讨论盖雷什克的权力继承问题。

**内容**：联军和阿富汗国民军对集市进行联合巡逻时，联军巡逻队队长注意到一群阿富汗国民警察警员正在与霍曼迪争执。巡逻队靠近人群后，霍曼迪当面质问巡逻队队长，要求联军说明打算为扎菲克市长的家人做些什么。他指出，最有可能导致扎菲克被人谋杀的原因，就是他与联军的关系，所以如果联军高层不为扎菲克的家人做些什么的话，必定颜面扫地。霍曼迪还想知道联军打算何时正式承认他为新任市长，因为他已当选巴拉克扎伊族的高级长老，所以是其兄弟名正言顺的继承人。就在这时，巡逻队队长注意到这些警员（他们都是努尔扎伊族）变得更加愤怒。巡逻队队长中断对话，对霍曼迪表示自己会将霍曼迪的关切上报联军指挥链。巡逻队队长立即带领两个巡逻队离开集市，以免这些警员当场翻脸。这些警员向巡逻队队长抱怨说，他让他们没脸做男人了，因为他不让他们对"那条巴拉克扎伊狗"还以颜色。一名阿富汗国民警察的高级警员评论称，此事无关紧要，因为如果霍曼迪当上市长，汗·瓦利德就可能会找人去杀了他。

**22. 日期时间**：221110LSEP10（当地时间 2010 年 9 月 22 日 11 时 10 分）

**主题**：皮尔沃尔相信霍曼迪会成为下任市长。

**内容**：在会见联军外包团队时，皮尔沃尔声称自己对税务长官的新职务非常满意。他相信自己可以保住这份工作，因为他的叔叔霍曼迪·扎菲克将成为新的市长，并将庇护他。他声称，一旦霍曼迪被任命为市长，就会解除法赫兰的警长职务，并用巴拉克扎伊人取而代之，这样做可以清除努尔扎伊族在盖雷什克的影响力。皮尔沃尔似乎并不担心汗·瓦利德发出的威胁。

**23. 日期时间**：220909LSEP10（当地时间 2010 年 9 月 22 日 9 时 9 分）

**主题**：霍曼迪要求正式承认他为市长。

**内容**：巡逻队在集市巡逻时，霍曼迪·扎菲克径直质问队长，要求解释为什么联军拒绝正式承认他是盖雷什克的市长，让自己再次蒙受羞辱。霍曼迪表示，这不是朋友相交的应有之义，还表示自己被任命为市长之后，会记得这些羞辱。霍曼迪还想知道为什么杀害自己兄弟的凶手没被绳之以法。他坚称，很明显是努尔扎伊人杀了扎菲克，所以质问为什么联军没有逮捕法赫兰和汗·瓦利德。霍曼迪声称，显然联军是在偏袒努尔扎伊族，但如果自己被任命为市长，本地政府与联军的关系将会发生变化。

**24. 日期时间**：221800LSEP10（当地时间 2010 年 9 月 22 日 18 时）

**主题**：哈吉·法赫多姆（Haji Fahdom）被任命为盖雷什克的新市长。

**内容**：联军司令部通知联军，称赫尔曼德省省长已任命其侄，来自巴拉克扎伊族的哈吉·法赫多姆担任盖雷什克的新市长。法赫多姆得以中选的原因，显然是他对自己叔叔的忠诚，而且严格来讲，虽然他只是一个外来户，但却与当地有着千丝万缕的联系；他的母亲是伊萨哈扎伊族，哥哥跟随毛拉·阿吉尔学习。虽然法赫多姆与伊萨哈扎伊和努尔扎伊两个部族里的个别人员私交甚笃，但他对其他部族的感情却是未知之数。

**25. 日期时间**：231621LSEP10（当地时间 2010 年 9 月 23 日 16 时 21 分）

**主题**：汗·瓦利德威胁要反对新市长。

**内容**：在会见联军高层时，警长法赫兰向他们透露称，自己已经得知哈吉·法赫多姆被任命为市长一事。法赫兰还声称，汗·瓦利德已向省长发出警告，称如果法赫多姆试图不经汗·瓦利德首肯便擅自行使权力，汗·瓦利德将以一切必要手段进行抵抗。法赫兰由此预测，盖雷什克的局势将会恶化。

## 五、背景

这是关于阿富汗鸦片生产的报告，摘自联合国毒品和犯罪问题办公室的《2009 年阿富汗鸦片调查》，网址参见：https://www.unodc.org/documents/crop-monitoring/Afghanistan/Afghanistan_opium_survey_2009_summary.pdf。

毒品和犯罪问题办公室的《2009 年阿富汗鸦片调查》显示，2009 年鸦片的种植、生产、人工、价格、收入、出口和在国内生产总值（GDP）中所占的比重等均有下降。与此同时，全国无罂粟省份的数量和毒品缴获数量均有增加。具体而言，2009 年阿富汗的鸦片种植面积减少 22%，从 2008 年的 15.7 万公顷降至 2009 年的 12.3 万公顷。就赫尔曼德省而言，种植面积减少三分之一，降至不足 7 万公顷。2009 年的种植模式参见图 3–4。

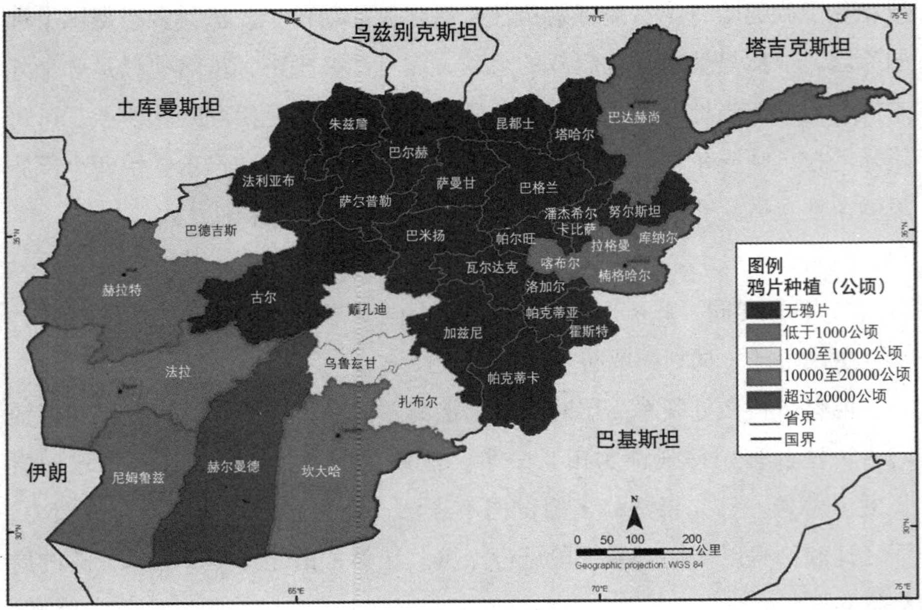


图 3–4 阿富汗 2009 年鸦片种植情况

注：图中展示的各种界线和名称，以及使用的表示方法，并不代表已获得联合国的正式赞同或认可。

来源：阿富汗政府与联合国毒品和犯罪问题办公室运行的国家监测系统。

尽管阿富汗全境罂粟产量普遍下滑，但该国仍然居于全球鸦片供应的前列，产量仍然超过东南亚和臭名昭著的“金三角”。[1]

赫尔曼德省仍然居于全球罂粟种植的前列，罂粟种植面积超过 2 万公顷，即 77 平方英里。然而，供给侧生产过剩和全球市场需求低迷等因素，却一直推动鸦片价格走低。因此，相比 2008 年，现在参与鸦片生产的人员数量已经减少 80 万。2009 年，阿富汗农民的采摘价格大幅下降，生鸦片已从每公斤 70 美元降至每公斤 48 美元，而干鸦片从每公斤 95 美元降

[1] 原注：金三角罂粟的平均产量约为每公顷 10 公斤鸦片。2010 年，阿富汗罂粟（生长在该国最肥沃、灌溉条件最好的地区）的产量达到创纪录的每公顷 56 公斤，相比去年 49 公斤这个已经极高的数字，增加 15%。

至每公斤 64 美元。这是 20 世纪 90 年代末以来该国鸦片的最低价格。而在 20 世纪 90 年代末，塔利班掌权，鸦片收成也只有今天的一半。

北约和阿富汗部队正在不断增加压力，这已成为不利的市场力量，此外他们也正在打击毒品和暴乱之间的联系。2009 年上半年，联合军事行动销毁 90 多吨前体化学品、450 吨种子、50 吨鸦片、7 吨吗啡、1.5 吨海洛因、19 吨大麻脂和 27 个实验室。尽管这些努力只打击到阿富汗毒品经济中很小的一部分，但也增加了贩毒风险。联合国毒品和犯罪问题办公室 2009 年的调查报告发现，农民愈发害怕报复，交易变得愈发谨慎，而且现在，鸦片库存也被深埋地下。不过，如图 3–5 所示，在赫尔曼德省，许多罂粟种植地的公顷产量仍然是全球最高的，其中有些最好的田地就在盖雷什克上游河谷。

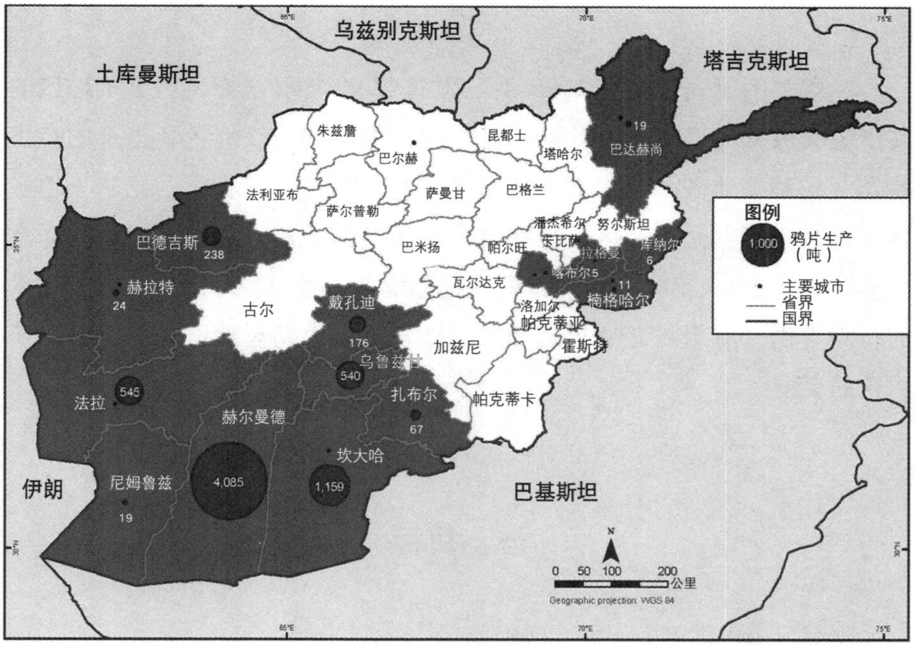


图 3–5　2009 年阿富汗各省鸦片种植情况

注：图中展示的各种界线和名称，以及使用的表示方法，并不代表已获得联合国的正式赞同或认可。

来源：阿富汗政府与联合国毒品和犯罪问题办公室运行的国家监测系统。

[第 4 章]

# 巴尔干地区有组织犯罪

本章案例研究设定在 1999 年。20 世纪 90 年代早期，巴尔干地区的共产主义政权相继下台，此后，有组织犯罪便利用该地区新出现的自由状态（在某些地区，随之而来的是无政府状态）发展壮大。巴尔干地区自古以来一直都是走私区，但在共产主义结束统治之后，有组织犯罪空前猖獗。在 1997 年冲突期间和后冲突环境下，各个犯罪团体获得了更大的行动自由。有组织犯罪出现增长，这在地区内乃至地区外都已是众所周知的事情。

## 一、目标

本练习提供以下方面的实践经验：

- 引入网络建模作为分析方法，以实现可视化和分解处理，目的是对有组织犯罪这种行动环境中的威胁网络做出定义；
- 基于社交网络分析，生成目标网络模型；
- 展示在执法环境中，对政治、军事、经济、社会、基础设施和信息

(PMESII) 分析性结构的利用情况（在这里，PMESII 中的 M 是指犯罪团体和执法机构使用武装部队，而不是军方动用武力）；

- 提供机会以开展更加深入的社交网络分析。

## 二、任务

在本想定中，假设你是新成立的欧洲刑事警察组织巴尔干地区有组织犯罪特遣队的战略全源分析人员。自 1999 年起，该特遣队将在阿尔巴尼亚的斯库台市开展工作，协助阿尔巴尼亚政府在该地区建立法律和秩序。

你的任务是协助欧洲刑事警察组织对斯库台地区的犯罪网络进行建模，模型需要包括这些犯罪组织的行为模式（即与其犯罪活动有关的战术、训练和程序，简称 TTP）。以下内容都是基于情报报告：

1. 按需创建目标网络模型，以支持欧洲刑事警察组织。首先是创建目标网络模型，阐明关键参与者，以及他们在所属团体、组织或社会等整体中发挥的功能或作用。（提示：应当考虑针对当地和本地区的犯罪辛迪加[1]，为每个辛迪加单独创建一个目标网络模型。）
2. 针对行动区域内的事件，创建按时间线排序的粗略概述。
3. 识别与该项任务相关的情报差距。创建一个简单的情报搜集计划，生成 10 个需要你方搜集“资产”回答的问题。你可以假设自己拥有权限，可以访问人力情报、图像情报、测量与特征情报、开源情报和信号情报。
4. 识别并列出一切可以表明犯罪活动遭到监听或跟踪的早期预警指标。
5. 基于所提供的情报，生成一份高价值目标清单。用它来生成一份新的情报搜集计划，它包括 30 个需要你方搜集流程回答的问题。

[1] 译注：辛迪加（syndicate），垄断组织的一种形式，在这里指代具有类似组织性质的犯罪组织。

## 三、想定

以下是对1999年巴尔干地区有组织犯罪情况所作的评估。

取道阿尔巴尼亚并在东欧以外地区活动的各类有组织犯罪，均可归入4个关键领域：贩毒[1]、非法武器交易[2]、洗钱，以及人口走私或外国人偷渡[3]。该地区最严重的犯罪活动包括敲诈勒索、被盗汽车（来自欧盟的豪车）交易、性奴隶（东欧妇女）走私和绑架。另外，有报告称存在毒品走私和人体器官走私。其他犯罪活动还包括走私面粉、水果等货物，或是走私电视机、家具等奢侈品。

斯库台市是新兴的犯罪城市。报告被盗汽车的数量比登记车主还多。斯库台是整个欧洲谋杀率最高的城市之一，平均每年每10万居民中就有25起以上的谋杀案。在阿尔巴尼亚语中，“卡拉什”（Kalash，俄罗斯俚语，即AK–47突击步枪）一词已经从专有名词Kalashnikov的缩写形式升格为动词。在这个人口10万的城市里，平均每3周就会发生杀人事件，在这样的血腥过程中，不论是谁，不分政治、宗教、年龄、性别、有意或是无意，如今，所有人的死因都有可能被标注为：“被卡拉什”。

可以影响阿尔巴尼亚地区犯罪活动发展的环境（PMESII）因素有5个，它们是：政治、经济、执法、社会和信息环境。

---

[1] 原注：United Nations International Drug Control Programme, ODCCP Studies on Drugs & Crime Statistics, *Global Illicit Drug Trends 2000* (Vienna: United Nations, 2000).

[2] 原注：Chris Hedges, “Kosovo Rebels and Their New Friend,” *New York Times*, June 6, 1999.

[3] 原注：John Follain and Edin Hamzic, “Mafia Smuggles Refugee Women into Sex Slavery,” *Sunday Times*, May 16, 1999; C. B., “Crimes Committed in Italy Provide Funds for Kosovo Guerrillas,” Reuters, January 19, 1999.

## （一）政治

阿尔巴尼亚犯罪活动集中在斯库台州，如图 4–1 所示。该州包括 3 个区：斯库台、哈尼霍蒂特（Hani Hotit）和普克埃（Pukë）。该州人口大约 32 万人，其中大约 10 万人住在斯库台市。该地区的北方和西北与黑山接壤，东北与科索沃接壤。早在共产主义结束之前，斯库台州便一直都是政治敏感地区，因为它是民主党在阿尔巴尼亚最大的根据地，也是萨利·贝里沙（Sali Berisha，1992 至 1997 年任阿尔巴尼亚总统）的权力基础。共

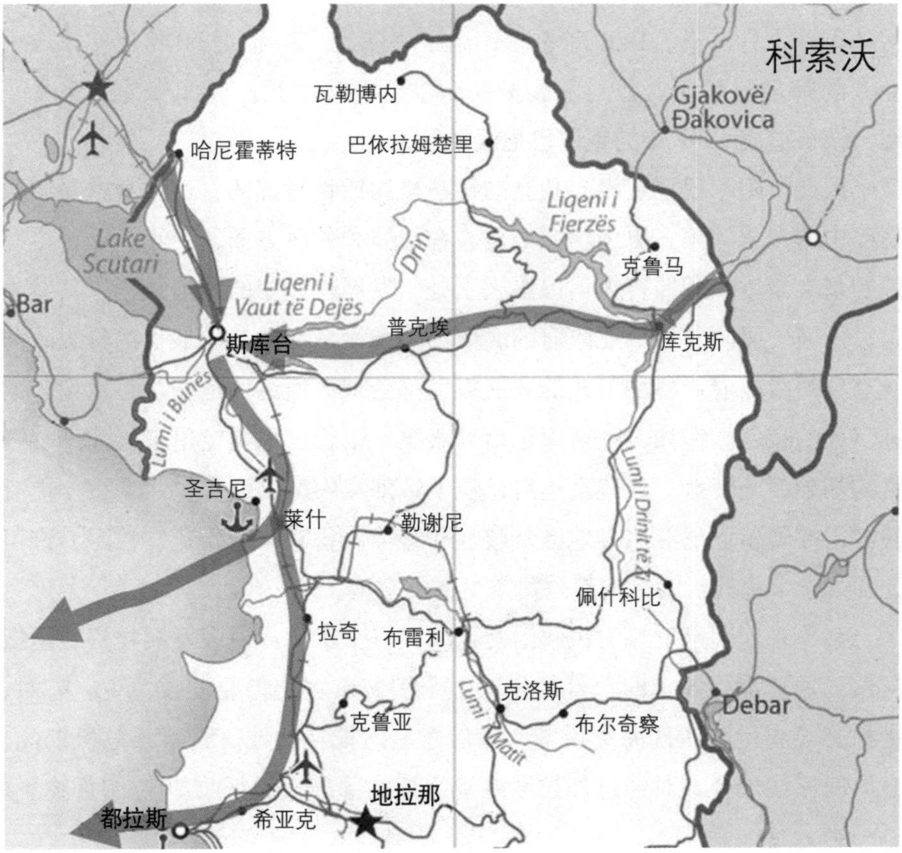


图 4–1　用于开展犯罪活动的通用路线

来源：美国得克萨斯大学奥斯汀分校得克萨斯大学图书馆提供。

产主义时期，许多斯库台人都属于反共的“反对派”，并因此受到迫害。共产主义结束后，该地区迅速接受了贝里沙政府的政治改革。由于这些历史发展，再加上1997和1998年的政治动荡，民主党和社会党两党支持者之间的政治气氛是对抗性的。犯罪活动加剧了这种对抗性的政治气氛。

1991至1997年，地方司法系统遭到极其严重的政治性滥用。获得西方支持的萨利·贝里沙政府提拔未经培训的警察和司法人员，并派他们赴该地区各地履职。这些官员经常利用自己手中的权力，对那些已知为前霍查[1]政权的支持者开展报复。这种缺乏专业精神的做法破坏了民众对警察和司法机构的普遍信任。[2]全国各地的腐败程度也很严重，因此许多传销活动得以大行其道。1997年，传销金字塔崩盘。20世纪90年代初，成千上万的阿尔巴尼亚人曾因发展援助而享受经济增长，但如今他们失去一切，结果造成1997年的阿尔巴尼亚动乱。

因此，阿尔巴尼亚没有独立的司法机构或警察部队，这本身就是政治制度中的严重缺陷。更为糟糕的是，在法律和秩序方面，由于缺乏行之有效的基本制度，犯罪行为得以渗入正处于发展建设中的政治结构。其结果是，任何一级阿尔巴尼亚政府的腐败都是肆无忌惮的。从最小的村级政府一直到州级政府，各种形式的发展援助都会被人通过伪造的项目申请，落进个人的腰包。例如，在斯库台市郊某镇，镇长挪用指定用来修建中轴公路的基础设施资金，建造直达自己位于镇郊家中的公路和供水系统。更有甚者，在阿尔巴尼亚北方地区，政客和官僚出售官方的印花、执照、许可证和大学学位的行为，也都是司空见惯的事情。

海关管理则是反映尖锐政治问题的又一个示例。许多发展物资在运抵阿尔巴尼亚港口城市时已经缴税，但个别城市官员仍要征收关税。有时，货物必须支付三四次海关税费，然后才能运抵目的地。科索沃危机期间，官员们抓住机会，对经过都拉斯海港运抵的部分援助征收50%的货物税。

---

[1] 译注：恩维尔·霍查（Enver Hoxha），阿尔巴尼亚共产主义政府领导人。

[2] 原注：Human Rights Watch, *Human Rights in Post-Communist Albani*, 1996, http://www.hrw.org/reports/pdfs/a/albania/albania963.pdf.

1997 年以来，国际社会为阿尔巴尼亚提供了大量发展援助，民主党和社会党利用这些资源，指使警察和司法机构在政治上将非民主活动合法化，或是将政敌妖魔化。

政治发展中的既有难题，在国家层面被再次放大。1999 年，法律和秩序的基本制度将在国家层面正式生效，但以欧安组织为首的西方国家决定赶在此事之前，推动阿尔巴尼亚的去中心化。此举在次国家（subnational）政治层面上，进一步增加了公共行政机构出现腐败的机会，从而让建立全国统一的法律和秩序制度的工作更加难以推进。

### （二）执法

绝大多数阿尔巴尼亚警察没有接受过西方最低标准的培训。阿尔巴尼亚北方大部分警察完全没有受过培训。他们往往都是政治化的警察，因为警长是执政政府任命的，警员又是警长挑选的。绝大部分警察的亲朋好友都在该地区拥有政府职务。在欧洲谋杀率最高的斯库台，警察的月薪为 70 至 100 美元。他们没有装备；外界捐赠的装备要么失踪并沦为私用，要么就是被卖掉。他们没有养老金或残疾抚恤金等权益。

其结果是，警察很容易被拉下水，从事犯罪活动，这主要是受到金钱的诱惑。人们经常看到他们设置一系列路障，从来自黑山的越境交通中榨取钱财或货物。被盗车辆通常都会在这些路障前缴纳罚款，并获准通行。如果车主是声名在外的危险罪犯，就会免费放行。因为普通人才会遭受这种经济胁迫，但大盗却畅行无阻，所以本地人非常痛恨这些本地警察。人们看到，只有来自阿尔巴尼亚南方、奉命执行某项特殊任务的蒙面特警，偶尔才会开展真正的警察活动。

司法人员也都是政治任命的。他们通常没有受过专业法律培训。他们的收入比警察略高，会对那些被带到他们面前接受裁决的人员处以罚款，或者干脆让他们出钱换取自由，以此补贴自己的收入。即使面对轻微犯罪，被裁决人员也无法保护自己。因此，危险的罪犯很少会被（送来）

关押或罚款。所以说，仍然是普通民众遭到罚款，司法人员的收入得到增加，此事将进一步削弱公众对法律和秩序的信心。

为回应国际社会的批评，阿尔巴尼亚将重点放在调整司法机构和警察部队的人员上。然而，此举所能做到的，只是让一个根本性的两难困境变得更加突出而已。如果警方在新领导的指示下，真的试图抓捕某些更加危险的罪犯，他们就会遭到司法机构的掣肘。因为司法人员会收受贿赂，几天内就让这些危险的罪犯重见天日。反过来，如果新法官试图对这些危险的罪犯实施某种惩罚，他们很快就会改变主意，因为警察不会去抓捕这些罪犯的同伙，不会保护法官免受报复。

讽刺的是，只有在面对那些手头略有闲钱的未成年违法者时，在他们遭到逮捕、缴纳罚款并被司法机构释放的过程中，警察和司法机构之间才会展开合作。然后，所得款项会在该次行动中出力的警察和司法人员之间重新分配。

阿尔巴尼亚法律和秩序的制度非常薄弱，几乎无异于儿戏，严重时往往还会造成人员伤亡。例如，意大利与阿尔巴尼亚曾在奥特朗托海峡开展联合行动，期间扣押了 6 艘阿尔巴尼亚走私船只并逮捕多人，然后将其交付阿尔巴尼亚羁押。武装犯罪分子在羁押船只的阿尔巴尼亚城镇拉起警戒线，要求归还船只。不到 24 小时，这些船只和人员便都恢复了自由。[1]

### （三）经济

斯库台州是经济欠发达地区，工业体量很小，失业率却很高。所有经济生活都集中在斯库台市，而普克埃和马拉希阿马达等农村地区依靠自给自足式的农业。工厂和车间，尤其是具有旧时代特征的大型国有企业都不景气。虽然急需投资，但没有可用贷款，而且斯库台也没有银行。20 世

[1] 原注：Frank Viviano, "Migrants Offered Package Deal to Freedom," *National Post*, March 1, 1999; Reuters, "Albanian Gang Recaptures Boats Seized by Police," January 23, 1999.

纪 90 年代中期，私人资本大都投入传销，并损失殆尽。安全局势不稳定、商业和所有权法律模糊、管理技能匮乏、官僚机构效率低下和腐败无处不在，这些都进一步阻碍了经济发展。

尽管当地采取种种措施，比如对民众进行培训和教育，或是在国家公共服务项目中雇佣民众，但自 1996 年以来，领取救济人员的数量仍然持续增加。斯库台的救济金很少（每月 2600 列克或 50 美元），农村则更低。居民必须寻求额外的收入，以维持收支平衡。

更有甚者，这个地区还出现一些移民，他们来自该国东北更加贫穷的山区。此事加剧了经济困境。因此，该地区就业和收入的主要来源是走私和有组织犯罪活动。

正如腐败会破坏政治发展一样，没有行之有效的基本执法系统，这个地区的经济发展就会遭到破坏。主要的经济难题是合同的授予和执行。劳务合同往往无法得到履行，结果造成一种“花钱打水漂”式的经济发展心态，它会破坏合法投资者的信心。这种心态会限制各援助基金把资金投向经济发展，因为这些资金不受严格监督，会因腐败而轻易偏离正轨。

还有一个重要的经济因素，就是阿尔巴尼亚有组织犯罪势力可以轻易获得美元等硬通货。这主要是国际援助项目造成的间接结果。阿尔巴尼亚几乎没有银行可以代表官方兑换国际货币，而且许多城镇根本就没有银行。政府间组织和非政府组织带来的国际货币，大部分都是在当地街头，在一辆梅赛德斯汽车的后备厢里兑换的。在这些汽车面前，阿尔巴尼亚货币（列克）的汇率比官方汇率要优惠得多，而且不开收据。试想一下，一个欧安组织外勤办事处（Field Office）需要处理所有的交通运输、通信、水电和工资事宜，还要配备 5 个外国人，因此每月可以轻易兑换超过 2.5 万美元。欧安组织有 8 个办事处必须这样做，此外，欧洲共同体监督使团、欧盟、联合国、联合国难民事务高级专员公署、联合国儿童基金会和其他国际非政府组织及其人员也必须这样做。如此一来，每月都有高达数百万美元的硬通货流入犯罪组织手中，供他们开展国际行动所用。

### （四）社会

在阿尔巴尼亚北方地区，剥削非政府组织的援助努力，已成为一项非常诱人的工作选择。在科索沃难民危机的3个多月里，在人口10万的斯库台，已经成立了超过125个本地非政府组织，其目的是争夺来自联合国难民事务高级专员公署或红十字会的价值不菲的分包合同。在争夺这些合同时，他们有时会使用暴力，并开辟出犯罪式剥削这一全新的经济领域。

如果没有行之有效的刑事司法制度，社会中的弱势群体就无法得到保护。孤儿尤其容易受到伤害。儿童会被绑架，送往希腊的工厂工作。没有家庭依靠的女性，会被迫成为性奴隶。一些报告指出，孤儿会成为器官交易的受害者。

### （五）信息

如果没有行之有效的法律框架，媒体就会经常性地被政治化和滥用。在法官经常遭受威胁的环境中，媒体从业人员如果秉持反对有组织犯罪的立场，将会面临严重后果。

## 四、情报报告

**情报报告 4–1**

| 报告编号 | 日期 | 内容 |
|---|---|---|
| R1 | 1999年4月1日 | **人力情报 011–C3**：在阿尔巴尼亚，从事国际人口走私的辛迪加首领是伊苏夫·巴尔齐（Isuf Bardhi），整个民主党都在参与贩运性奴隶的活动。 |
| R2 | 1999年4月1日 | **文件开发**：特警从地拉那银行员工特里·洛凯（Tori Lokaj）处查获的会计文件显示，多笔外汇交易涉及已知的摩尔多瓦性奴隶贩子。 |

（续表）

| 报告编号 | 日期 | 内容 |
|---|---|---|
| R3 | 1999 年 4 月 1 日 | **开源情报**：大约 20 时，在阿尔多尼斯黑手党名下餐厅（位于斯库台最西侧的沙法里帕姆斯），4 名该黑手党成员被人枪杀。 |
| R4 | 1999 年 4 月 1 日 | **人力情报 023-B2**：里斯塔尼（Ristani）家族垄断了阿尔巴尼亚北方地区的卷烟市场。 |
| R5 | 1999 年 4 月 2 日 | **人力情报 011-C4**：目前至少有 3 名黑手党杀手在斯库台地区。他们是手机号为 042576847[1] 的卢姆特里·加希（Lumtri Gashi）、手机号为 042989475 的穆拉特·哈吉（Murat Haxhi）和手机号为 042393878 的焦纳·瑟拉吉（Gjon Celaj）。 |
| R6 | 1999 年 4 月 2 日 | **文件开发**：从斯库台一家本地妓院的半身像中查获的文件显示，性奴隶是以每人 3 万美元的价格购买的。 |
| R7 | 1999 年 4 月 2 日 | **情报报告**：通常 1 个性奴隶每年可以为犯罪组织带来 20 万美元的总收入，而妓院老板的管理成本通常都是绝对最小值。 |
| R8 | 1999 年 4 月 2 日 | **情报报告**：据评估，民主党与纳斯米（Nesimi）犯罪辛迪加之间存在极深的联系。该辛迪加在黑山附近的边境山区活动。 |
| R9 | 1999 年 4 月 3 日 | **信号情报**：沙班·洛凯（Saban Lokaj）是国际犯罪辛迪加的嫌疑成员，他打电话给警长埃迪·贾萨里（Edi Jasari），称贾萨里订购的鲜花将在 3 天内送到。 |
| R10 | 1999 年 4 月 3 日 | **信号情报**：埃米尔·多斯蒂（Emir Dosti）打电话给黑手党的嫌疑金主埃东·洛凯（Edon Lokaj），询问洛凯是否收到资金。 |
| R11 | 1999 年 4 月 4 日 | **网络情报**：属于纳斯米犯罪辛迪加已知成员的多台服务器遭到分布式拒绝服务（DDoS）数据包的攻击。无法确定攻击源，因为该攻击源的互联网协议（Internet Protocol，以下简称 IP）地址似乎是被劫持的。 |
| R12 | 1999 年 4 月 4 日 | **开源情报**：上一年，斯库台地区的警察腐败投诉增加了 68%。 |
| R13 | 1999 年 4 月 4 日 | **人力情报 050-F6**：走私人员正在利用一条地道，将货物运入和运出黑山。这条地道长 3 公里，位于斯库塔里湖南端。它 24 小时不间断运转，两端都有至少 2 名手持 AK-47 步枪的人员把守。 |
| R14 | 1999 年 4 月 4 日 | **信号情报**：据报告，某地犯罪辛迪加首领阿泽姆·波亚尼（Azem Pojani），派“克里斯季”（Kristi）开车去接“法特米尔”（Fatmir），带他去见“渔夫”，并在原地等他，然后再开车把他送回斯库台。 |

[1] 原注：阿尔巴尼亚电话号码规律是，2### ### 来自首都地拉那，04 2### ### 来自阿尔巴尼亚境内，+355 4 2### ### 来自阿尔巴尼亚境外。

（续表）

| 报告编号 | 日期 | 内容 |
|---|---|---|
| R15 | 1999 年 4 月 4 日 | **人力情报 050-F6**：斯库台郊外有个被盗汽车市场，里面的汽车主要来自奥地利、瑞士、黑山和塞尔维亚。一辆被盗奔驰车在这个市场上的售价为 5000 至 10000 美元。每月第 3 个周六售车。 |
| R16 | 1999 年 4 月 5 日 | **信号情报**：流量分析显示，在摩尔多瓦和阿尔巴尼亚，两个国际犯罪辛迪加之间的电话通话有所增加。 |
| R17 | 1999 年 4 月 5 日 | **信号情报**：莱卡·潘纳斯卡（Leka Penaska）来到斯库台郊外被盗汽车市场，在现场打电话给身处意大利的一个汽车经销商。此人身份不明。潘纳斯卡告诉这个意大利人说，每辆梅赛德斯汽车的价格是 1.1 万美元。 |
| R18 | 1999 年 4 月 5 日 | **情报报告**：民主党成员达拉达娜·克里兹（Daradana Krizi）最近购买的资产，仅靠工资是买不起的。这些资产包括 2 辆梅赛德斯汽车、斯库台郊外 1 座带有大型游泳池的豪华别墅，以及几公顷的私人土地。 |
| R19 | 1999 年 4 月 5 日 | **信号情报**：民主党成员焦纳·梅克西（Gjon Meksi）于深夜，也就是凌晨 1 至 4 时，打出许多国际长途电话。 |
| R20 | 1999 年 4 月 5 日 | **人力情报 011-C4**：在斯库台，在从事轻微犯罪活动家族中，排名前三的是里斯塔尼、蒂卡（Thika）和杜卡（Duka）。 |
| R21 | 1999 年 4 月 5 日 | **信号情报**：阿尔季·洛凯（Ardi Lokaj）是斯库台当地汽车后备厢货币兑换商的头目，他打电话给埃东·洛凯，询问埃东·洛凯下个月要调动多少货币。 |
| R22 | 1999 年 4 月 5 日 | **人力情报 023-B2**：阿尔班·洛凯（Alban Lokaj）已命令船长阿尔迪特·贾萨里（Ardit Jasari）备好用来越境的船只，并命令贾萨里与在阿尔巴尼亚的迪特米尔·贝里沙（Ditmir Berishaj）进行协调。 |
| R23 | 1999 年 4 月 5 日 | **网络情报**：监测发现，有人使用斯库台民主党办事处的 IP 地址，尝试劫持本地商业服务器。这些办事处的注册人是民主党成员达拉达娜·克里兹，她是民主党党员瓦尔邦·克里兹（Valbon Krizi）的妻子。 |
| R24 | 1999 年 4 月 5 日 | **情报报告**：斯库台是欧洲谋杀率最高的城市，在这个人口大约 10 万的城市里，目前平均每月发生 40 起谋杀案。 |
| R25 | 1999 年 4 月 6 日 | **开源情报**：昨晚，斯库台民主党总部举行了筹款活动。出席活动的民主党成员是普雷克·阿利亚（Prek Alia）、罗扎·托帕里（Roza Topalli）、莱迪奥·克里兹（Ledion Krizi）和伊苏夫·巴尔齐。出席活动的斯库台贵宾是门托尔·穆拉蒂（Mentor Murati）和阿尔季·洛凯。 |

（续表）

| 报告编号 | 日期 | 内容 |
|---|---|---|
| R26 | 1999 年 4 月 6 日 | **开源情报**：斯库台当地的新闻报道称，社会党政客法特米尔·贝里沙（Fatmir Berishaj）与波亚尼犯罪辛迪加有直接联系。 |
| R27 | 1999 年 4 月 6 日 | **情报报告**：把性奴隶从摩尔多瓦运送到意大利，这是一个错综复杂的过程，其特点是将受害者从一个妓院送到另一个妓院。受害者会在沿途各妓院工作，最后抵达欧洲目的国境内的妓院。在运送途中，一群性奴隶有可能在同一个妓院里逗留极长的时间。 |
| R28 | 1999 年 4 月 7 日 | **开源情报**：据称社会党成员法特米尔·贝里沙与黑手党有联系，斯库台当地的电视台就此事对其本人进行采访。法特米尔坚称这些故事是民主党栽赃的，并称事实上正是对方成员与黑手党沆瀣一气。 |
| R29 | 1999 年 4 月 7 日 | **图像情报**：对斯库台以南的亚得里亚海沿岸进行图像搜索，发现圣吉尼港很可能是备选港口，供走私人员向意大利运送货物时选用。 |
| R30 | 1999 年 4 月 7 日 | **信号情报**：阿尔迪特·贾萨里打电话给盖里姆·贾萨里（Qerim Jasari），要他再准备 2 艘船用来“渡海”，并告诉后者应该“准备担任其中一艘的船长”。 |
| R31 | 1999 年 4 月 7 日 | **信号情报**：对 6 个月来通信情报流量进行散点分析，结果显示，走私人员横渡亚得里亚海时，首选阿尔巴尼亚圣吉尼至意大利巴里之间的路线。 |
| R32 | 1999 年 4 月 7 日 | **人力情报 014-C3**：亚得里亚海沿岸地区的犯罪辛迪加首领与法特米尔·卡莱西（Fatmir Kaleci）会面，并给了他一个杀手的名字，说他老板可能让此人完成后面将会交代的工作。杀手的名字是乔安·拉玛（Xhon Rama）。 |
| R33 | 1999 年 4 月 7 日 | **文件开发**：对阿尔巴尼亚特警突袭妓院缴获的文件进行分析，结果显示斯库台的多位知名政治家都曾光顾过这些设施。 |
| R34 | 1999 年 4 月 7 日 | **开源情报**：对斯库台州当地新闻进行内容分析，结果显示民众反对国际犯罪辛迪加和性奴隶交易。然而，轻微走私活动并不令人反感，反而被视为一种传统。 |
| R35 | 1999 年 4 月 7 日 | **开源情报**：对斯库台州当地新闻进行内容分析，结果显示民众对本地警察的信任程度很低或为零，但对地拉那特警部队的信任程度却很高。 |
| R36 | 1999 年 4 月 7 日 | **情报报告**：既往报告和当前全源报告均显示，驱动本地犯罪的是从黑山经斯库台湖至阿尔巴尼亚的走私活动。该项走私活动由 3 个家族控制，他们分别把持着被盗汽车市场、被盗电子产品市场和卷烟市场。 |

（续表）

| 报告编号 | 日期 | 内容 |
|---|---|---|
| R37 | 1999 年 4 月 7 日 | **情报报告**：对意大利卡宾枪骑兵[1]的情报和多种全源报告进行综合分析，结果发现阿尔班·洛凯是意大利国际性奴隶辛迪加的首脑人物。 |
| R38 | 1999 年 4 月 7 日 | **信号情报**：法特米尔·卡莱西打电话给帕尔·武莱（Pal Vulaj），询问他有没有一辆带空调的货运大巴。 |
| R39 | 1999 年 4 月 7 日 | **开源情报**：国家媒体关注的焦点是，欧盟认为阿尔巴尼亚是性奴隶体系的主要来源和推动力量。来自政坛两极的多名阿尔巴尼亚政客呼吁采取更多行动，以制止这种贸易。 |
| R40 | 1999 年 4 月 7 日 | **信号情报**：埃迪·贾萨里要求警察布里姆·克里兹（Burim Krizi）做好准备，以护送一两辆货运大巴，车上将装载共计大约 30 个包裹。 |
| R41 | 1999 年 4 月 7 日 | **人力情报 024–B2**：已知 3 个地区犯罪集团头目的司机分别是卢安·扎格雷达（Luan Zagreda）、洛兰·斯马库（Loran Simaku）和克里斯季·沙拉（Kristi Shala）。 |
| R42 | 1999 年 4 月 7 日 | **开源情报**：在接受斯库台当地电视台采访时，斯库台市长称很快就会要求联邦特警永久驻扎本地。 |
| R43 | 1999 年 4 月 7 日 | **信号情报**：对过去 4 个月的手机流量进行分析，结果显示阿尔巴尼亚的祖斯（Zus）附近有个被盗汽车市场。 |
| R44 | 1999 年 4 月 8 日 | **开源情报**：不久前，人们为法托斯·里斯塔尼的堂兄卢安·里斯塔尼举行隆重葬礼。当地媒体猜测，卢安是在与敌对黑帮成员发生争执后被杀的。 |
| R45 | 1999 年 4 月 8 日 | **文件开发**：从英国伦敦一家妓院查获的文件显示，当地的性奴隶是从摩尔多瓦被招募或掳走，然后偷渡进入阿尔巴尼亚，最后经水路偷渡进入意大利。 |
| R46 | 1999 年 4 月 9 日 | **图像情报**：对斯库台地区进行定期广域图像搜索，结果报告显示，在过去 2 个月里，在每月的第 3 个周六，在斯库台以南的祖斯镇（北纬 42°01′58″、东经 19°28′33″），人们可以观察到大约 20 至 30 辆新款汽车。（分析人员评论：有附属情报报告提供了斯库台附近被盗汽车市场的大致位置。执行此次搜索的目的，就是为了回应该项附属情报。） |
| R47 | 1999 年 4 月 9 日 | **开源情报**：地拉那的阿尔巴尼亚媒体暗示，民主党政客焦纳·梅克西可能会在不久后因腐败问题被起诉。 |

[1] 译注：卡宾枪骑兵（Carabinieri），意大利独立军种，兼顾军队与警察的双重职能，工作重点是维持国内治安。

（续表）

| 报告编号 | 日期 | 内容 |
| --- | --- | --- |
| R48 | 1999 年 4 月 9 日 | **人力情报 049–C3**：为阿尔巴尼亚北方地区的犯罪组织首领，是手机号为 042980905 的克里斯季·拉玛（Kristi Rama）和手机号为 042459475 的阿泽姆·蒂卡（Azem Thika）。 |
| R49 | 1999 年 4 月 9 日 | **开源情报**：据报告，阿泽姆·波亚尼名下餐馆遭到 4 名武装人员袭击。报告称有 1 人遭严重殴打，已被送进医院。 |
| R50 | 1999 年 4 月 10 日 | **人力情报 031–F6**：按照计划，不久之后，将有一批约 20 名女性被人从摩尔多瓦过境送往意大利。转运期间，负责她们的蛇头名叫热扎特（Rezart）。 |
| R51 | 1999 年 4 月 11 日 | **信号情报**：贝吉尔·蒂卡（Begir Thika）不久前多运了 2 批计算机和手机，然后给阿尔季·洛凯打电话，称自己有很多现金需要兑换。 |
| R52 | 1999 年 4 月 11 日 | **网络情报**：在过去 3 个月里，发生了一系列针对民主党网站和服务器的黑客攻击。由于 IP 地址被劫持，无法追查攻击源。 |
| R53 | 1999 年 4 月 11 日 | **开源情报**：国家媒体报道称，特警逮捕多名国家警察高官。许多被捕者最初都是从斯库台地区发迹的。 |
| R54 | 1999 年 4 月 11 日 | **情报报告**：全源报告通常都会显示，民主党与多个国际犯罪辛迪加之间存在极深的渊源。另有迹象显示，法特米尔·贝里沙（社会党）协助走私奴隶。 |
| R55 | 1999 年 4 月 11 日 | **人力情报 024–B2**：帕尔·武莱掌管沿海地区的犯罪辛迪加，并控制着瓦利波杰（Velipojë）和圣吉尼的赌场。 |
| R56 | 1999 年 4 月 11 日 | **图像情报**：经识别，索科尔·纳斯米（Sokol Nesimi）总部建筑群的坐标是北纬 32°35′20″、东经 19°41′33″，即韦尔莫斯（Vermosh）附近的山区里。 |
| R57 | 1999 年 4 月 12 日 | **图像情报**：对索科尔·纳斯米总部建筑群成像后，目前可对图像进行详细的战术分析。 |
| R58 | 1999 年 4 月 12 日 | **开源情报**：昨天，在斯库台的一个主干道十字路口，一对年轻夫妇遭到枪杀。在交警示意他们停车之后，一个身份不明的男性向他们尚未熄火的梅赛德斯汽车内射击，打光了 2 个弹匣。 |
| R59 | 1999 年 4 月 12 日 | **人力情报 031–F6**：用来横渡亚得里亚海走私奴隶的船只经过增压改造，比其他所有水面船只的速度都要快。 |
| R60 | 1999 年 4 月 12 日 | **人力情报 014–C3**：法特米尔·贝里沙本人在奴隶交易方面投入大量资金，但他在行动中并不发挥任何作用。 |

（续表）

| 报告编号 | 日期 | 内容 |
|---|---|---|
| R61 | 1999 年 4 月 13 日 | **信号情报**：扎米尔·马尔库（Zamir Marku）打电话给索科尔·纳斯米，同意他“给帕尔·武莱打电话，向他开出那个条件”。 |
| R62 | 1999 年 4 月 13 日 | **开源情报**：当地报纸报道称，特警特遣队将随时抵达，并将建立一个长期基地。 |
| R63 | 1999 年 4 月 13 日 | **开源情报**：民主党成员达拉达娜和瓦尔邦·克里兹在斯库台的帕玛（Palma）餐厅举行结婚 10 周年纪念活动。许多当地知名人士出席了此次活动。 |
| R64 | 1999 年 4 月 13 日 | **网络情报**：社会党的服务器遭到拒绝服务攻击，攻击源不明。 |
| R65 | 1999 年 4 月 13 日 | **开源情报**：斯库台报纸刊登的当地广告显示，蒂卡家族有大量的电子产品可以卖得极其便宜。 |
| R66 | 1999 年 4 月 13 日 | **情报报告**：3 个家族在斯库台从事轻微走私活动；他们之间通常没有什么嫌隙，因为彼此的汽车、卷烟和电子产品市场泾渭分明。 |
| R67 | 1999 年 4 月 14 日 | **开源情报**：南施特伊（South Shtoj）是科波里克（Koplik）至斯库台公路的沿线村庄，附近居民对当地妓院的一切活动都怨声载道。 |
| R68 | 1999 年 4 月 14 日 | **测量与特征情报**：地面移动目标指示器[1]观察发现，在斯库台与对岸之间的斯库台湖上，每天凌晨 2 至 3 时，都会有大量船只来往。 |
| R69 | 1999 年 4 月 15 日 | **开源情报**：国家媒体报道显示，特警将被赋予新的权力，可以不经审判，拘捕一切他们认为有能力协助调查的人员。 |
| R70 | 1999 年 4 月 15 日 | **信号情报**：达拉达娜·克里兹打电话给莱迪奥·克里兹，向他保证说，钱在家族成员之间不是什么问题。她在通话结束时称他为“小叔子”。 |
| R71 | 1999 年 4 月 15 日 | **信号情报**：警察局长埃迪·贾萨里打电话给警察布里姆·克里兹，称将要发生一起枪击事件，因为已经有人看到乔安·拉玛出现在镇上。 |
| R72 | 1999 年 4 月 15 日 | **人力情报 024-B2**：斯库台湖南岸的波萨（Besa）村以东有个小海湾，那是法托斯·里斯塔尼（Fatos Ristani）装载走私货物的地方。 |

[1] 译注：地面移动目标指示器（ground moving target indicator，GMTI），属于测量与特征情报科目，使用机载雷达识别运动目标。

（续表）

| 报告编号 | 日期 | 内容 |
| --- | --- | --- |
| R73 | 1999 年 4 月 15 日 | **文件开发**：对特警突袭中查获的文件进行开发，结果显示黑市上美国护照和驾照的价格是 1 万美元，而加拿大和澳大利亚类似文件的价格是 8000 美元。 |
| R74 | 1999 年 4 月 15 日 | **测量与特征情报**：地面移动目标指示器显示，在阿尔巴尼亚斯库台以西的一条土路上，也就是距离官方过境口岸不远的地方，异常越境交通活动极其频繁。 |
| R75 | 1999 年 4 月 15 日 | **开源情报**：斯库台当地媒体报道称，非政府组织“红色巴尼特”（Red Barnet）遭到 5 名蒙面持枪歹徒抢劫。 |
| R76 | 1999 年 4 月 16 日 | **开源情报**：社会党全国领导人在国家电视台宣称，最近社会党和民主党服务器上接连发生的网络攻击事件，很可能是两党内部那些肆意妄为的青年运动（组织）所为。 |
| R77 | 1999 年 4 月 16 日 | **网络情报**：特警总部的服务器遭到拒绝服务攻击，时间长达 6 个小时，攻击来自阿尔巴尼亚境外。 |
| R78 | 1999 年 4 月 16 日 | **信号情报**：沙班·洛凯打电话给迪特米尔·贝里沙，称工资单上将增加 8 名安全人员。 |
| R79 | 1999 年 4 月 16 日 | **开源情报**：国家媒体建议，议会应当批准在斯库台部署一支长驻的特警部队。 |
| R80 | 1999 年 4 月 16 日 | **信号情报**：流量分析显示，在一群性奴隶被安排转运之前，阿尔巴尼亚北方与摩尔多瓦之间的通信量激增。 |

## 五、背景

1990 和 1991 年，随着霍查政权在阿尔巴尼亚倒台，边境执法机构也不复存在。人们可以更加轻易地从科索沃或黑山走私食品和奢侈品。在放纵式环境的帮助下，人们开始从欧洲偷来梅赛德斯汽车，然后转手出售。批发啤酒和走私香烟变得司空见惯，而且为人所普遍接受，成为本地居民收入的补充来源。然而，除了一些暴力犯罪率居高不下的山区外，主要的人口聚居中心相对和平，当地银行也能正常运作。该地区的企业虽然不得不应付敲诈勒索，但其程度相对收敛。1997年以前，绝大多数民众没有武器，也不认为家用枪支是必不可少的。武装抢劫和劫持等暴力犯罪并不十分普遍，不会在普通民众中间造成恐惧的气氛。

1997年的阿尔巴尼亚动乱，极大地改变了该国有组织犯罪的面貌。许多人认为，正是政府、执法机构和军方批准传销活动，才会让本已贫困不堪的民众彻底破产，从而引发动乱。反政府军和愤怒的平民洗劫军事基地，突然之间，普通民众掌握了各式武器，从9毫米手枪到14.5毫米防空武器，一应俱全。AK–47、手榴弹和其他武器，开始成为居家必备用品。工厂和成功的企业被洗劫一空。急于弥补个人损失的公民开始从事武装抢劫和绑架勒索等严重犯罪活动。警察和司法机构彻底失效。动乱期间，许多危险的罪犯被释放出狱。这些罪犯抢劫当地银行，并进行大范围的敲诈勒索。无政府状态遍布这片土地，只要天一黑，民众就被强制实施宵禁。罪犯可以横行无忌，不受惩处：公认的杀人犯可以在公共场合出入，可以在咖啡馆喝咖啡，还可以做生意。人们认为警察和司法机构软弱无能，因此商人拒绝纳税，转而支持敲诈勒索，认为这是保护自家小本生意的最好方法。

1997年后，阿尔巴尼亚的犯罪活动开始向全世界扩张，他们建立起更加完善的分销网络，并与之前苏联的犯罪网络开展更加广泛的双边犯罪合作。特别值得一提的情况是，俄罗斯与巴尔干两地黑手党之间，以及阿尔巴尼亚与意大利两地黑手党之间建立合作关系。阿尔巴尼亚的有组织犯罪集团与境外有组织犯罪集团开展合作，并且能够利用阿尔巴尼亚作为避风港，在后1997年的无序环境下变得愈发强大。

阿尔巴尼亚人也越来越多地开始充当“骆驼”即“信使”，运送来自东欧的性奴隶和毒品，而且阿尔巴尼亚成为性奴隶交易的枢纽。在这种交易中，女性被关在阿尔巴尼亚各地的关押中心，等待被人安排，经意大利或希腊前往欧洲或美洲。这些犯罪辛迪加使用同样的系统，将难民从非洲和中东走私到西方，他们使用的伪造证件也是由阿尔巴尼亚人提供的。1991年以来，前阿尔巴尼亚难民被欧洲各国和美洲所接纳，他们与这些犯罪辛迪加建立的跨国后勤关系，如今已经得到更进一步的完善，以便最大限度地提高国际犯罪效率。这种犯罪效率依靠家族关系，因为在阿尔巴尼亚，家族关系历来都是非常牢固的。有个例子可以用来说明这种效率：你可以利用在新西兰、美国或加拿大等国的联系人，偷渡到这些国家，价格为 8000 至 10000 美元不等。全套服务包含所有必要的文件，即一张在机场会被人取走的银行卡，以及一份建筑工作合同。人们认为，这些犯罪活动可以分为两类，彼此相互支持：20 世纪 90 年代初期，主要是犯罪活动持续不断，它们对本地造成影响；自 1997 年动乱起，犯罪活动开始跨国，并造成重大国际影响——阿尔巴尼亚和欧盟之间的跨国犯罪活动更是如此。

在这种环境下，阿尔巴尼亚成为东欧和巴尔干地区有组织犯罪的地理中心。在该国北方和东北边境沿线地区，后冲突态势让走私人员可以轻易通过陆路，进入阿尔巴尼亚境内的都拉斯或伏罗拉（Vlora）等亚得里亚海港口。然后，奥特朗托海峡可以充当通往意大利的海上门户。最后，他们离开意大利，前往欧盟其他国家和美洲。

1998 年，八国集团峰会在英国举行，会上将跨国有组织犯罪列为世界面临的三大挑战之一，并强调巴尔干地区是该项挑战的主要来源。意大利、瑞士、奥地利和德国警方深感有组织犯罪源自巴尔干地区，于是撰写了许多关于这个问题的报告。[1] 在巴尔干地区内部，各方也意识到这个问题的存在。比如，马其顿前总统就曾经把该地区的有组织犯罪，称作民主发展的主要障碍。

---

[1] 原注：Bruce Johnston, “Crisis Talks as Milan Is Hit by Wave of Killings,” *Daily Telegraph*, January 13, 1999.

[第 5 章]

# 刚果民主共和国：基线想定

本章为基线想定（baseline scenario）练习，由 4 个相互独立、相互关联、依次出现的系列案例研究构成。每个案例研究都使用下面提供的基本事实态势。要想成功完成所有 4 个案例任务，读者需要熟悉基线信息，了解“情报支持”一节所载的可用搜集实力。这些搜集“资产”在每个案例中都会频繁出现。部分练习也会涉及科技事项，但科技背景并不是完成任务所必需的。

本想定的设定时间为 2017 年 6 月。截至 2014 年的事件都是真实的，2014 至 2017 年的事件都是虚构的。

## 一、想定

刚果民主共和国[1]拥有庞大的资源和潜力，但它的过去非常悲惨，至今仍在影响局势。第二次刚果战争（1998—2003）是二战以来最血腥的冲

[1] 译注：刚果民主共和国，首都金沙萨，以下简称“刚果（金）”。

突之一，也是 2017 年不安全局势产生的基础。这场战争涉及 8 个非洲国家和 25 个武装组织。它造成 500 多万人死亡、破坏族群、摧毁经济、让枪支弹药唾手可得，也让各国的全体民众遭受重创。因此，联合国向刚果（金）部署了有史以来规模最大的维和部队，任务就是保护平民，巩固和平。

1999 年 7 至 8 月，6 位国家元首和 50 多名反政府军头目在赞比亚的卢萨卡签署停火协议。那时，表面看来，刚果（金）似乎真的可以见证这场祸及整个大陆的战争宣告结束。2000 年，联合国安理会派出维和部队监督停火。事实上，这项协议只是让各方军队暂时住手，在短暂休整之后，所有战线上的敌对行动再度恢复。各路反政府军拒绝签字。为了争夺该国东北基桑加尼地区的未来归属，前盟友乌干达和卢旺达开始参战了。

## （一）机会之窗：2001 至 2002 年

### 1. 2001年

刚果（金）各邻国间爆发多场战争，并蔓延至刚果（金）的土地上，另外，该国东部地区的部族纷争和流血事件也有增无减。一个联合国专家小组得出结论，认为这场冲突的停止时间遥遥无期，原因是各方都在掠夺黄金、钻石、木材和钶钽铁矿（一种含有铌和钽元素的金属矿石，可用于世界各地的电子产品生产）。

大部分西方观察人士很快得出结论，认为执行《卢萨卡协议》的主要障碍是刚果（金）总统洛朗·卡比拉（Laurent Kabila），因为卡比拉很清楚，如果国家实现和平，自己就不可能继续掌权了。2000 年 8 月 23 日，卡比拉叫停《卢萨卡协议》，于是这个国家继续分崩离析。2001 年 1 月，卡比拉遭到暗杀，其子约瑟夫（Joseph）上台，此事为人们寻求和平提供了一个机会之窗。起初，约瑟夫被认为是无足轻重的过渡领导人（在西方外交界，他被称为“某人苍白影子的苍白影子”），但他对自己的新职责做出正确的应对，一跃成为实权领导人。他开始访问西方各国首都，寻求各方支持他旨在实现刚果（金）和平的愿景。新一届美国政府热情地对约瑟夫·卡比拉总统表示欢迎，并开始对卢旺达和乌干达采取更加强硬的路线，因为这两个国家仍在继续支持刚果（金）的反政府军。刚刚站稳脚跟的卡比拉总统，成功地重启了卢萨卡进程。有助于谈判取得进展的因素包括：交战国之间的联盟变得愈发松散，人们愈发认识到战争的破坏力已经超出所有参战方的预期，以及战争严重影响了参战国的国家经济。所有主要参战方均未实现自己参战时希望达成的战略目的，却在这场旷日持久但却异常脆弱的僵局中，付出了惊人的代价。

2. 2002年

由于所有参战方都表现出不同寻常的克制，卢旺达、乌干达、布隆迪、安哥拉、津巴布韦、纳米比亚和刚果（金）等交战国开始寻求通过外交途径，摆脱战争泥潭。第一步是交战各方之间举行一系列的双边磋商。刚果（金）和卢旺达两国总统签署和平协议。此类措施让紧张局势得到控制，但也只是维持现状而已。可以看得见的进展微乎其微。不过值得注意的是，就在外交斡旋继续开展的同时，各方依然恪守自行实施的停火举措。

尽管和平协定从一开始便存在明显的裂痕，但最值得注意的情况包括：交战国大多自行监督协议的执行情况，公开交战已经停止，以及各主要参战方开始撤出常规部队。地缘政治态势看起来比 10 年前更加稳定，而且全面战争也得以避免。但在刚果（金），政治、军事、经济和社会等方面均不稳定，时间长达 42 年而且相互交织，这种局面造成的破坏性影响至今依然存在。多达 200 万刚果人流离失所。刚果政府及其武装部队只控制了全国 40% 的地区——然而这个国家的面积大致相当于整个西欧。刚果（金）已经沦为一个由封建王国组成的四分五裂的集合体，在部族首领统治的东部更是如此。这里没有国家意识，与仅能糊口、以物换物的经济体难分伯仲。10 年来，刚果（金）经济一直都是全球缩水速度最快的，生存已成为该国全民的头等大事。

正是在这种背景下，在 2002 年夏，约瑟夫·卡比拉发起了“全国对话”，目的是组织民主选举、组建新的国家军队（允许前反政府军加入政府的武装部队）和在全国范围内重建国家行政机构。

2002 年 10 月，卡比拉举行谈判，商讨占领刚果（金）东部的卢旺达部队撤军事宜。2 个月后，其他交战各方签署《比勒陀利亚协定》。这份文件暂时结束了战斗，并成立了全国统一的政府。

## （二）巩固和稳定：2003 至 2013 年

### 1. 2003年

虽然进展缓慢，但交战各方在这一年里确实逐渐撤军，第二次刚果战争正式结束。卢旺达和乌干达的常规部队回国。到 2003 年中期，卢旺达支持的反政府军部队已经解体，也停止了战斗。但这些反政府团体既没有解散，也没有解除武装。此后不久，安哥拉、津巴布韦和纳米比亚撤回了派出支持刚果（金）的部队。政府对领土的控制原本已缩水，剩下的只有下刚果省、金沙萨省和班顿杜省，但随着时间的推移，现在已经重新控制赤道省、两个开赛省和加丹加省大部分地区。在两个基伍省，超过 100 万流离失所者仍构成压倒性的人道主义难题。随着局势逐渐稳定，刚果（金）政府军已经有能力保障该国西部三分之二领土中绝大部分地区的安全，联合国和美国的救灾捐助不断增加，非政府组织也被发动起来，共同应对刚果（金）东部持续存在的难民、疾病和饥荒等问题。联合国授权组建快速反应部队之后，法国部队作为先头部队，于 6 月进驻布尼亚。

在这一年里，政治态势也取得进展。4 月，卡比拉总统签署过渡宪法。这部宪法规定，国家将由临时政府统治，直至举行大选。于是，总统任命了过渡政府来统治国家，直至举行大选。7 月，几名前主要反政府团体的领导人宣誓就任副总统。8 月，临时议会宣誓就职。

尽管如此，在钶钽铁矿等容易引发冲突的矿石贸易的驱动下，2003 年全年，刚果（金）东部地区的战斗仍在继续。东部地区也仍然备受侵扰，原因是各族之间的战斗、加丹加独立军[1]武装分子阴魂不散和流离失所者的人数太过惊人。

2. 2004年

到了2004年4月，联合国组织刚果民主共和国特派团（以下简称“联刚特派团”）已增至4200人，并在姆班达卡、基桑加尼和卡南加建立据点和后勤节点。但是，刚果（金）幅员辽阔、地处偏远、可通行道路极少，因此联刚特派团不可能在太多的地点部署。联刚特派团部队没有部署到危险偏远的地点，而是把关注重点放在可以实现的任务上，也就是监督敌对行动的结束情况，以及在正规军和反政府军活跃的地区，监视后勤要塞。联刚特派团部队可以协助报告违反停火的情况，协助确保交战各方不再重新派遣武装部队。联刚特派团部队还负责监视人道主义援助转运点，监督平民保护情况。

虽然设想的任务是维持和平与强制实现和平，但它并没有按计划取得进展。关于部署细节的政治争论延缓了部署的执行情况。而且，事实证明后勤问题就是一场噩梦。联合国几乎所有的士兵和装备都必须空运过来，因为刚果（金）只有一个海港（马塔迪），且吞吐能力极其有限。此外，该国绝大部分道路的路况极差。而让情况变得更加复杂的是，该国机场的状况极其糟糕，缺少空中交通管制、雷达、夜间照明和卸货设备。2003年，联合国驻军第二阶段即将开始之际，有联合国规划人员估计认为，需要9至12个月的时间，才能让2万名携带必要装备的士兵部署就位。2004年底，支持部署武装部队的共识不复存在，因为约瑟夫·卡比拉开始反对以如此张扬的方式部署军队，并提醒所有愿意听取意见的人士称，对于执行联合国任务的蓝盔部队，他的国民曾有过并不愉快的记忆，因为该部队曾在1960至1964年参与刚果内战。

尽管如此，所有关键参与方一致认为，联合国军事观察部队的确促使交战方脱离接触并解除武装，这些成功已经超出了他们的预期。2004年

[1] 译注：加丹加独立军，即 Mai Mai Kata Katanga（MMKK）。Mai Mai，指刚果（金）一切基于族群的活跃武装组织；Kata Katanga，意为“加丹加退出”。

底，旨在维持和平与强制实现和平的联合国驻军第二阶段部署被无限期搁置。停火和脆弱的"和平"居然维持了整整一年，这让几乎所有相关人员都感到惊讶。

3. 2005年

5 月，刚果（金）议会通过新宪法，宪法内容也已经得到前交战各派的一致认可。选民于 12 月投票通过新宪法，为 2006 年大选铺平道路。

4. 2006年

当年，刚果（金）举行了 40 年来的首次自由选举。新宪法于 2 月生效。7 月，该国举行总统和议会的投票选举。由于总统选举中没有明确的胜利者，现任领导人约瑟夫・卡比拉和反对派候选人让 – 皮埃尔・本巴（Jean-Pierre Bemba）准备进行决胜选举。忠于两位候选人的部队在首都爆发冲突。卡比拉在当年 10 月举行的总统选举中获胜。这次投票得到国际监督员的普遍认可。

不幸的是，东部地区的相对和平于 2006 年结束。数千人在东北地区沦为难民，因为军方和联合国维和人员努力想在选举前解除非正规部队的武装。刚果（金）的洛朗・恩孔达（Laurent Nkunda）将军叛变，并在基伍地区成立了武装组织，取名"保卫全国人民大会"。恩孔达曾是图西族反政府军领导人，原为刚果争取民主联盟戈马派的高级军官。12 月，恩孔达的部队与联合国支持的刚果（金）军方在北基伍省爆发冲突，导致 5 万多人流离失所。联合国安理会对此次战斗表示关切。

5. 2007年

截至 2007 年，刚果（金）冲突造成的死亡人数达到 540 万，其中包括死于饥饿、暴力或疾病的人员。据估计，死亡人数仍以平均每月 4.5 万的速度递增。

5 月，有人指控联合国驻伊图里地区维和人员参与贩运黄金和武器，联合国对此开展调查。援助机构报告称，北基伍省的难民数量激增，并将此事归咎于保卫全国人民大会和恩孔达将军。

9 月，西开赛省埃博拉病毒疫情大暴发。感染病患共计 264 人，其中 71% 死亡。

6. 2008年

当年4月，在刚果（金）东部，刚果（金）军队与前盟友卢旺达胡图族武装分子爆发冲突，数千人流离失所。8月，在东部地区，联合国部队支持的刚果（金）军方与效忠洛朗·恩孔达的反政府军之间爆发暴力冲突。10月，恩孔达麾下以图西族为主的反政府军，也就是保卫全国人民大会占领了位于鲁曼加博（Rumangabo）的一处重要军事基地，并控制了首府戈马的周边地区。随着刚果（金）东部地区的冲突愈演愈烈，包括政府军士兵在内的数千人员逃离此地。随着反政府军向前推进，北基伍省首府戈马陷入混乱。联刚特派团试图保卫戈马，因此与反政府军交战。刚果（金）政府指责卢旺达支持恩孔达将军，但卢旺达予以否认。11月，为了巩固对东部地区的控制，恩孔达将军发动战争，引发新的难民潮。联合国安理会批准临时增兵，以稳定业已受挫的联合国维和努力。

7. 2009年

1月，卢旺达部队解除了洛朗·恩孔达的保卫全国人民大会领导人一职。恩孔达被博斯科·恩塔甘达（Bosco Ntaganda）取代，并在卢旺达被捕。卢旺达部队开始与刚果（金）政府军联手，在北基伍省打击保卫全国人民大会。这场战争持续了5周。此后，政府与保卫全国人民大会签署和平协议。依照旨在结束东部地区战事的协议交易，卡比拉总统批准了一项赦免各武装组织的法律。

4月，在进攻保卫全国人民大会的战争结束后，胡图族武装分子以“卢旺达解放民主力量”的身份，重新出现在东部地区。随后，刚果（金）和卢旺达两国部队开始进攻卢旺达解放民主力量。在这场战斗中，卢旺达解放民主力量失去了对多个矿区和其他战略要地的控制权，这些地盘落入刚果（金）政府军和业已编入政府军的前保卫全国人民大会部队的手中。

8. 2010年

2010年7月1日，联合国组织刚果民主共和国稳定特派团（以下简称“联刚稳定团”）接替联刚特派团。对特派团进行重组，这是根据安全理事会第1925号决议进行的。联刚稳定团获得授权，可以使用一切必要手段来执行相关任务，此外还获得其他授权。提供这些授权的目的是，保护平民、人道主义工作人员和人权卫士，让他们免受迫在眉睫的人身暴力威胁，以及支持刚果（金）政府为实现稳定、巩固和平所进行的努力。

6 至 8 月，刚果（金）军方对乌干达反政府团体发动进攻，代号“鲁文佐里行动”（Operation Rwenzori）。这场冲突导致 9 万人逃离北基伍省。据报告，北基伍省发生了大规模强奸事件，联合国特使将此事归咎于反政府军和刚果（金）军方。在 2010 年最后几个月里，政府军、反政府军和武装分子对平民的强奸和谋杀从未停止。联合国维和人员无法制止这些暴力活动。联合国有份报告对刚果（金）军方内部的网络提出指责，称其在东部地区推动暴力活动，目的是从采矿、走私和偷猎中渔利。

9. 2011年

2011 年发生的事件强化了卡比拉对权力的掌控。当年 1 月，刚果（金）宪法修订，增加了卡比拉总统连任的机会。在 11 月举行的总统和议会选举中，卡比拉获得连任。此次投票在海外备受批评，反对派也对投票结果提出异议。

当年，许多人因侵犯人权的罪名遭到监禁——其中一人逃脱，并将在不久之后，给刚果（金）带来长期动荡。

- 2 月，某法院在审理刚果（金）东部地区一起大规模强奸案时，判处基比比·穆图瓦尔（Kibibi Mutware）中校 20 年监禁。这是首次因东部地区强奸事件对军方指挥官定罪。
- 5 月，卢旺达胡图族反政府军成员伊尼亚斯·穆尔万施亚卡（Ignace Murwanashyaka）在德国受审。他被控在刚果（金）犯下反人类罪。
- 7 月，被指控下令在刚果（金）东部地区大规模强奸妇女的尼拉吉尔·库里穆什（Nyiragire Kulimushi）上校向当局自首。
- 9 月，卢本巴希监狱发生近千名囚犯逃脱的大规模越狱事件，热代翁·屈恩古·穆坦加（Gédéon Kyungu Mutanga）也趁机逃脱。他随后组建反政府武装组织加丹加独立军并成为领导人，目的是争取加丹加省独立。

10. 2012年

试图将保卫全国人民大会成员编入刚果（金）政府军的努力宣告失败，导致该组织于2012年发动叛乱，并成立名为“M23运动”的反政府组织（以2009年3月23日和平协议命名）。M23运动开始发动暴力斗争，导致北基伍省大量民众流离失所。

10月，联合国安理会批准一项决议，针对M23运动领导人和违反刚果（金）武器禁运的人员实施制裁。一个联合国专家小组指责卢旺达和乌干达，称两国向M23运动提供武器和支持。两国均否认这项指控。

11月，M23运动的部队进驻资源丰富的东部重镇戈马市，不久后便得到刚果（金）政府将会释放其部分支持者的承诺，于是撤离该市。

11. 2013年

2月，11个非洲国家的代表在埃塞俄比亚签署协议，承诺帮助结束刚果（金）冲突。在会谈之前，反政府组织M23运动已经宣布停火。3月，M23运动创始人博斯科·恩塔甘达前往美国驻卢旺达大使馆自首，随后被移送海牙国际刑事法院接受战争罪指控。但是，刚果（金）仍然是卢旺达解放民主力量和加丹加独立军等其他武装组织开展暴力冲突的战场。

7月，一个联合国干预旅（UN Intervention Brigade）部署就位，目的是消灭刚果（金）东部地区的武装组织和反政府军。该旅由马拉维、南非和坦桑尼亚的维和人员组成，并有武装直升机提供支持。联合国授权该旅使用无人机侦察武装分子活动。在该旅的支持下，刚果（金）政府军攻占了M23运动在东部地区的最后一处据点。12月，M23运动与政府签署和平协议。

### （三）四分五裂：2014至2017年

**1. 本想定此后部分的材料均属虚构**

在过去三年中，刚果（金）政府和联刚稳定团不得不面对挑战中央政府权威的两个难题：加丹加独立军，以及死灰复燃的M23运动。目前，这两个团体控制着刚果（金）的多个地区，如图5-1所示。

图 5–1 加丹加独立军和 M23 运动控制地区

来源：《中央情报局世界概况》。

### 2. 加丹加独立军

加丹加独立军是刚果（金）的反政府组织，声称要为加丹加省独立而战。(“Kata Katanga” 是斯瓦希里语“加丹加退出”的意思。）该组织的创始人是被称为“热代翁司令”的热代翁·屈恩古·穆坦加。2011 年 9 月，他在手下武装分子的协助下越狱。

2014 年，安哥拉与卡比拉政府的关系变得紧张起来。最初，安哥拉参加刚果战争的目的是挽救洛朗·卡比拉总统的政权，这主要是为了防止出现权力真空，因为这个真空有可能会被反政府组织“争取安哥拉彻底独立全国联盟”（以下简称“安盟”）的友军所填补。作为 2012 年支持刚果（金）的回报，安哥拉收获了相当可观的经济收益。安哥拉政府从该国石油产业中，获得了供货网络和生产网络的很大一部分控制权，并在金沙萨沿岸属于刚果（金）领土的盆地上，获得了未来勘探的控制性权益。其结果是，安哥拉在大西洋沿岸长达 1000 公里的土地上，获得了战略控制权。安盟从反政府势力变成政治反对党之后，安哥拉对刚果（金）的军事承诺降至最低程度，然而安哥拉在该国，特别是在钻石行业的金融利益仍然继续存在。约瑟夫·卡比拉成功地在刚果（金）建立起相对稳定并且日益强大的政府，此事开始引起罗安达[1]的担忧，也对安哥拉作为地区大国的崛起构成威胁。石油价格上涨，再加上安盟这个麻烦不复存在，这些因素导致安哥拉对刚果（金）丰富且尚未开发的矿产、木材和农业资源愈发垂涎三尺。

2015 年 4 月，刚果（金）政府军的高级军官，加布里埃尔·马拉（Gabriel Mala）少将从政府中叛逃出去，并在“热代翁司令”死后控制了加丹加独立军。罗安达在加丹加独立军这个新的指挥官身上看到机会。马拉将军从小在安哥拉长大，是 20 世纪 70 年代刚果（金）革命领导人的儿子，曾在武装部队中担任一系列高级职务。尽管两代卡比拉政权都不喜欢他，但他却一直能够保住自己的位置，原因就是与安哥拉的密切关系，因为在 1998 至 2006 年，安哥拉是刚果（金）急需的盟友。随着该国与安哥拉关系的不断恶化，他遭到约瑟夫·卡比拉的逮捕和羞辱。他被认为会对卡比拉构成威胁，并一直公开表示不信任西方和联合国对刚果（金）事务的干预。他曾在多次暗杀中幸免于难。在最后一次遭遇暗杀尝试之后，他逃离政府的控制，掌管了加丹加独立军在加丹加的据点。投奔他的支持者的数量迅速增加，2015 年底已达 2.5 万人。在加丹加省，绝大多数政府军的部队都开了小差，或是投奔加丹加独立军，又或者干脆回家。2016 年，

[1] 译注：罗安达（Luanda），安哥拉首都。

加丹加省已经脱离了金沙萨的控制。安哥拉认为这是一个开始，便向加丹加独立军提供财政支持，并对他们反卡比拉、反西方的理念大加赞扬。加丹加独立军迅速控制了加丹加省。

今天，加丹加独立军能够有效统治加丹加省的绝大部分地区。它开采钻石和铀，不久前又开始开采水硅铀矿[1]，用这些收入来为自己的行动提供经费。它拥有一支迅速实现现代化的强大军队，士兵得到雇佣兵和安哥拉军方的支持和训练。据称，它从许多来源处获得了现代化武器。它的领导人对西方持敌视态度，理由是美国和欧洲支持刚果（金）政府。

自马拉叛乱以来，欧洲和美国的决策者便一直存在严重的分歧，激烈争论如何以最优方式对付加丹加独立军。有人认为加丹加独立军是刚果（金）面临的威胁，并认为加丹加独立军是想把刚果（金）变成无赖国家，这是不利于西方利益的，他们声称必须对加丹加独立军动用武力。另一些人认为，联合国支持的外交斡旋与各方承诺的外国投资和援助等措施是可以奏效的，他们的目的是针对加丹加独立军领导人及其支持势力，也就是安哥拉政府施加影响，从而遏制加丹加独立军的活动。他们还声称，安哥拉政府和加丹加独立军是打击 M23 运动时的潜在盟友，因为这两方势力认为 M23 运动更加危险。

**3. M23运动**

2013 年，联合国促成了一项旨在结束东部地区 M23 运动暴乱的地区协议。2014 年初，卢旺达将刚果（金）境内偃旗息鼓的 M23 运动的势力再度动员起来，鼓励他们与极具领袖气质的蒂鲍 · 贝塞博（Tiba Besebo）联手。2014 年夏，贝塞博成为 M23 运动的领导人。这个组织主要由该国图西族组成，在谋杀、强奸和掠夺等方面有着悠久的历史，一直秉承反西方的理念，强烈反美。

卢旺达开始向贝塞博提供足以供养部队的充裕资金，因此他暂时减缓

[1] 原注：水硅铀是一种含铀矿物，具有极强的放射性。它于 1954 年在美国科罗拉多州梅萨县的一个矿场首次被人发现。

了在行动区域对平民开展的掠夺和侵害。这种事在刚果（金）东部地区极其难得，因此贝塞博和M23运动很快就受到极其热烈的拥戴。截至2016年底，M23运动部队人数已达1.7万，而且似乎并不存在派系摩擦。反政府军沿着该国东部边境开展行动，从菲齐出发，一路向北，直奔贝尼，并有可能向西进发，向金杜和基桑加尼方向移动。

2017年4月，在基伍湖（戈马地区）西北80公里的穆贡加难民营里，数千名难民遭到屠杀，罪魁祸首正是M23运动的部队。穆加贡难民营本应受到刚果（金）政府军的保护，但很明显，这支部队在反政府军M23运动出现时逃跑了。据称，至少有7名非政府组织的工作人员遭到谋杀，其中包括2名美国公民。至少有十几名美国公民与在该地区活动的非政府组织有关系。欧洲各国、非洲各国和联合国的反应是支持迅速采取行动，因为这个难民营是根据非洲统一组织和联合国安理会的决议建立的。

人们认为，贝塞博收到了卢旺达提供的武器和人力支持，但关于这种关系的细节尚不明确。M23运动与加丹加独立军之间的关系也不明确。相互矛盾的证据显示：一方面，加丹加独立军和M23运动有可能开展合作，对付刚果（金）政府这个共同的敌人；但另一方面，这两个团体正在争夺同一片领土，双方最终将会开战。

除了从卢旺达获得支持外，M23运动的其他资金来源也不明确。起初，该组织绝大部分资金来自使用奴隶劳工开采矿物的收入，但联合国对该地区矿产实施禁运，切断了贝塞博的这个资金来源。

M23运动有可能收到境外某个毒品企业提供的大量资金。人们还指控该组织是前基地组织网络的分支，并指控它收到该来源提供的资金。然而，贝塞博严词否认与基地组织有关。不过，他确实曾于20世纪90年代，在苏丹拜访过本·拉登。

据称，贝塞博的目的是清除整个非洲，特别是刚果（金）的“外国影响”。他偶尔会威胁使用恐怖主义战术来打击欧洲和美国的利益。看起来，他的策略似乎是发动不断变化的不对称攻击，让美国和欧洲政府猝不及防。迄今为止，他并没有将恐怖主义活动扩展到非洲以外的地方。

### （四）当前态势：2017 年 6 月

刚果（金）相对稳定，正在逐步恢复领土主权，但在此期间受到两次暴乱的威胁。尽管刚果（金）拥有丰富的自然资源，但这个国家没有经济运行。商业是非正式的，也是腐败的。在长达 20 年的时间里，这个国家不断出现难民，难民又不断移徙，整个东部大湖区滥砍滥伐并造成水土流失。艾滋病、周期性流行病暴发和饥饿等因素造成了畸高的死亡率，而且这种情况仍在继续。卡比拉关于国家独立、宪法改革和民主选举的言辞，并不能让饿殍疲惫的民众变得振奋起来。在那些接触过西方文化和大学的学生当中，政治反对力量更是显著增加。外国支持的、组织严密的反政府团体死灰复燃，暴力武装分子负隅顽抗，再加上种族冲突和内战，这些对刚果（金）或地区稳定而言都不是好兆头。新出现的加丹加独立军和 M23 运动似乎资金充足，组织严密，对卡比拉和地区安全而言，二者构成的威胁可能远甚于那些不久前刚刚出现的、由互不协调的乌合之众组成的反政府运动。加丹加独立军已经巩固了对加丹加省的控制，目前的部队部署和不久前的情报显示，他们很可能会对姆布吉马伊和钻石矿场发动进攻。

在东部地区，种族战争、种族屠杀和侵犯人权等情况持续存在。主要的难民聚居点有 3 个，它们是戈马附近（80 万人）、布卡武附近（24 万人）和乌维拉附近（可能多达 15 万人，具体地点不详）。戈马地区的难民营是组织最为有序的，只要 M23 运动允许，那里就会成为联合国和非政府组织目前救援工作的重点。

一方面是两支反政府军实力大增，而另一方面，可靠程度低至无以复加的刚果（金）武装部队，目前收缩在首都和中部地区的据点里——其实就是收缩至联刚稳定团部队巡逻的三角地带以内或以西。刚果（金）有支部队仍在保卫着戈马地区的难民营，但却频频受到 M23 运动的侵扰。刚果（金）政府军人数一度接近 5.5 万，但是因为开小差和叛逃，现已缩减至不足 4 万了。

## （五）联刚稳定团和联军

### 1. 特使

据多个情报源的消息，联合国对刚果（金）的政策主要就是联合国特使菲利普·斯迈思（Philip Smythe）的政策。联合国秘书长对他言听计从，并对他表示尊重。斯迈思正在与刚果（金）、卢旺达、乌干达、安哥拉和津巴布韦进行谈判，以寻求解决反政府组织割据问题、难民问题和该地区两大反政府组织获得支持的问题。这里所说的两大反政府组织，分别是在刚果（金）东部活动的 M23 运动，和在刚果（金）东南地区活动并有可能得到安哥拉支持的加丹加独立军。相比其他大多数特使，斯迈思更像是一位活动人士，并且看起来似乎有意放弃“非洲方案解决非洲问题”这种严苛的理念，特别是考虑到地区局势不断恶化，情况似乎更是如此。

### 2. 军事

联刚稳定团的部队主要来自比利时、法国、加拿大、南非、巴基斯坦、纳米比亚、摩洛哥和突尼斯。目前，依照斯迈思斡旋达成的一项协议，美国开始向目前驻扎基桑加尼、姆班达卡和卡南加等城市的联刚稳定团部队，提供空中交通管制、后勤、指挥与控制、有限情报和宪兵等支持。联刚稳定团部队获得刚果（金）的保证，在执行蓝盔维和任务时，他们可以在该地区自由行动。但刚果（金）的士兵遍布这个地区，有时会阻挠联刚稳定团的行动。绝大多数此类阻挠事件发生时，都是因为刚果（金）官员试图隐瞒非法活动不被发现。

联刚稳定团在基桑加尼有大约 4000 人，另从基桑加尼派出 3000 人前往戈马难民营。剩余部队集结在以姆班达卡、卢桑博、姆布吉马伊、卡南加和首都等地为界的地区内。

几乎所有联刚稳定团的部队都驻扎在城市里，巡逻活动通常只会从市区向外延伸 25 公里。刚果（金）政府军最多只有 4 万人，但至少有 1 万人驻扎在金沙萨地区。事实上，原本联刚稳定团派驻该国的目的是监督停火，但如今却成了夹在参战各方与政府之间的楔子。不过他们仍然负有监督人道主义援助的使命。

## （六）当前的战斗序列

（摘自联刚稳定团 2017 年 4 月 7 日情报评估。）关于在刚果（金）境内活动的作战部队，当前的战斗序列信息如表 5–1 所示。具体地点和部队部署情况不详。各部队部署情况估计如下：

**表5–1　刚果（金）各部队战斗序列**

| | M23 运动 | 加丹加独立军 | 刚果（金）武装部队 |
|---|---|---|---|
| **人员** | 1.7 万人（估） | 2.5 万人（估） | 4 万人 |
| 组织 | 不详 | 不详 | 10 个以上的步兵旅（约 3 万人）<br>1 个总统卫队旅（3200 人）<br>1 个机械化步兵旅（3200 人）<br>1 个突击旅（估计 3000 人） |
| **装备** | | | |
| 主战坦克 | 无 | 无 | 20 辆 A 国 59 式坦克<br>42 辆 A 国 62 式坦克 |
| 装甲作战车辆 | 20 辆 BTR-60 式装甲运兵车 | 25 辆 BMP-1 步兵战车<br>2 辆 BMP-2 步兵战车 | 30 辆潘哈德 AML60 轮式装甲车<br>30 辆潘哈德 AML90 轮式装甲车<br>60 辆潘哈德 M-3 轮式装甲运兵车 |
| 炮火 | 无 | 25 门 81 毫米迫击炮 | 30 门 M116 75 毫米驮载榴弹炮<br>20 门 A 国 56 式 85 毫米火箭炮<br>15 门 A 国 60 式 122 毫米火箭炮<br>20 门 A 国 63 式 107 毫米火箭炮<br>多个多管火箭发射器<br>81 毫米迫击炮（数量不详）<br>107 毫米 M30 迫击炮（数量不详） |
| 反坦克 | 57 毫米反坦克炮（数量不详） | AT-3“萨格尔”反坦克导弹（数量不详）<br>2 门 85 毫米 D-44 反坦克炮 | 57 毫米 M18 无后坐力炮<br>75 毫米 M20 无后坐力炮<br>106 毫米 M40A1 无后坐力炮 |

（续表）

| | M23 运动 | 加丹加独立军 | 刚果（金）武装部队 |
|---|---|---|---|
| 防空 | 20 挺以上 14.5 毫米高射机枪 | 10 门 ZSU-23-2 高炮 | 14.5 毫米 ZPU-4 高射机枪<br>40 门 37 毫米 M1939/63 式高炮<br>40 毫米 L-60 高炮 |
| 地对空导弹系统 | 型号及数量不详 | 型号及数量不详 | SA-7 防空导弹（数量不详） |
| 战斗机 | 无 | 无 | 15 架苏 25 战斗机 |
| 反叛乱侦察机 | 无 | 2 架塞斯纳 172 飞机 | 1 架利尔喷气 36 飞机 |
| 运输机 | 无 | 2 架安 2 运输机 | 1 架 707-320 运输机<br>1 架 727-30 运输机<br>5 架 C-130 运输机<br>8 架 C-47 运输机 |
| 武装直升机 | 无 | 5 架米 25 直升机 | 6 架 SA-319 "云雀" 直升机 |
| 运输直升机 | 无 | 2 架米 8 直升机 | |
| 海军船只 | 无 | 无 | 4 艘 A 国 SHII 汽车运输船 |

**1. 刚果（金）部队**：至少 3 个旅在金沙萨。1 个旅负责难民营的安全，人们认为它在戈马附近行动。1 个不满员的旅正在基桑加尼开展行动。刚果（金）的其他部队在以金沙萨、姆班达卡、卢桑博、姆布吉马伊和奇卡帕等地为界的多边形地区内行动。很少有部队在人口聚居中心以外的地区行动。

**2. 加丹加独立军部队**：总部设在卡米纳。联刚稳定团目前评估认为，加丹加独立军控制了加丹加省的绝大部分地区。大部分火炮、装甲车和防空装备部署在卡米纳和姆布吉马伊之间的地区。

**3. M23 运动**：人们认为，其部队和活动仅限于北基伍省和南基伍省。联刚稳定团对该团体的组织结构及兵力了解有限。

表 5–2 介绍了联刚稳定团部队的组成情况。

**表 5–2 联刚稳定团部队的战斗序列**

<table>
<tr><td rowspan="2">人员</td><td colspan="2">联刚稳定团部队</td></tr>
<tr><td colspan="2">20688 人</td></tr>
<tr><td rowspan="9">组织</td><td colspan="2">2013 年 3 月 28 日，联合国安理会通过第 2098 号决议，规定联刚稳定团的第一阶段为期 1 年，授权兵力上限为 19815 人，即 1 个干预旅，下辖 3 个步兵营、1 个炮兵营和 1 个特种作战与侦察连，以及其他部队。2016 年 3 月，授权兵力增至 21244 人。</td></tr>
<tr><td colspan="2">现有兵力</td></tr>
<tr><td rowspan="3">总计 20688 名军警人员</td><td>18766 名军事人员</td></tr>
<tr><td>504 名军事观察员</td></tr>
<tr><td>1418 名警察（包括成建制部队）</td></tr>
<tr><td colspan="2">994 名国际文职人员</td></tr>
<tr><td colspan="2">561 名联合国志愿者</td></tr>
<tr><td colspan="2">2974 名本地文职人员</td></tr>
<tr><td colspan="2">军事人员来自阿尔及利亚、孟加拉国、比利时、贝宁、玻利维亚、波斯尼亚和黑塞哥维那、布基纳法索、喀麦隆、加拿大、中国、捷克共和国、埃及、法国、加纳、危地马拉、几内亚、印度、印度尼西亚、爱尔兰、约旦、肯尼亚、马拉维、马来西亚、马里、蒙古、摩洛哥、尼泊尔、尼日尔、尼日利亚、巴基斯坦、巴拉圭、秘鲁、波兰、罗马尼亚、俄罗斯、塞内加尔、塞尔维亚、南非、斯里兰卡、瑞典、瑞士、突尼斯、乌克兰、英国、坦桑尼亚联合共和国、美国、乌拉圭、也门和赞比亚。</td></tr>
<tr><td>总部</td><td colspan="2">金沙萨</td></tr>
</table>

## 二、情报支持

联刚稳定团在基桑加尼成立了联合情报中心，工作人员是来自法国、比利时、加拿大和南非的情报官。它主要接收法德两国情报机构提供的原始情报和成品情报。

### （一）开源情报支持

开源情报来自当地报纸和互联网。在开发互联网社交媒体方面，联合情报中心的团队拥有丰富的经验。

### （二）人力情报支持

联刚稳定团的人力情报支持来自多个情报源。大部分人力情报报告来自联刚稳定团的前线部队，以及前线汇报中心对难民的盘问。联刚稳定团还有一个由刚果（金）官员、非政府组织和平民组成的线人网络。

提供给联合情报中心的联络报告来自联刚稳定团参与者的情报机构。英国、荷兰、比利时、法国、德国和葡萄牙的相关机构此前都提供过报告。国际刑事警察组织也是联络报告的来源。联刚稳定团与刚果（金）的警方和情报机构之间存在一些联络关系，但刚果（金）的这些情报源往往会修改所提供的信息，试图影响联刚稳定团的决策。

### （三）外国图像情报支持

法国使用自己的商业成像卫星，每天对选定的刚果（金）目标进行成像。其中，主要成像来源是“昴星团”（Pleiades）卫星，它能提供可见光和多光谱图像。可见光成像质量极好，分辨率为 40 厘米，而多光谱成像的分辨率为 1 米。这颗卫星可以在 800 公里宽的地面范围内获取任何地点的图像。它可以对 20 公里宽的区域绘制带状雷达地图，并能生成立体图像。

德国在接到请求后，使用高光谱成像卫星提供图像。“环境测绘与分析计划”（EnMAP）卫星在大约 250 个窄光谱段成像，其中 136 个在短波红外谱段，96 个在近红外谱段。这颗卫星于 2015 年发射，使用推扫式成像光谱仪，可对 30 公里宽的条形地带成像，图像空间分辨率为 30 米。

合成孔径雷达图像由德国提供。“卢皮合成孔径雷达”（SAR-Lupe）卫星性能优异，因此可以作为出色的情报搜集传感器使用。在聚光灯模式下，它对边长 5.5 公里正方形的成像分辨率约为 0.5 米。在带状地图模式下，它对 8 公里 × 60 公里矩形的成像分辨率约为 1 米。这种雷达能够以每 10 小时或更短的时间间隔，对地球上某个给定区域成像。

### （四）国内图像情报支持和测量与特征情报支持

在国内，联刚稳定团联合情报中心有 3 架可用的远程无人机，可以提供成像功能。它们是以色列生产的“赫尔墨斯 900”全天候无人机，能够在非仪表跑道上自动着陆。“赫尔墨斯 900”的有效载荷为 300 公斤，可在 1.8 万英尺（约 5.5 公里）高空以 105 节的空速飞行，该模式最多可飞行 30 小时。这些无人机从基桑加尼的一个机场起飞，工作时可以搭载以下 3 种成像套装之一：

- 1 台能够以 20 厘米分辨率成像的高分辨率摄像机。它所成视频可通过卫星，下行到位于基桑加尼的联刚稳定团指挥中心。
- 1 台试验用高分辨率高光谱成像仪，即“针晶体”（RAPHIDE）高光谱传感器。它可以在包括长波红外谱段在内的 244 个谱段工作。它的分辨率视谱段不同，从 30 厘米到 70 厘米不等。所成图像必须发往位于法国的实验室，进行测量与特征情报处理。“针晶体”所成图像经过处理，可用来识别情报机构关注的多种化合物是否存在。
- 1 部以色列生产的 ELM-2054。它是合成孔径雷达及地面移动目标指示传感器，重量很轻，可安装在小型战术无人机上，用于全天候、空对地情报、监视、瞄准和侦察等。ELM-2054 能生成 15 厘米分辨率的带状地图图像，并能对 80 公里 ×100 公里条带区域内的运动目标绘制地图。这些图像将在联刚稳定团联合情报中心进行处理。

所有无人机任务都会带有报告标签“犀牛”（RHINO）。视频摄像任务被标记为“红犀牛”（RHINO RED），高光谱成像任务被标记为“蓝犀牛”（RHINO BLUE），合成孔径雷达任务被标记为“绿犀牛”（RHINO GREEN）。

### （五）信号情报支持

国内的战术通信情报由法国和加拿大的相关“资产”负责搜集。脱敏版战略通信情报由法国对外安全总局提供。

关于刚果（金）雷达位置和类型的每日电子情报报告，由法国对外安全总局向联刚稳定团联合情报中心提供。报告来源是法国的电子情报卫星(ELISA)。电子情报卫星是由 4 颗卫星组成的星座 [1]，它们位于太空，间距数公里。每颗卫星都会接收并记录雷达发射的脉冲，并将脉冲数据传输到位于法国的地面站。然后，地面站会将接收到的信号合并，对雷达进行地理定位。

### （六）网络搜集支持

网络搜集可以用来开展高优先级搜集，由法国对外安全总局以远程遥控的方式操作。另加还有本地搜集实力，可针对包括无线互联网服务在内的无线通信，开展人力情报推动的搜集。大部分此类搜集都是以“微网”(MicroNet）为目标的。“微网”是刚果（金）和刚果（布）[2] 最大的无线互联网接入服务供应商。

根据与刚果（金）政府达成的协议，联刚稳定团不得开展进攻性网络行动。

[1]　译注：星座（constellation）是卫星集合方式，由多个卫星环按特定配置方式，组成类似星座的卫星网。

[2]　译注：即刚果共和国。

[第 6 章]

# 刚果民主共和国：灰市武器贩运

本章案例研究设定在 2017 年 6 月，并以第 5 章介绍的刚果（金）基线想定为基础。

在冷战结束后的 10 年里，中部非洲获得了非洲大陆以外渠道提供的多达数吨的小型武器。到 2005 年，这个时代已经结束，因为地区供给已经能够满足本地需求了。但 20 世纪 90 年代流入的小型武器并没有消失，仍然继续在整个地区，特别是在刚果（金）境内不断转手。

因此，犯罪团体和反政府组织并不需要国际走私贩子提供 AK–47 等轻型武器。这些年来，此类武器已经流入这个地区，许多至今仍然可用。关于刚果（金）境内更加重型更加先进的武器，相关情况并不明确，这也正是本章案例研究的讨论重点。

## 一、目标

本练习提供以下方面的实践经验：

- 定义情报问题，创建问题定义模型；

- 创建备选流程模型和目标网络模型；
- 基于不完整的信息做出判断；
- 拟定并支持结论，解释假设；
- 在情报评估中向用户传递不确定性。

## 二、任务

假设你是联刚稳定团联合情报中心的分析人员，负责评估武器流入刚果（金）内的情况，以及武器在该国境内流通的情况。在你报到的时候，联刚稳定团指挥官向你下达了一般性要求，内容如下：

> 我们不想评估小型武器的贩运情况。我们的首要关切是，加丹加独立军通过安哥拉或直接获得重型武器的情况。如果加丹加独立军手中掌握大量重型武器，就会改变刚果（金）的势力平衡，很可能会让马拉将军有恃无恐，放手进攻一盘散沙的政府军部队。同样必须关切的是，M23 运动有可能获得重型武器的情况，因为会被用来支持恐怖主义活动。

今天，联刚稳定团指挥官继续跟进该项要求，命令你提供一份情报评估，回答以下关于重型武器[1]贩运的问题：

- 关于流向加丹加独立军的武器，其来源和供货路线都是什么？
- 关于流向 M23 运动的武器，其来源和供货路线是什么？
- 哪些武器被提供给哪些团体？数量各是多少？
- 哪些实体在协助这些武器的贩运活动？购买这些武器时是如何付

[1] 原注：在本案例的背景中，“重型武器”包括坦克和装甲运兵车、飞机和直升机、火箭和导弹发射器、地对空导弹、迫击炮和野战火炮，以及上述所有武器的弹药。

款的？

为达成联刚稳定团指挥官提出的目标，相关人员或小组应做到以下几点：

1. 创建一个问题定义模型。（提示：参考第 2 章的图 2–6，以此作为工作起点。）
2. 创建流程模型，以显示重型武器流向加丹加独立军和 M23 运动的情况（包括这些装备的型号和数量），并显示涉及资金的情况。在模型中加入这些装备的原产地、运输手段和最终目的地。这项任务需在缺乏可信情报的情况下做出判断。
3. 创建两个目标网络模型，一个用来显示支持武器流向加丹加独立军的网络（人员、组织和资金），另一个用来显示支持武器流向 M23 运动的网络。（提示：参考第 2 章的图 2–9，以此作为开始工作的模板。）
4. 准备一份简短的（2 到 4 段）情报评估，（尽你所能）回答所提出的问题。使用你创建的模型来支持你的结论。

## 三、想定

### （一）背景

以下内容摘自《中部非洲的有组织犯罪和不稳定：威胁评估》，它是联合国毒品和犯罪问题办公室 2011 年 10 月在维也纳编写的。

刚果（金）境内新增武器的主要来源似乎是国家的官方库存，它们都是合法采购的，但转手后流入非法市场。在长达数十年的暴乱、胡图族逃离卢旺达和两次刚果战争等事件中，数以千计的武器流入了刚果（金）。因此，犯罪分子和反政府团体几乎可以获得本地安全部队手中的任何一种武器。有些武器不断通过商业渠道进口，运抵之后，就会通过腐败官员之手，流向这些终端用户。人们贩运这些武器的原因，往往是支持反政府军的事业，又或是出于非正式的义务，以及家族或种族方面的亲缘纽带。

此外，2010 至 2017 年，大量反政府军成员被编入军队和警察。这样一来，武器就可以在军方和反政府军之间轻易流通。大量报告显示，负责控制武器储藏的那些人员，现在的身份是刚果（金）军方人员，但以前却是保卫全国人民大会的军官。

长期以来，空运一直都是向刚果（金）非法输送武器弹药的主要手段。只有飞机能够在偏远的东部地区运送这些武器。在适合执行此类任务的飞机中，最受欢迎是单引擎和双引擎的安东诺夫运输机，因为它们能够在简陋的跑道上着陆。飞行员会使用多种手段来反制监视非法武器贩运的尝试。他们从不直飞目的地，而是采取迂回路线、频繁更换呼号、多次降落和经停加油等手段。许多这种飞机都是租来的，它们来自本地区的大型机场，即布隆迪、卢旺达和乌干达的机场。

当然，这种飞机不能运载坦克等重型车辆。但是，轻型飞机可以轻易运输便携式防空系统、迫击炮、反坦克武器和所有用于重型武器的弹药。重型车辆可从邻国经陆路运进刚果（金）。

### （二）2017 年态势

在本想定中，此后部分和后面的情报报告均属虚构。

更加先进更加重型的武器，正在被许多来源提供给加丹加独立军和 M23 运动。此类武器有可能对刚果（金）政府和联刚稳定团部队构成严重威胁。联刚稳定团有一项优先情报需求，就是识别目前位于刚果（金）境内或是预计将于近期内运抵该国的此类武器的型号和数量。

另外还有一项情报需求，就是识别这些武器的来源和运输手段。人们怀疑安哥拉是向加丹加独立军提供武器的中转站，因为安哥拉政府支持加丹加独立军的诉求，但联刚稳定团并不掌握证据，无法证实武器贩运活动确实发生。如果安哥拉真是中转站，那么重型武器最有可能的运输路线就是从罗安达港出发，使用不久前完工的罗安达至卢埃纳的铁路，然后用火车运至加丹加省的科卢韦齐（参见图 6–1）。

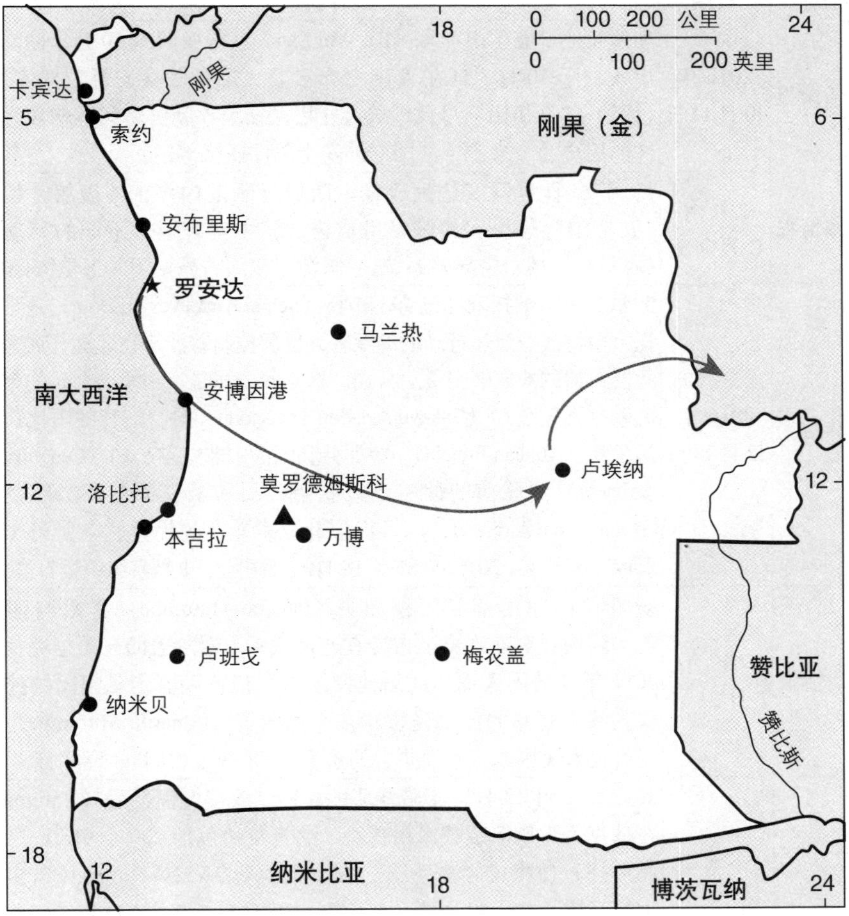


图 6–1　武器经安哥拉流入的可能路线

来源：《中央情报局世界概况》。

M23 运动可能会通过多个来源，收到国际军火商提供的重型武器，但只有零星证据可以证明存在这种贩运活动。

## 四、情报报告

### 情报报告 6–1

| 来源 | 日期 | 内容 |
|---|---|---|
| 通信情报 | 2016 年 10 月 14 日 | 朝鲜轮船“五岳山”号（Ku Wol San）从平壤西南 50 公里的南浦出发，于 10 月 3 日在 A 国 Q 市装货，准备驶往安哥拉罗安达。（评论：“五岳山”号此前曾有在巴基斯坦和朝鲜之间运输导弹零件的历史。）（来源：法国对外安全总局联络部门） |
| 图像情报 | 2016 年 11 月 26 日 | 11 月 22 日对罗安达港成像，图像显示港内停泊 6 艘船。朝鲜“五岳山”号正在卸载军用货物，其中就有型号不详的移动式（履带式）地对空导弹系统。（来源：法国“昴星团”卫星图像） |
| 分析 | 2016 年 12 月 18 日 | 谢尔盖·阿纳托利耶维奇·布特（Sergei Anatolyevich Bout）是维克托·布特武器贩运行动的继承者，目前控制着涉嫌在非洲开展非法武器运输的 6 家航空货运公司。这 6 家公司是：刚果（金）的布卡武航空运输公司（Bukavu Aviation Transport）、科特迪瓦的阿比让货运公司（Abidjan Freight）、中非共和国的中非航空公司（Centrafrican Airlines）、阿联酋的荷兰泛航航空公司和圣克鲁兹帝国航空公司（Imperial Airlines），以及保加利亚索非亚的佐里航空公司（Air Zory）。（来源：2016 年 12 月 18 日的《国际刑事警察组织报告》） |
| 通信情报 | 2017 年 1 月 21 日 | 安哥拉陆军的潘彻·穆图贝（Pancho Mutumbe）将军与谢尔盖·阿纳托利耶维奇·布特有通信联系。谢尔盖的兄弟维克托于 2011 年在美国入狱，此后他便继承了布特武器走私集团的控制权。潘彻将军的兄弟爱德华多·穆图贝（Eduardo Mutumbe）是安哥拉人民国家银行董事会的董事。（来源：德国联络部门） |
| 开源情报 | 2017 年 2 月 2 日 | 2017 年 1 月 13 日，希腊注册的轮船“安提戈涅”号（Antigone）在乌克兰敖德萨装载军用货物。这批货物包括 200 个 9K38“针”（SA-18）便携式导弹系统、10 个俄罗斯 9A52-4“龙卷风”多管火箭系统及 800 枚火箭弹，以及 12 辆乌克兰 T-80UD 坦克。终端用户证书显示，南非是这批货物的收货方。（评论：派驻联合情报中心的南非军事分析人员认为，终端用户证书肯定是伪造的。南非没有订购过这批装备，而且它们的性能低于南非现有武器库存。）（来源：伦敦劳埃德银行） |
| 网络情报 | 2017 年 2 月 14 日 | 2016 年 12 月，安哥拉人民国家银行向 A 国国家银行 X 市分行一个身份不明的账户转账 2300 万美元。这笔转账是安哥拉人民国家银行董事会的董事爱德华多·穆图贝下令执行的。（来源：法国对外安全总局联络部门） |

（续表）

| 来源 | 日期 | 内容 |
|---|---|---|
| 通信情报 | 2017 年 2 月 14 日 | 2 月 6 日，刚果（金）卢本巴希的一名加丹加独立军军官与一名 A 国官员联系，要求提供“HO-17 系统”的保养手册和技术支持。这名 A 国官员所在位置是 A 国 X 市一家身份不明的工厂。他声称，手册已随“第一批货”一起提供。随后，他同意“下一次发货”时提供更多手册，并承诺检查技术支持的情况。（评论：HO-17 可能指的是一种 A 国移动式地对空系统，它是俄罗斯 SA-15 地对空系统的仿制品。人们认为，HO-17 地对空系统是 X 市一家工厂生产的。）（来源：法国对外安全总局联络部门） |
| 通信情报 | 2017 年 2 月 21 日 | 2 月 17 日，“安提戈涅”号与安哥拉罗安达港务局通信，商议能否使用港口重型货物卸载设备的事宜。当被问及“安提戈涅”号船长所说的“重型”是什么意思时，他回答说：“至少 53 吨。”港务局答复称这需要特殊的卸货设备，港务局同意提供这些设备。（来源：法国对外安全总局联络部门） |
| 网络情报 | 2017 年 2 月 21 日 | 对安哥拉、卢森堡、赞比亚和坦桑尼亚等国银行间的电子汇款进行监视，结果显示有多笔大额资金正在转移。此次电子汇款频次增加现象所涉及的，还包括几家已知是洗钱天堂的离岸银行机构。在这批存在问题的账户中，有多个都与安哥拉人民国家银行董事会董事爱德华多·穆图贝有关。（来源：法国对外安全总局联络部门） |
| 通信情报 | 2017 年 2 月 25 日 | 2 月 22 日，轮船“安提戈涅”号的船长与在迪拜的“瓦列里”（Valeriy）联系，报告称“货物已交付”，并询问下一步指示。“瓦列里”回复称：“按计划前往 6 号港。我的人会带着货款在那里和你见面。”（评论：“瓦列里”可能是谢尔盖·布特武器贩运网络成员瓦列里·奈多 [Valeriy Naydo]。人们认为奈多在迪拜有个办事处。“6 号港”的位置不详。）（来源：法国对外安全总局联络部门） |
| 分析 | 2017 年 3 月 3 日 | 安哥拉和刚果（金）的关系本就不睦，今年以来更是急剧恶化。人们怀疑刚果（金）政府支持卡宾达的独立运动。卡宾达是安哥拉的飞地，与本土中间相隔刚果（金）。刚果（金）此举的动机，或许是认为有可能获得卡宾达储量丰富的海上油田。（来源：联刚稳定团联合情报中心 2017 年 3 月 3 日的评估） |

（续表）

| 来源 | 日期 | 内容 |
|---|---|---|
| 人力情报 | 2017 年 3 月 24 日 | 线人报告称，反政府军 M23 运动领导人聘请雇佣军提供安全保障，以确保销往欧洲和美国的毒品能够安然通过刚果（金）。据报告，反政府军利用毒品销售收入购买武器（无更多信息）。（来源：联刚稳定团的秘密线人，通常可靠） |
| 开源情报 | 2017 年 3 月 25 日 | 安哥拉：在结束了对刚果（金）卢本巴希为期 4 天的非正式访问之后，总统爱德华多·文森特（Eduardo Vicente）举行新闻发布会。在回答关于加丹加独立军的奋斗目标这个问题时，文森特总统回答："所有热爱自由和独立的非洲人，都会支持马拉将军和加丹加独立军。他们正在与来自殖民征服势力的压迫做斗争，而在今天，这些压迫者的肤色是黑色的。卡比拉是个腐败的小偷，他从自己人民的手里偷窃东西，并得到那些利用联合国出面充当代表的前殖民国家的支持。我支持刚果的解放，并将努力为之奋斗。"在回答另一个问题时，文森特总统称："我们同那些试图征服非洲的势力进行了长期斗争。我们取得了胜利，那些支持压迫者的势力应该注意到，我们将在整个非洲大陆继续这场斗争，直到殖民压迫的最后残余被摧毁为止。"（来源：位于安哥拉的安哥拉政府电台英语广播） |
| 人力情报 | 2017 年 3 月 25 日 | 当地时间 2017 年 3 月 10 日，周五，12 时 30 分，1 架双引擎飞机在罗安达的夸德罗安达机场装载不明板条箱。飞机机身涂有布卡武航空运输公司的标记，据说这家航空公司被布特武器贩运网络所控制。这架飞机于当地时间 13 时 30 分起飞。（来源：葡萄牙联络部门） |
| 图像情报 | 2017 年 3 月 26 日 | 3 月 22 日对罗安达港成像，图像显示，在南纬 08° 48′16″、东经 13°15′10″ 位置，即一个仓库的旁边有 8 辆 T-80 坦克。10 辆身份不明的车辆也停在该建筑群内，就在坦克的旁边。（来源：法国"昴星团"卫星图片） |
| 人力情报 | 2017 年 4 月 1 日 | 2016 年 11 月和 12 月，嫌疑武器贩子瓦列里·奈多 6 次前往卢旺达，每次都在基加利会见身份不明的政府官员。奈多每次都是从迪拜乘坐飞机抵达，然后转机飞往安哥拉的罗安达。（来源：《国际刑事警察组织报告》） |
| 通信情报 | 2017 年 4 月 3 日 | 前一年，朝鲜货船"五岳山"号曾 3 次从平壤西南 50 公里的南浦出发，停靠安哥拉罗安达，卸载不明货物。（评论："五岳山"号此前曾有在巴基斯坦和朝鲜之间运输导弹零件的历史。）（来源：法国对外安全总局联络部门） |

(续表)

| 来源 | 日期 | 内容 |
| --- | --- | --- |
| 开源情报 | 2017 年 4 月 15 日 | 刚果（金）金沙萨：今天，内罗毕的电视台肯尼亚电视网报道了发生在戈马附近的一起大屠杀。肯尼亚电视网拍摄穆贡加难民营的视频证实，4 月 13 日和 14 日发生屠杀难民事件，伤亡数字至少有数千。多份非政府组织的报告评估认为，该数字应为“数万”。据目击者称，看起来反政府军 M23 运动应当对此负责。路透社从坎帕拉发回的报道称，在过去 2 天里，穿越乌干达与刚果（金）边境的难民数量激增，乌干达政府对此深感担忧。负责边境控制的官员已不堪重负，无法估计难民数量。关于穆贡加大屠杀的传言似乎是人们逃离刚果（金）的动机。乌干达外交部长称自己有意在周三，也就是联合国特使菲利普·斯迈思访问坎帕拉时，向其通报难民危机的情况。（来源：内罗毕电视台肯尼亚电视网英语频道，它是内罗毕的独立电视台，新闻报道受人尊敬；它的绝大部分观众都在内罗毕；它为路透社新闻供稿） |
| 人力情报 | 2017 年 4 月 21 日 | 对穆加贡难民营的难民进行盘问，结果显示，早在难民营遭到袭击之前，就已经遭到大炮或迫击炮的猛烈轰击，炮击造成广泛的恐慌，并使难民逃离难民营。然后，许多难民被人从四周使用小型武器打死。这些难民声称，袭击者身穿 M23 运动的制服。（前线评论：这是首个指证反政府军 M23 运动部队使用大炮或迫击炮等武器的证据。）（来源：联刚稳定团前线部队盘问难民；可靠性未知） |
| 人力情报 | 2017 年 5 月 2 日 | 过去一年中，每隔一周的周五，在黄昏时分，会有 1 架双引擎飞机降落在南基伍省喀土穆机场上。飞机侧面涂有“布卡武航空运输”的标记。卡车上有武装人员一直等待飞机抵达。夜间，这些人会把飞机上的箱子卸载到卡车上，再把卡车上的箱子装上飞机。装上飞机的箱子没有标记。该名线人发现卸载的箱子上有标记，标记的字母很奇怪，但他不懂这门语言。有一次，该名线人在几个长约 2 米的板条箱上观察到“9K38”的标记。卸载和装载完成后，飞机会在大约午夜起飞。（来源：联刚稳定团的线人，有提供可靠报告的历史） |
| 图像情报 | 2017 年 5 月 2 日 | 5 月 1 日，“红犀牛”第 7321 号任务拍到加丹加独立军的一个武器库，位置在刚果（金）卡米纳以西，坐标南纬 08°43′15″、东经 24°58′03″。图像分析发现，武器库里有 4 辆 T-80 坦克和 3 个 9A52-4“龙卷风”多管火箭系统，这在 4 月 6 日的图像中是没有的。 |

（续表）

| 来源 | 日期 | 内容 |
| --- | --- | --- |
| 通信情报 | 2017 年 5 月 2 日 | 过去 4 个月里，嫌疑武器贩子瓦列里·奈多收到大量资金转账，转入方是几个阿联酋银行账户，转出方是卢旺达的东非信托公司、卢旺达商业银行、安哥拉的工商银行（Banco de Comércio e Indústria）和储蓄与信贷银行有限责任公司（Banco de Poupança e Crédito S.A.R.L）。所涉金额无法确定。（评论：奈多是武器贩子谢尔盖·布特的关键副手。参与转账的两家安哥拉银行都是国有银行。）（来源：法国对外安全总局联络部门） |
| 人力情报 | 2017 年 5 月 3 日 | 2017 年初，安哥拉人民国家银行收到一批钻石，价值约为 5500 万美元，这是加丹加独立军在刚果（金）卢本巴希的一个货源提供的。该银行随后在比利时安特卫普的钻石市场上转售这批钻石。（来源：国际刑事警察组织） |
| 通信情报 | 2017 年 5 月 7 日 | 截获某手机通话的部分内容，结果显示刚果（金）一名高级官员正在与 M23 运动的代表通话。该次通话显示，他们早已知晓卡比拉总统和联合国代表即将举行会晤一事。通话还提到在反政府军 M23 运动控制地区“运送货物”的事，提到必须避开警察巡逻。在此次截获的通话中，M23 运动的通话方称对方为“让”(Jean)。未获得更多信息。（来源：法国对外安全总局联络部门） |
| 人力情报 | 2017 年 5 月 9 日 | 4 月 2 日当天或前后，线人发现多名男性身着平民衣服，与 M23 运动士兵之间进行武器贩运，地点位于布卡武以东，就在卢旺达边境附近。这些平民将自己卡车上的板条箱（两侧标记被帆布覆盖）搬到 M23 运动的卡车上。有张帆布被撕掉，露出卢旺达军方的标记。（该线人认为，一共转交了大约 6 卡车的板条箱。）一些板条箱的侧面涂有“2B11”的标记。（联刚稳定团评论：这可能是 2B11“萨尼”[Sani]，它是苏联生产的 120 毫米迫击炮，苏联解体后便扩散到其他国家。）搬完以后，M23 运动领导人把一个大信封递给其中一个平民。这些平民随后朝卢旺达边境方向离去。（来源：联刚稳定团前线部队盘问难民，可靠性未知） |
| 电子情报 | 2017 年 5 月 11 日 | 通过电子情报截获，发现存在一个目标捕获雷达，它通常是俄罗斯“道尔”(Tor) 地对空导弹系统（北约代号 SA-15）的组件。它的位置是刚果（金）的卡米纳机场。该截获的坐标是南纬 08°43′48″、东经 24°59′28″。（来源：法国电子情报卫星截获） |

（续表）

| 来源 | 日期 | 内容 |
|---|---|---|
| 开源情报 | 2017 年 5 月 15 日 | 刚果（金）金沙萨：霍加皮电台（Radio Okapi）5 月 8 日报道，该电台接到报告称，一架安东诺夫运输机——很可能是安 12，在戈马附近被击落。飞机在吉塞尼坠毁。卢旺达军方已经封锁飞机残骸的周围地区。霍加皮电台透露，当时在乌干达有个“无国界医生”小队最先发出报告，并且收到其无线电求救信号。（评论：位于金沙萨的霍加皮电台是独立的法语广播电台，由联合国驻刚果［金］观察团和总部设在日内瓦的非政府组织“媒体和平与尊严基金会”共同出资创立。） |
| 分析 | 2017 年 5 月 15 日 | “道尔”导弹系统（北约代号 SA-15，参见图 6–2）是全天候中低空短程地对空导弹系统，专门用于拦截飞机、直升机、巡航导弹和无人机。它是可移动的自行式地对空导弹，类似于英国的“长剑”（Rapier）或法国的“响尾蛇”（Crotale）。冷战后，俄罗斯向埃及、伊朗、白俄罗斯、乌克兰和伊朗出售或转让 SA-15。（来源：联刚稳定团分析） |
| 人力情报 | 2017 年 5 月 17 日 | 据报告，安哥拉政府正在利用佐里航空公司从保加利亚进口武器，而后转让给加丹加独立军。安哥拉计划利用同一家公司从斯洛伐克进口更多的武器。进口武器型号不详。（来源：国际刑事警察组织联络部门） |
| 测量与特征情报 | 2017 年 5 月 18 日 | 对雷达数据进行初步分析，结果显示，当地时间 5 月 7 日 3 时 45 分，一架飞机在刚果（金）东部地区被一枚地对空导弹击中。飞机随即从雷达屏幕上消失。人们认为，这架飞机就是其他报告所称的、5 月 7 日在刚果（金）戈马附近被击落的那架安东诺夫运输机。 |
| 通信情报 | 2017 年 5 月 22 日 | 刚果（金）财政部长菲利普·阿达瓦冯（Philippe Adawawon）与一位身份不明人士通过电话交谈，内容显示这位财政部长对一批“特殊货物”很感兴趣。这批货物显然是要空运到“北方”某个不明地点。财政部长在通话中询问是否“所有货物都能运走”。对方表示“飞机上……有足够的空间”。（来源：法国对外安全总局联络部门） |

## 五、背景

本节内容摘自 2000 年版《国际犯罪威胁评估》第 2 章。[1]

图 6-2 “道尔”（SA-15）地对空导弹系统

来源：Vitaly V. Kuzmin, http://en.wikipedia.org/wiki/Tor_missile_system.

20 世纪 90 年代，非法灰市和黑市的武器销售愈发成为全球性难题。冷战结束，黎巴嫩和中美洲等地的地区性冲突逐渐平息，这些因素增加了新生产和已使用的武器的可用数量。非法武器市场上经常出售的军火，有大型武器系统的零部件——特别是为遭联合国禁运或武器原产国制裁的用户提供的零部件，也有突击步枪、便携式反坦克武器和便携式防空武器等小型武器，还有可用于小型武器和大型火炮的弹药以及装甲系统。然而，在某些情况下，体型更大的武器系统也有销售。

美国政府 2000 年估计，每年有价值数亿美元的军用装备流入非法武器

[1] 原注：“International Crime Threat Assessment,” December 2000, www.fas.org/irp/threat/pub45270chap2.html.

市场，卖给遭联合国武器禁运的国家。反政府军、恐怖分子和有组织犯罪集团，可以在非法武器市场买到小批量的轻型武器和其他轻步兵武器。

绝大多数非法武器销售都是通过**武器灰市**进行的，在过去 10 年中，这个市场一直被掮客和他们的武器掮客公司所把持。灰市武器贩运利用了合法的出口许可流程，通常是使用虚假的文书，掩饰买方身份或货物的军事性质，或是在更加罕见的情况下，掩饰供应商的身份。只要拿到许可证，无论它的真伪究竟如何，灰市的各个参与者就能让交易看起来是合法的，进而安排付款和国际运输等事宜，完成这些价值数百万美元、涉及数百吨武器的交易。

然而，在某些情况下，武器掮客在运输大批量非法武器时，会以处理违禁品的方式安排走私入境。出售或转让给阿富汗和前南斯拉夫各共和国战斗人员的非法武器，往往都是外国供应商提供的。这些供应商打着“人道主义援助”的幌子，捐赠和运输了价值数千万美元的武器。

冷战结束之后，俄罗斯和其他前华约国家庞大的国防工业和武器库存，便成为武器掮客唾手可得的囊中之物。例如，自 1992 年以来，在阿富汗和前南斯拉夫各共和国，参与国内冲突的战斗人员已从灰市武器供应商手中，购得数十架完好的直升机和战斗机。掮客们还可以从美国和其他西方供应商手中买到军用装备。

**黑市武器贩运**根本不使用出口许可流程。事实上，走私人员根本就是在向政府官员隐瞒违禁武器。黑市转让的武器通常数量不大，往往是从军方库存或枪械商店里偷来的。武器和其他军用物资屡遭盗窃和非法销售，这已成为俄罗斯面临的一个重大难题。

冷战结束以来，来自之前的苏联集团国家和地区冲突的大量步兵武器流入市场，有组织犯罪团体利用这种便利，越来越多地参与到武器贩运当中。

[第 7 章]

# 刚果民主共和国：毒品贩运

本章案例研究设定在 2017 年，并以第 5 章介绍的刚果（金）基线想定为基础。

在过去 20 年中，尼日利亚已成为非法毒品从南美洲和亚洲流入欧洲时的主要走廊。可卡因和海洛因等毒品在这个国家自由流通。目前，西非（主要是尼日利亚）的毒品走私贩子控制着从该地区过境的可卡因，每年价值约合 16 亿美元。这些可卡因大部分来自拉丁美洲的卡特尔组织。以前，拉丁美洲的卡特尔掌握着此类贩运活动的独家控制权，但后来被尼日利亚的贩毒团体所取代。如今，这些团体掌握着毒品的运输和分销系统。这些尼日利亚人甚至控制了巴西圣保罗的毒品出口，于是当地出产的大部分可卡因都将运出南美，发往尼日利亚。

尼日利亚的毒品卡特尔并未采用大多数犯罪组织常用的黑手党模式。相反，他们是按照家族和部族的关系组织起来的。他们这种组织结构提供了强大的防御力量，可以阻止执法机构打入这些卡特尔内部的努力。

几十年来，空运一直都是将毒品运出尼日利亚的首选方式。如今，这些卡特尔正在通过海运来输送毒品。这些卡特尔发现，海运走私比高风险的商业飞机走私更加安全，因为后者更容易在机场检查站被截获。

尼日利亚全境的毒品贩运，已经成为尼日利亚政府、国际刑事警察组织和美国缉毒署面临的重大问题，原因有二：

- 2010 年之前，没有多少尼日利亚人消费可卡因和海洛因。但是，尼日利亚现在是主要的毒品流通通道，而且尼日利亚人也正在成为主要的消费群体。
- 在尼日利亚境内及世界其他地区活动的恐怖主义，其活动资金中很大一部分来自贩毒收入。

## 一、目标

本练习提供以下方面的实践经验：

- 创建目标网络模型；
- 执行地理空间情报分析；
- 基于不完整的信息做出判断；
- 拟定并支持结论，解释假设；
- 在情报评估中向用户传递不确定性。

## 二、任务

假设你在执行特别任务，被美国缉毒署派往联刚稳定团联合情报中心工作。缉毒署给你的要求如下：

> 长期以来，西非毒品走私集团一直参与将西南亚海洛因走私到欧洲和美国的活动。我们掌握的未经证实的报告称，这些走私团体目前也在参与海洛因的生产活动。你将通过联刚稳定团开展工作，调查海洛因的生产和分销情况，它们可能发生在刚果

（金）境内，也有可能只是途经刚果（金）。你的任务已经得到联合国的审查，另外联刚稳定团已经同意与你共享情报。

你的第一项任务是，核实刚果（金）是否存在海洛因的生产或分销，或二者兼有。如果确实如此，你应当评估该地区海洛因生产或分销的源头。第二项任务包括以下子任务：

- 针对负责供应海洛因的毒品生产和（或）分销网络，制作地理空间模型。运输机制也要写入。（提示：这个子任务可以在制作该地区的地图时完成，也可以在制作带有地理标识符的图表时完成。）
- 创建一个目标网络模型，显示毒品交易中所涉及的网络（人员、组织和资金）。识别该网络中的关键参与者，以及生产和分销的地点。
- 基于你创建的模型，准备一份情报评估（篇幅为 5 到 8 段），并说明你在做出判断时有几分把握。在评估的最后部分提供情报差距分析，它应当识别至少 6 个知识差距。

## 三、想定

在本章中，此后部分的材料均为虚构。

2015 年，在美国协助下，阿富汗政府成功地发现并关闭了阿富汗境内的主要海洛因生产实验室。他们能够轻易发现这些实验室，是因为处理过程产生的废水在光谱成像中是肉眼可见的。关闭行动导致西南亚海洛因流入欧洲和美国的数量骤减。用来开展此类贩运活动的尼日利亚贩毒网络基本上都被关闭了，但却只是暂时的。

自 2016 年底开始，尼日利亚的几个贩毒网络开始向欧洲运送白色海洛因（这种海洛因的质量和价格都很高）。过去，海洛因分析项目曾经根据原产地区，区分出三种主要的海洛因：一是西南亚海洛因，它是在来自阿富汗和该次地区其他国家的样品中发现的；二是东南亚海洛因，它是在来自金三角（老挝人民民主共和国、缅甸和泰国）和该次地区其他国家的样品中发现的；三是南美海洛因。看起来，似乎还存在一个新的毒品来源。对相关样品进行化学分析，结果显示这种海洛因的纯度很高，它并非来自现有三类地区中的任何一个。国际刑事警察组织怀疑这种海洛因来自一个新的来源，很可能是非洲。

## 四、情报报告

**情报报告 7–1**

| 来源 | 日期 | 内容 |
|---|---|---|
| 通信情报 | 2016 年 7 月 20 日 | 刚果（金）戈马一个身份不明的人士（人们认为是图西族）向多家欧洲公司询问关于乙酸酐运输合同的事宜。（分析人员评论：因为乙酸酐可对吗啡进行双乙酰化，从而合成海洛因，所以被列为美国缉毒署二类清单前体。）（来源：法国对外安全总局联络部门） |
| 开源情报 | 2017 年 3 月 4 日 | 戈马当地电台报道称，反政府军部队涉嫌在戈马谋杀一名地区官员，反政府军认为此人支持刚果（金）政府。 |
| 人力情报 | 2017 年 3 月 6 日 | 一名派驻联刚稳定团的刚果（金）军官（中尉）向联刚稳定团官员表示，他掌握关于尼日利亚有组织犯罪的情报，包括一个名为“特洛伊企业”（Trojan Enterprises）的组织的犯罪活动。这是一家外国公司，在美国设有子公司。这个中尉声称，他认为有必要将该情报通报给联刚稳定团，因为他奉命派驻的这个组织内部已经开始怀疑他的上司，也就是刚果（金）情报机构国家情报局（Agence Nationale de Renseignements）的卡扎迪·延布韦（Kazadi Nyembwe）腐败。这位中尉害怕自己性命不保，因为他并没有按照指令，贿赂当地官员让他们保护毒品交易，（相反，他用这些钱为家人购买食物和其他物品，）而且如果关于特洛伊企业的这条情报泄露，他将会被杀死。 |
| 人力情报 | 2017 年 3 月 23 日 | 不断有谣言称，刚果（金）东部地区正在进行有关海洛因的大规模行动。据报告，反政府军 M23 运动建造了一个可以生产优质海洛因的实验室，原料使用的是南亚进口的生鸦片。关于这些海洛因的出境方式，我们没有掌握相关信息。（来源：刚果[金]执法机构联络部门） |

（续表）

| 来源 | 日期 | 内容 |
|---|---|---|
| 人力情报 | 2017 年 3 月 24 日 | 线人报告称，反政府军 M23 运动的领导人聘请雇佣军提供安全保障，以确保销往欧洲和美国的毒品能够安然通过刚果（金）。据报告，反政府军利用毒品销售收入购买武器（无更多信息）。（来源：联刚稳定团的秘密线人，通常可靠） |
| 通信情报 | 2017 年 3 月 27 日 | 通信截获显示，尼日利亚嫌疑毒贩哈姆扎·奥孔库沃（Hamza Okonkwo）与一名刚果（金）海关官员保持定期联系，此人是金沙萨恩吉利机场海关部门的主管。关于他们联系时所传递的信息，目前不掌握任何细节。人们认为，奥孔库沃是尼日利亚大毒枭约瑟夫·恩瓦福（Joseph Nwafor）的副手。（来源：联刚稳定团的特别信号情报机构） |
| 人力情报 | 2017 年 3 月 28 日 | 3 月 16 日，总统家政幕僚长让·拉罗什（Jean Larroche）前往财政部长菲利普·阿达瓦冯在金沙萨的家中登门拜访。线人目睹了这次会面。这次会面非同寻常，因为该线人完全想不到拉罗什这个级别很低的官员竟然会到财政部长家中做客。（来源：比利时联络部门，情报来自通常可靠的线人） |
| 人力情报 | 2017 年 4 月 3 日 | 针对你询问刚果（金）国家情报局情报事务副局长卡扎迪·延布韦的情况，现提供以下资料。长期以来，我们认为延布韦一直收受毒品组织的贿赂和回扣。作为回报，他对刚果（金）境内的涉毒活动视而不见。（来源：比利时联络部门） |
| 开源情报 | 2017 年 4 月 3 日 | 为了控制在自己不断扩张的地盘内流通的信息，以及控制向外部世界传播的信息，M23 运动“当局”发起一场声势浩大的运动，审查或禁止出版物和广播节目。我们收到越来越多的报告，称有记者受到威胁、拘留和骚扰。其通信设备遭到没收。（来源：社交网络分析） |
| 人力情报 | 2017 年 4 月 3 日 | 有个摩门教非政府组织在姆班达卡郊外开展工作，他们向联刚稳定团官员报告，尽管政府颁布法令，禁止天黑后刚果河上的一切交通活动，但身份不明的团体在向地方当局行贿后，仍于夜间驾驶内河船只，向布拉柴维尔和金沙萨运送海洛因。该非政府组织表示，他们认为这些海洛因来自更远的上游。（来源：联刚稳定团内部） |
| 开源情报 | 2017 年 4 月 10 日 | 4 月 8 日，反政府军 M23 运动在布卡武逮捕 2 名英国广播公司的“特约记者”。这些签约的本土记者被控使用对讲机收听“机密”。他们被关在布卡武中央监狱。（来源：路透社） |

（续表）

| 来源 | 日期 | 内容 |
| --- | --- | --- |
| 人力情报 | 2017 年 4 月 14 日 | 4 月 10 日和 11 日，有运毒者在美国被捕（一个在 95 号州际公路里士满附近，正在向南进发，另一个在 95 号州际公路费城附近，正在向北进发），他们背包里的海洛因似乎纯度极高。这些运毒者身上的文身标记，属于在华盛顿特区活动的 MS-13 黑帮。这些海洛因的样本已被送往法医实验室，接受详细分析。（来源：美国执法机构报告） |
| 开源情报 | 2017 年 4 月 15 日 | 4 月 11 日，埃及当局查扣大约 800 公斤乙酸酐：用来隐藏它们的货物，应该是来自开罗的苏伊士化学公司，准备发往刚果（金）戈马的桑鲁医院。这些乙酸酐被装进标有“过氧化氢”的钢罐中。（缉毒署评论：因为乙酸酐可对吗啡进行双乙酰化，从而合成海洛因，所以被列为美国缉毒署二类清单前体。）（来源：《埃及每日新闻》） |
| 开源情报 | 2017 年 4 月 15 日 | 刚果（金）金沙萨：上周末，数千男女老少遭到屠杀。金沙萨地区各村级政府推测，这可能是政府轰炸难民营造成的。政府应当对 1998 年不加区分轰炸难民一事负责。此外，他们认为非政府组织成员正在遭到谋杀，因为反政府军认为他们向刚果（金）政府报告关于反政府军的信息。（来源：当地各家报纸） |
| 开源情报 | 2017 年 4 月 15 日 | 刚果（金）金沙萨：今天，内罗毕的电视台肯尼亚电视网报道了发生在戈马附近的一起大屠杀。肯尼亚电视网拍摄穆贡加难民营的视频证实，4 月 13 日和 14 日发生屠杀难民事件，伤亡数字至少有数千。多份非政府组织的报告评估认为，该数字应为“数万”。据目击者称，看起来反政府军 M23 运动应当对此负责。路透社从坎帕拉发回的报道称，在过去 2 天里，穿越乌干达与刚果（金）边境的难民数量激增，乌干达政府对此深感担忧。负责边境控制的官员已不堪重负，无法估计难民数量。关于穆贡加大屠杀的传言似乎是人们逃离刚果（金）的动机。乌干达外交部长称自己有意在周三，也就是联合国特使菲利普·斯迈思访问坎帕拉时，向其通报难民危机的情况。（来源：内罗毕电视台肯尼亚电视网英语频道，它是内罗毕的独立电视台，新闻报道受人尊敬；它的绝大部分观众都在内罗毕；它为路透社新闻供稿） |
| 开源情报 | 2017 年 4 月 15 日 | 据报道，反政府军 M23 运动部队关押了数百名难民，他们都是从穆加贡难民营大屠杀中脱身的难民。反政府军将这些人质关在东北地区东方省一个偏远的森林地区。（来源：法新社巴黎站世界频道英语新闻，它是法国独立通讯社法新社的世界新闻频道） |

（续表）

| 来源 | 日期 | 内容 |
|---|---|---|
| 开源情报 | 2017 年 4 月 15 日 | 卢旺达：卢旺达一家电台报道称，上周末数千男女老少遭到屠杀，并称这是政府轰炸难民营造成的。（来源：卢旺达电台基加利站英语新闻） |
| 开源情报 | 2017 年 4 月 15 日 | 乌干达：反政府军在刚果（金）东部地区再次挑起战火，战斗人员非法屠戮手无寸铁平民的行径和其他侵犯人权的行为因此升级。据报道，数千平民正在逃往邻国。乌干达政府表示，因为担心刚果（金）东北地区再度爆发战斗之后，逃离的难民可能携带埃博拉病毒，因此关闭边境。（来源：路透社） |
| 开源情报 | 2017 年 4 月 15 日 | 基加利电台报道称，卢旺达吉塞尼的居民收留了数百名屠杀当天逃离穆贡加难民营的难民。据报道，这些难民亲眼看到刚果（金）政府军在难民营杀戮、强奸和抢劫。据报道，反政府军 M23 运动的部队将刚果（金）政府军赶出难民营。（来源：卢旺达电台基加利站英语新闻） |
| 开源情报 | 2017 年 4 月 15 日 | 发展电台（Radio Maendeleo）是南基伍唯一的独立广播电台，有制作人权专题节目的传统（在非政府组织的协助下），该电台今天播报消息，称已经接到命令，要求他们不得自行制作新闻报道，只能播报 M23 运动的信息、新闻和文化事务部长提供的内容。在同一条报道中，发展电台宣布拒绝执行这一命令。 |
| 开源情报 | 2017 年 4 月 15 日 | 当地一家反对派报纸指责刚果（金）财政部长腐败。文章指控菲利普·阿达瓦冯从国库掠夺 1000 万美元。众所周知，阿达瓦冯在（英属维尔京群岛的）托特托拉购买了一栋别墅。此外，阿达瓦冯及其家人还多次前往瑞士、巴西和美国的昂贵度假区度假。文章报道称，阿达瓦冯的两个孩子在比利时的私立学校上学，并援引阿达瓦冯为商人、外国公民和当地政府官员举办的多场聚会，称这正是他不法行为的证据。 |
| 开源情报 | 2017 年 4 月 20 日 | 在南基伍，多名发展电台的工作人员接到通知，禁止他们制作关于侵犯人权的报道，同时他们还受到威胁，称如果他们仍然拒不执行命令，不肯只播报 M23 运动的信息、新闻和文化事务部长所提供内容的话，将会受到人身伤害。 |
| 分析 | 2017 年 4 月 22 日 | 美国缉毒署对 4 月 10 日和 11 日在美国 95 号州际公路沿线缉获的海洛因进行分析，结果显示存在一个高纯度海洛因的新来源。化学分析显示，该来源与 2017 年初在阿姆斯特丹和那不勒斯缉获的海洛因的来源相同。这些海洛因样本不同于来自南美洲或南亚的任何一种既有样本。（来源：美国缉毒署分析） |

（续表）

| 来源 | 日期 | 内容 |
| --- | --- | --- |
| 人力情报 | 2017 年 4 月 30 日 | 姆班达卡市位于金沙萨上游，两地距离仅为 4 天船程。它已成为重要的海洛因转运点。海洛因装船离开姆班达卡后，将沿刚果河一路顺流而下。该线人并不清楚这批货物的原产地或最终目的地。（来源：联刚稳定团线人，有过有限的报告历史） |
| 开源情报 | 2017 年 5 月 2 日 | 金沙萨当地一家反对派报纸刊登报道，指责刚果（金）士兵护送一批“运往美国”的毒品。 |
| 开源情报 | 2017 年 5 月 2 日 | 上个月，2 名比利时籍英国广播公司“特约记者”被反政府军 M23 运动抓走，此后一直被关在不明地点。今天，他们的尸体在布卡武市中心被人发现。他们被残忍地谋杀，并被斩首。他们的耳朵被人割掉，舌头也被割掉，以此作为公开警告，阻吓其他可能有意报道刚果（金）M23 运动控制地区发生事件的人。（来源：路透社） |
| 人力情报 | 2017 年 5 月 2 日 | 荷兰当局在登海尔德海岸附近的私人游艇“赞茜·米斯特”号（Xanthe Mist）上，从一个隐蔽隔间里查获隐藏的 1.1 吨海洛因。据报告，这批海洛因是在金沙萨附近刚果河河口，从一艘驳船转移到“赞茜·米斯特”号上的。后续调查显示，毕晓普公司（Bishop Company）是这艘 300 英尺（约 91 米）长游艇的所有者。此外，在游艇上还查获了许多使用化名的护照。（来源：荷兰执法机构） |
| 人力情报 | 2017 年 5 月 4 日 | 以下是对联刚稳定团所提请求作出的回应：毕晓普公司是特洛伊企业设在英国的子公司，而特洛伊企业的所有者是尼日利亚人约瑟夫·恩瓦福。情报机构认为此人与过去的毒品相关活动有关。特洛伊企业目前正在接受调查，原因正是从事毒品相关活动和洗钱。（来源：英国军情六处联络部门） |
| 人力情报 | 2017 年 5 月 4 日 | 一个敏感线人报告称，恩吉利对外走私毒品的活动，被机场海关关长奥希蒂·马图巴（Ohidi Matumba）所控制。马图巴与财政部长菲利普·阿达瓦冯关系密切。（来源：联刚稳定团线人，有可靠报告的历史） |
| 人力情报 | 2017 年 5 月 6 日 | 利比里亚注册的货船“卡利斯托·吕拉耶”号（Callisto Lyrae）2 周前离开刚果（金）的巴纳纳，目的地是一个未知的港口。巴纳纳当地有传言称“卡利斯托·吕拉耶”号运载不明“毒品”。（来源：比利时联络部门，情报来自巴纳纳一位有可靠报道历史的港口官员） |

（续表）

| 来源 | 日期 | 内容 |
|---|---|---|
| 人力情报 | 2017 年 5 月 6 日 | 线人报告称，一名海关官员参与刚果（金）的贩毒活动。报告显示，载有大量毒品的行李箱（无更多信息）正在机场的行李设施处办理托运手续。然后，一名海关官员小心谨慎地将为它办理手续，再把它托运至一架飞往欧洲的航班上。最终，一名乘客在转机美国的途中将它取走。（来源：比利时联络部门） |
| 通信情报 | 2017 年 5 月 7 日 | 截获某手机通话的部分内容，结果显示刚果（金）一名高级官员正在与 M23 运动的代表通话。该次通话显示，他们早已知晓卡比拉总统和联合国代表即将举行会晤一事。通话还提到在反政府军 M23 运动控制地区“运送货物”的事，提到必须避开警察巡逻。在此次截获的通话中，M23 运动的通话方称对方为“让”。未获得更多信息。（来源：法国对外安全总局联络部门） |
| 通信情报 | 2017 年 5 月 7 日 | 刚果（金）：尽管卢旺达保证在反毒品工作中开展合作，但截获通信显示，卢旺达军队正在协助反政府军 M23 运动将海洛因运出刚果（金）。（来源：部署在基桑加尼以东地区的加拿大信号情报部队） |
| 人力情报 | 2017 年 5 月 8 日 | 对非洲航空公司 1038 和 1039 次航班过去 8 个月的舱单进行审查，结果显示乘客姆贝基·金贡贝（Mbeki Kingombe）经常乘坐 1038 次航班从戈马飞往金沙萨，2 小时后乘坐 1039 次返程航班离开。已查明姆贝基·金贡贝是毒枭约瑟夫·恩瓦福的同伙。（来源：刚果[金]联络部门） |
| 开源情报 | 2017 年 5 月 8 日 | 刚果电视台 5 月 8 日报道称，身份不明的团体沿刚果河顺流而下，在云比（Yumbi）以南 3 公里处，因违抗夜间不得在刚果河上航行的政府禁令遭政府军攻击，并以压倒性优势击败政府军士兵。至少有 8 名武装人员和 17 名士兵被打死或打伤。本地警察部门猜测这些武装人员都是毒贩。（来源：位于布拉柴维尔的刚果电视台的法语节目，它是政府控制的国有电视台） |
| 开源情报 | 2017 年 5 月 9 日 | 刚果（金）：在北基伍省，每周都会有一架小型飞机从莫拉莫拉（Mora Mora）种植园的土质简易跑道起飞运货。在简易跑道上，多箱不明材料被装上飞机。种植园工人称箱子里装的是“毒品”。（来源：社交媒体） |
| 开源情报 | 2017 年 5 月 12 日 | 基伍湖流经北基伍省沙沙（Shasha）村的支流河水受到污染。大量鱼类因此死亡，此外村民还在支流附近发现大量动物也因此死亡。一些村民出现中毒症状。（来源：无国界医生通过社交媒体报告） |

（续表）

| 来源 | 日期 | 内容 |
|---|---|---|
| 人力情报 | 2017 年 5 月 12 日 | 在那不勒斯，意大利警方在利比里亚注册的“卡利斯托·吕拉耶”号船上查获大批海洛因。船上一名利比亚人被捕。该船最后停靠的港口是阿尔及尔，但意大利警方怀疑存在一次没有登记的停靠活动，因为该船停靠过阿尔及尔和那不勒斯，但两次停靠的时间间隔很长。船上多名船员报告称，自己签约登船的原因，是该船最终将要停靠巴尔的摩港。（来源：意大利联络部门） |
| 开源情报 | 2017 年 5 月 14 日 | 刚果（金）：基加利《新时报》（*New Times*）网站 5 月 8 日刊登菲利普·穆尼扬（Philip Munyane）的报道，其中写道：“收到未经证实的报道，称 1 辆面包车失踪，车上载有无国界医生某团队 10 名成员。团队中有 5 名成员是美国公民，另有 3 个法国人、1 个瑞士人和 1 个摩洛哥人。这辆面包车离开刚果（金）东部地区的布卡武难民营后，向西北方向行驶。这些医生是在听说穆贡加营地发生大屠杀的消息后逃离的。能够确认他们最后的经过地点位于卢布图（Lubutu）以东，当时这辆面包车正在前往基桑加尼的安全地区。” |
| 开源情报 | 2017 年 5 月 15 日 | 刚果（金）金沙萨：霍加皮电台 5 月 8 日报道，该电台接到报告称，一架安东诺夫运输机——很可能是安 12，在戈马附近被击落。飞机在吉塞尼坠毁。卢旺达军方已经封锁飞机残骸的周围地区。霍加皮电台透露，当时在乌干达有个无国界医生小队最先发出报告，并且收到其无线电求救信号。（评论：位于金沙萨的霍加皮电台是独立的法语广播电台，由联合国驻刚果 [金] 观察团和总部设在日内瓦的非政府组织媒体和平与尊严基金会共同出资创立。） |
| 开源情报 | 2017 年 5 月 15 日 | 刚果（金）布拉柴维尔：法国《世界报》5 月 8 日报道，一名乘客在布拉柴维尔飞往南非的航班上死亡。这名刚果男性乘客的验尸报告显示，此人共吞下 10 袋海洛因，其中 1 袋已经破损。宪兵对此事开展调查，结果显示此人持假护照飞行，并发现该航班上还有 3 名乘客持假证件出行。3 人的最终目的地是佐治亚州亚特兰大，但也被发现携带海洛因。在接受宪兵审问时，这些男性承认，有个尼日利亚人付给他们每人 2000 美元，让他们携带海洛因进入美国。 |

（续表）

| 来源 | 日期 | 内容 |
|---|---|---|
| 测量与特征情报 | 2017 年 5 月 18 日 | 2017 年 5 月 14 日，在北基伍上空执行“蓝犀牛”第 7633 号任务。机载光谱成像传感器探测到地面溢出物，包含石灰、氯化铵、盐酸和乙酸酐的特征（signature），坐标为南纬 01°37′30″、东经 29°00′54″，也就是北基伍省的沙沙镇附近。（测量与特征情报分析人员评论：这种特征组合通常与海洛因生产实验室排出的混合废水有关。） |
| 分析 | 2017 年 5 月 17 日 | 联合国人道主义事务协调办公室报告称，所有非政府组织都在撤离人员，原因是基伍省暴力失控和疫情暴发。据说整个地区都在发生屠杀、勒索和强迫流离失所的事件。绝大多数非政府组织人员已逃到相对安全的乌干达或卢旺达。各救援机构在金沙萨总部仍有留守人员。联合国儿童基金会仍在东方省、开赛省和赤道省继续开展行动。（联刚稳定团评论：联合国和救援机构离去，记者所剩无几，这让各难民营彻底失去了法律和秩序。）（来源：联刚稳定团分析） |
| 人力情报 | 2017 年 5 月 18 日 | 关于上周在那不勒斯被扣的利比里亚注册船只“卡利斯托·吕拉耶”号，意大利警方在一份后续报告中报告称，轮机长已承认该船曾在尼日利亚停留，就是在那里装载的这批海洛因。 |
| 开源情报 | 2017 年 5 月 19 日 | 关于刚果（金）东部地区的难民态势，似乎很难搜集到可靠的信息。目前流传着许多谣言和传言，其中绝大多数来自已经离开该地区的非政府组织人员。相关报告极少，而且全都来自那些非政府组织，他们报告称反政府军在上周大屠杀结束后便离开难民营，还抓走一些难民当作俘虏。（来源：社交媒体） |
| 人力情报 | 2017 年 5 月 19 日 | 2017 年 4 月，在刚果（金）东部地区活动的 M23 运动领导人蒂鲍·贝塞博与手下参谋及高层指挥官举行会议。会议的目的是公布该团体的策略：将西方影响力赶出非洲。贝塞博向该团体表示，与美国开展毒品交易不仅为他提供了继续开展行动的资金，而且削弱了美国的决心。他声称已经找到将大量海洛因输入美国和西欧的方法，“因为有世界各地的朋友们提供帮助，他们非常支持我们将帝国主义势力赶出非洲的目标”。他还表示，该团体将在不久的将来，采取“激烈且不同寻常”的手段，直接在美国国内引发恐慌和混乱。他的高级副官阿德里安·比鲁塔（Adrien Biruta）和一组精挑细选的“志愿者”，被赋予执行这项任务的职责。关于这种“激烈且不同寻常”手段的性质，他并没有提供任何细节。比鲁塔和这 15 名“志愿人员”于 5 月初离开该地区，前往卢旺达的基加利，至今未归。（来源：叛逃者，此人曾是 M23 运动的一名副官，于 2017 年 5 月 17 日在基桑加尼向联刚稳定团当局投诚） |

（续表）

| 来源 | 日期 | 内容 |
| --- | --- | --- |
| 开源情报 | 2017 年 5 月 22 日 | 当地一家反对派报纸在进行后续报道时刊登了一篇文章，批评政府无力应对刚果河上的贩毒活动。这篇文章还提供了关于刚果河上某次小规模冲突的补充信息，刚果电视台也曾于 5 月 8 日对此次冲突进行报道。反对派部队武器（包括自动机枪）的性能远远优于政府军，政府军只配备了 M-1 步枪和猎枪。这家报纸还报道称，有传言称许多政府军士兵在第一枪响过之后，就立即逃离这个地区。 |
| 通信情报 | 2017 年 5 月 22 日 | 过去 6 个月里，刚果（金）财政部长菲利普·阿达瓦冯的办公室一直与总部设在巴巴多斯的新时代加勒比银行（New Age Caribbean Bank）保持频繁通信。通信电文加密，并不可用。（评论：新时代加勒比银行有洗钱的历史。）（来源：法国对外安全总局联络部门） |
| 开源情报 | 2017 年 5 月 22 日 | 乌干达政府报告称，事实证明，该国打击过境非法贩毒的努力是成功的。乌干达报告称，该国缉获毒品和特定涉毒犯罪的数量有所减少。 |
| 通信情报 | 2017 年 5 月 22 日 | 刚果（金）财政部长菲利普·阿达瓦冯与一位身份不明人士通过电话交谈，内容显示这位财政部长对一批“特殊货物”很感兴趣。这批货物显然是要空运到“北方”某个不明地点。财政部长在通话中询问是否“所有货物都能运走”。对方表示“飞机上……有足够的空间”。（来源：法国对外安全总局联络部门） |
| 通信情报 | 2017 年 5 月 22 日 | 零星截获的电话内容显示，一些卢旺达政府官员提供伪造证件，供离开该地区前往美国和西欧的身份不明人员使用，以此为反政府军 M23 运动提供帮助。（来源：法国对外安全总局联络部门） |
| 人力情报 | 2017 年 6 月 1 日 | 上周，在登海尔德海岸附近，荷兰当局在名为“赞茜·米斯特”号的私人游艇上查获 11 公斤海洛因。据报告，苏格兰场对这些海洛因进行检测，结果发现一种不寻常的化学标记；而在那不勒斯港，意大利警方在名为“卡利斯托·吕拉耶”号的利比里亚轮船上查获海洛因，这批海洛因也检出同样的化学标记。这种化学标记不同于东南亚、西南亚和墨西哥生产的海洛因的化学标记，说明存在一个新的来源国。（来源：荷兰联络部门） |
| 人力情报 | 2017 年 6 月 4 日 | 金沙萨地方当局注意到毒品滥用的情况愈发严重。虽然大麻滥用的情况仍然继续，但当局注意到，吸毒人员使用更加强效的毒品，特别是海洛因的情况愈发严重，并认为这是该国境内贩毒活动愈发严重之后产生的溢出效应。（来源：刚果[金]执法机构联络部门） |

# 五、背景

以下内容摘自美国缉毒署的《海洛因生产过程》报告[1]。

春季或秋季，非法鸦片种植者开始种植作物。大约 3 个月后，植物成熟，开出颜色鲜艳的花朵。花朵受精后，花瓣脱落，露出蒴果（通常约有核桃大小）。鸦片从根系产生，遍布植株各个部分，但主要集中在蒴果里。为了取出鸦片，农民使用很小的切割工具，在蒴果的一侧或两侧开出一排垂直或水平的浅切口。乳白色的鸦片从切口处慢慢渗出，干燥后便从白色变成棕色。蒴果最多可以切割 5 至 6 次，然后鸦片就会流尽。

由于切割和收取鸦片的劳动强度很大，绝大多数罂粟种在小块土地上，通常不会超过 1 英亩，而且通常会与几英亩合法作物一起种植。在选择种植罂粟的田地时，土壤质量、光照和酸碱度都是关键因素，因此有经验的罂粟种植者会仔细地选择田地。通常西向最好，因为光照最充足。绝大多数田地位于海拔 1000 米（约 3000 英尺）或更高的山坡上。20 度至 40 度被认为是排泄雨水的最佳坡度。

农民收取鸦片后，就会卖给加工者。加工者会在罂粟地附近建造简陋的实验室。

他们通常会在田野实验室里，从鸦片中提取吗啡，工艺如下：将鸦片置于沸水中，充分搅拌混合物；鸦片不溶于水；将石灰加入混合物中，与吗啡反应，生成可溶于水的吗啡钙；将含有可溶性吗啡钙的水溶液过滤，倒入另一个容器中；加入氯化铵，从溶液中析出吗啡碱；过滤吗啡碱和水的混合物，收取吗啡碱；使用活性炭和盐酸提纯吗啡碱，制成盐酸吗啡；盐酸吗啡干燥后压成砖块，运往海洛因实验室。

盐酸吗啡砖块送到海洛因实验室后，将被粉碎，然后开始生产海洛因

---

[1] 原注：DEA Report, "Opium Poppy Cultivation and Heroin Processing in Southeast Asia," http://www.drugs-forum.com/forum/showthread.php?t=40013#ixzz2iwzYGH46.

的过程。将粉碎的盐酸吗啡与乙酸酐混合，再将混合物加热几个小时，就会产生不纯的海洛因。在混合物中加入水和活性炭。过滤混合物并加入碳酸钠，从溶液中析出海洛因碱。过滤混合物，收取海洛因碱。

海洛因有白色和棕色两种，白色的纯度更高、药性更强、价格也更高。白色海洛因远比棕色海洛因更加难以制造。它需要使用特殊的化学品和设备，进行更深一步的加工，才能将海洛因变成高纯度形式。该工艺的最后一步风险极大。它要求使用乙醚，一种必须小心使用的危险化学品。以前，不止一次因为有人使用乙醚时粗心大意，引起爆炸并炸毁整个毒品实验室。

[第 8 章]

# 刚果民主共和国：疫情暴发

本章案例研究设定在 2017 年 6 月，并以第 5 章介绍的刚果（金）基线想定为基础。虽然案例研究中出现的组织都是真实的，但事实态势和人名都是虚构的。

本章案例讨论发生在刚果（金）的某次疫情，它已经蔓延至德国和美国，造成数十人死亡，并在受害国国内引起广泛恐慌。更加令人恐慌的是，关于造成这种疾病的病毒的源头和性质，公共卫生组织至今仍然无法达成一致意见。

注意：本章案例研究初稿的撰写时间，是 2014 年西非埃博拉疫情暴发的几年之前。

## 一、目标

本练习提供以下方面的实践经验：

- 拟定备选假设以解释所观察的事件；
- 创建网络和备选流程模型；

- 填充目标模型时对情报源进行评估；
- 在情报评估中向用户传递不确定性。

## 二、任务

假设你是联刚稳定团联合情报中心的高级分析人员。联刚稳定团指挥官、联合国世界卫生组织（以下简称“世卫组织”）及美国疾病控制和预防中心（Centers for Disease Control and Prevention，CDC），向你询问某种致命疾病的源头和性质，它最早有可能源自刚果（金），随后蔓延到纽约和法兰克福。这些组织向你提出的问题综合如下：

- 纽约和法兰克福的疫情是蓄意生物战攻击的结果，还是一种高传染性疾病无意传播的结果？
- 生物战制剂是不是在刚果（金）境内蓄意生产的？如果是，它在何处、何人生产、为何目的？
- 如果此次疫情是蓄意生物战攻击的结果，那么何人是预期目标，投放机制为何？何人是可能的始作俑者，他们人在何处？

你非常清楚必须完成哪些工作，并立即着手执行以下任务：

1. 创建问题分解模型。
2. 评估每条原始情报的情报源（提示：参考第 2 章，以获得开展工作的起点）。
3. 创建至少 2 个流程模型，以解释关于疫情源头的备选假设。
4. 即使你相信疾病是自然出现的，用户也希望了解你是如何排除其他可能性的。创建 2 个网络模型。第一个用来显示情报报告介绍的伊朗科学家与医生之间的关系。第二个用来显示 M23 运动成员之间的关系。
5. 准备一份情报评估（篇幅为 5 至 8 段），尽可能回答所提出的问题（尽你所能）。用你创建的模型来支持你的结论，并解释你结论中的不确定性。

## 三、想定

2017 年初，来自刚果（金）及其邻国的零星报告显示，刚果（金）东部地区出现一种新型疾病。绝大多数报告的事件都发生在北基伍省和南基伍省（参见图 8–1）。这种疾病的性质尚未确定，但初期症候显示这是某种病毒性出血热。

与此同时，反政府组织 M23 运动正在他们控制的地区，针对平民、主要是难民发动攻击，令态势变得更加复杂。

## 四、情报报告

情报报告是按时间顺序排列的。然而，报告中 2016 年 11 月之前的部分，是应荷兰执法当局要求，以你对 2016 至 2017 年材料所作回顾为基础，在开展开源情报研究后制作的。

图 8–1　南北基伍省地图

来源：美国得克萨斯大学奥斯汀分校得克萨斯大学图书馆提供。

## 情报报告 8–1

| 来源 | 日期 | 内容 |
|---|---|---|
| 开源情报 | 2011 年 12 月 12 日 | 欧洲流感科学工作组（European Scientific Working Group on Influenza）在马耳他召开会议，布朗（J. F. M. Braun）博士向在座科学家表示，他的荷兰小组，也就是乌得勒支传染病研究中心已经使 H5N1 病毒发生变异，让禽流感变得可以感染猴子。布朗博士继续说道，自己做了一件“非常愚蠢的事”，就是用拭子擦拭受感染猴子的鼻子，并使用这种采集到的病毒再次感染动物，然后反复重复这个过程，最后发现一种可以通过空气、在哺乳动物之间传播的 H5N1 病毒。（来源：2011 年 12 月的《欧洲流感科学工作组流感会议记录》） |
| 联络员 | 2012 年 3 月 23 日 | 2012 年 3 月 7 日，有关部门签发了法尔博德·贾法尔（Farbod Jafar）博士的逮捕令。此人是伊朗公民，受雇在乌得勒支传染病研究中心工作，职务是研究员。他的顶头上司布朗博士向警方报告称，贾法尔正在删除该中心的敏感医学研究记录。在被逮捕之前，贾法尔博士逃到瑞士，再从那里飞往德黑兰。随后人们发现，贾法尔绕过该中心的信息技术安全系统，下载了大量敏感电子文件和专利电子文件。虽然有关部门签发了贾法尔的逮捕令，但伊朗当局拒绝了相关引渡请求。（来源：荷兰执法机构） |
| 开源情报 | 2013 年 2 月 13 日 | 2012 年，非营利组织“五大湖恢复项目”发起行动，准备从马来西亚进口活猪，支持在南基伍省开展的“以猪换和平”计划。选择马来西亚猪的原因，是它们对困扰非洲猪的疾病具有很高的抵抗力。（来源：“五大湖恢复项目”网站，http://www.glrbtp.org） |
| 开源情报 | 2013 年 12 月 12 日 | 伊朗的德黑兰基因工程和生物技术研究中心成立于 1994 年，隶属文化和高等教育部。该中心是伊朗基因工程的主要研究机构。艾迪亚比（D. N. Atyabi）是该中心的主任。2011 年，英国政府将该中心认定为关切实体，理由是它涉嫌采购大规模杀伤性武器，此外英国还拒绝了它提交的出口许可证申请。2009 年，日本政府将该中心列为生物和化学武器扩散事项的关切实体。2008 年，德国政府警告工业界，称该中心采购两用生物技术设备。（来源：多种情报源） |

（续表）

| 来源 | 日期 | 内容 |
|---|---|---|
| 人力情报 | 2016 年 11 月 2 日 | 刚果（金）：2015 年，马涅马省卢布图镇附近修建了一所田野医院，里面的医生来自某中东国家。这座医院是一个有着铁皮屋顶的建筑群。医生为患病的当地人提供治疗。这个建筑群由图西族士兵把守，当地人认为这些士兵是蒂鲍·贝塞博武装组织的成员。有谣言称，贝塞博曾于 2016 年的某个时间参观过这座建筑群。（来源：联刚稳定团的基桑加尼前线审讯部队，从一名逃离北基伍省暴力活动的非政府组织成员口中获悉） |
| 人力情报 | 2016 年 12 月 12 日 | 伊朗：阿塔什·法内伊（Atash Fanaei）是德黑兰基因工程和生物技术研究中心某特殊部门的负责人。该部门负责进行生物技术的机密研究。这项研究的目的尚不清楚，但众所周知的是，该中心以前并没有进行过机密研究。（来源：德国联络部门报告） |
| 人力情报 | 2017 年 1 月 7 日 | 2015 年年中，一批伊朗医生在马涅马省卢布图附近修建了一所田野医院，专门治疗疾病病患。医生拒绝治疗外伤患者，声称自己的专长是治疗当地疾病。在过去 1 年里，他们收治了几百名病患。许多当地人拒绝在这所医院接受治疗，因为大量病人就是在那里接受治疗时死亡的。线人不知道那里治疗的都是什么疾病。（来源：联刚稳定团的基桑加尼前线审讯部队，从一名逃离北基伍省暴力活动的难民口中获悉） |
| 通信情报 | 2017 年 3 月 9 日 | 通话人讲波斯语，凭其身份只能识别出名叫“哈杰赫”（Khajeh）。他人在刚果（金）的戈马，与德黑兰基因工程和生物技术研究中心的法尔博德·贾法尔通信，讨论自己在一项不明医学实验中不断取得的进展。哈杰赫报告称：“迄今为止的结果都是代码绿色 3 号。我们现在应该怎么办？”贾法尔回答哈杰赫称：“我去找法内伊医生核实一下。”（来源：法国对外安全总局截获戈马与德黑兰之间的卫星通信） |
| 人力情报 | 2017 年 3 月 28 日 | 3 月 16 日，总统家政幕僚长让·拉罗什前往财政部长菲利普·阿达瓦冯在金沙萨的家中登门拜访。线人目睹了这次会面。这次会面非同寻常，因为该线人完全想不到拉罗什这个级别很低的官员竟然会到财政部长家中做客。（来源：比利时联络部门，情报来自通常可靠的线人） |

（续表）

| 来源 | 日期 | 内容 |
|---|---|---|
| 开源情报 | 2017 年 4 月 3 日 | 为了控制在自己不断扩张的地盘内流通的信息，以及控制向外部世界传播的信息，M23 运动“当局”发起一场声势浩大的运动，审查或禁止出版物和广播节目。我们收到越来越多的报告，称有记者受到威胁、拘留和骚扰。其通信设备遭到没收。（来源：联合情报中心社交网络分析） |
| 开源情报 | 2017 年 4 月 15 日 | 乌干达：反政府军在刚果（金）东部地区再次挑起战火，战斗人员非法屠戮手无寸铁平民的行径和其他侵犯人权的行为因此升级。据报道，数千平民正在逃往邻国。乌干达政府表示，因为担心刚果（金）东北地区再度爆发战斗之后，逃离的难民可能携带埃博拉病毒，因此关闭边境。（来源：路透社） |
| 开源情报 | 2017 年 4 月 15 日 | 发展电台是南基伍唯一的独立广播电台，有制作人权专题节目的传统（在非政府组织的协助下），该电台今天播报消息，称已经接到命令，要求他们不得自行制作新闻报道，只能播报 M23 运动的信息、新闻和文化事务部长提供的内容。在同一条报道中，发展电台宣布拒绝执行这一命令（来源：发展电台） |
| 开源情报 | 2017 年 4 月 20 日 | 在南基伍，多名发展电台的工作人员接到通知，禁止他们制作关于侵犯人权的报道，同时他们还受到威胁，称如果他们仍然拒不执行命令，不肯只播报 M23 运动的信息、新闻和文化事务部长所提供内容的话，将会受到人身伤害。（来源：联合情报中心社交网络分析） |
| 开源情报 | 2017 年 4 月 20 日 | 2014 和 2015 年，北基伍省和南基伍省多次暴发疫情，几乎令该地区的鸡猪彻底绝种。鸡猪数量在 2016 年底开始恢复。（来源：英国及欧盟“拯救儿童项目”2017 年 4 月报告） |
| 开源情报 | 2017 年 4 月 20 日 | 卢旺达的报纸、电视和电台报道称，刚果（金）东部暴发新一轮的埃博拉疫情。至少已有 20 人死亡。当地居民的恐慌情绪愈发严重，因为它的传播速度极快，已有多人病死，有些人在 24 小时内便可出现症状。许多地方官员和长老将此归咎于非政府组织，称他们为巫医。整个欧洲的医生都被动员起来，以应对这一轮的新疫情。（来源：基加利电台和卢旺达电视台的英语节目，另外还有基加利《新时报》） |
| 开源情报 | 2017 年 4 月 21 日 | 刚果（金）当地的电台和电视台报道新闻称，反政府军 M23 运动威胁要使用一种致命病毒来污染金沙萨的供水系统。（来源：位于金沙萨的刚果国家电台电视台的法语节目，它是政府控制的国有电视台） |

（续表）

| 来源 | 日期 | 内容 |
|---|---|---|
| 开源情报 | 2017 年 4 月 22 日 | 刚果国家电台电视台报道：当地医生已经断定不存在医疗危机，并称一线医疗机构关于新一轮埃博拉疫情的报告，只是非政府组织卫生官员的过度反应，反映的其实只是人类免疫缺陷病毒 / 获得性免疫缺陷综合征（HIV/AIDS）的正常表现和营养不良的副作用。据报道，这位卫生部长表示，他认为出现了一种新的 HIV 病毒株，并将此归咎于非政府组织。（来源：位于金沙萨的刚果国家电台电视台的法语节目，它是政府控制的国有电视台） |
| 分析 | 2017 年 4 月 23 日 | 乘客名单显示，2015 年 3 月，6 名伊朗人组成团队，从伊朗德黑兰飞往刚果（金）戈马。团队成员为贾汉沙希·阿米尔（Jahanshahi Amir）、穆萨维·阿里·哈特夫（Mousavi Ali Hatef）、赛义迪·比詹（Seyedi Bijan）、拉尼巴尔·赛义德（Ranjbar Saeed）、阿兰迈赫·坎比兹（Allameh Kambiz）和哈杰赫·礼萨（Khajeh Reza）。赛义迪·比詹于 2016 年 4 月 4 日返回德黑兰，没有证据显示其他人回国。（来源：航空公司旅客名单审查） |
| 开源情报 | 2017 年 5 月 2 日 | 上个月，2 名比利时籍英国广播公司"特约记者"被反政府军 M23 运动抓走，此后一直被关在不明地点。今天，他们的尸体在布卡武市中心被人发现。他们被残忍地谋杀，并被斩首。他们的耳朵被人割掉，舌头也被割掉，以此作为公开警告，阻吓其他可能有意报道刚果（金）M23 运动控制地区发生事件的人。（来源：路透社） |
| 开源情报 | 2017 年 5 月 2 日 | 非政府组织报告称难民营出现恐慌，原因是有流言传播，称出现一种高传染性和高致命性的新型病毒，难民们称它是通过供水系统接触传染的。在提图（Titule）和邦多（Bondo）之间的韦莱河地区工作的无国界医生报告称，大量到其医疗机构就诊的村民出现中毒症状。村民们向医护人员表示，自家的水喝起来有异味。（来源：法新社巴黎站世界频道英语新闻，它是法国独立通讯社法新社的世界新闻频道） |
| 开源情报 | 2017 年 5 月 2 日 | 5 月 1 日，M23 运动发言人在接受采访时，指责刚果（金）政府蓄意在本国东部地区传播埃博拉病毒，再将其归咎于 M23 运动。（来源：卢旺达基加利《新时报》） |

（续表）

| 来源 | 日期 | 内容 |
|---|---|---|
| 分析 | 2017 年 5 月 11 日 | 电子邮件报告称："你问这里其他人对刚果（金）东部地区难民情况都知道些什么。可靠信息似乎很难获得。有大量的谣言和传闻，其中大多是在与已经撤离此地的非政府组织人员联络后获得的。据我所知，绝大部分难民营在屠杀后均已废弃。关于流离失所难民的数量，联合国难民事务高级专员公署并没有做出较为准确的估计，但认为有可能达到 40 万，其中绝大多数已经躲进森林避难。很抱歉这么晚才回复邮件。新疫情在当地造成恐慌，让我忙得不可开交。"（来源：联合国驻金沙萨一线代表与联合国总部之间的电子邮件的副本，已共享给联刚稳定团） |
| 外交电报 | 2017 年 5 月 14 日 | 据报告，东部地区出现一种新的、毒性更强的埃博拉病毒株，戈马西北鲁丘鲁附近的大量胡图族村民似乎已被感染。世卫组织警告当地卫生工作人员，要求他们启动主动监测系统，以监视新疫情的范围和程度，因为病毒很有可能传到难民营，并传染给卫生工作人员。世卫组织并不排除以下可能：我们所观察到的，是一种以前从未观察到的病毒类型。所有非洲站点均应保持警惕。（来源：比利时外交部外交电报） |
| 开源情报 | 2017 年 5 月 14 日 | 刚果（金）：基加利《新时报》网站 5 月 8 日刊登菲利普·穆尼扬的报道，其中写道："收到未经证实的报道，称 1 辆面包车失踪，车上载有无国界医生某团队 10 名成员。团队中有 5 名成员是美国公民，另有 3 个法国人、1 个瑞士人和 1 个摩洛哥人。这辆面包车离开刚果（金）东部地区的布卡武难民营后，向西北方向行驶。这些医生是在听说穆贡加营地发生大屠杀的消息后逃离的。能够确认他们最后的经过地点位于卢布图以东，当时这辆面包车正在前往基桑加尼的安全地区。"（来源：基加利《新时报》） |
| 开源情报 | 2017 年 5 月 15 日 | 肯尼亚：内罗毕《民族日报》网站 5 月 9 日报道称，它通过世卫组织的线人获得敏感信息，内容是美国疾病控制和预防中心正在开展调查，以确认是否可能暴发了新一轮疫情：这种病毒可能来自非洲，很可能就是刚果（金）。全世界许多医疗机构都报告称发现多例病人，他们都是不久前刚从非洲国家（主要是卢旺达和刚果 [ 金 ]）返回，并且表现出相似症状。他们主要表现的症状为发热、头痛、头晕和呕吐。许多人意识减退，出现严重的脑干功能障碍。在报告的 94 例病例中，78 位病人病情迅速恶化并死亡，通常是在进入医疗机构的 48 小时内死亡。（来源：内罗毕《民族日报》的在线英文版，它是独立报纸，新闻报道广受尊敬；它是肯尼亚发行量最大的报纸，由国家媒体集团出版，网址为 www.nationaudio.com） |

（续表）

| 来源 | 日期 | 内容 |
|---|---|---|
| 人力情报 | 2017 年 5 月 15 日 | 在卢旺达的姆文加（Mwenga）附近，一个西方医生（英国退役军官）从将死的难民身上提取血样，并确定目前在刚果（金）肆虐的病毒是尼帕病毒，因为他在驻菲律宾期间曾经处理过这种病毒。样本已被送往英国卫生组织进行分析。（来源：英国联络部门） |
| 分析 | 2017 年 5 月 17 日 | 联合国人道主义事务协调办公室报告称，所有非政府组织都在撤离人员，原因是基伍省暴力失控和疫情暴发。据说整个地区都在发生屠杀、勒索和强迫流离失所的事件。绝大多数非政府组织人员已逃到相对安全的乌干达或卢旺达。各救援机构在金沙萨总部仍有留守人员。联合国儿童基金会仍在东方省、开赛省和赤道省继续开展行动。（联刚稳定团评论：联合国和救援机构离去，记者所剩无几，这让各难民营彻底失去了法律和秩序。）（来源：联刚稳定团分析） |
| 人力情报 | 2017 年 5 月 19 日 | 2017 年 4 月，在刚果（金）东部地区活动的 M23 运动领导人蒂鲍・贝塞博与手下参谋及高层指挥官举行会议。会议的目的是公布该团体的策略：将西方影响力赶出非洲。贝塞博向该团体表示，与美国开展毒品交易不仅为他提供继续开展行动的资金，而且削弱了美国的决心。他声称已经找到将大量海洛因输入美国和西欧的方法，“因为有世界各地的朋友们提供帮助，他们非常支持我们将帝国主义势力赶出非洲的目标”。他还表示，该团体将在不久的将来，采取“激烈且不同寻常”的手段，直接在美国国内引发恐慌和混乱。他的高级副官阿德里安・比鲁塔和一组精挑细选的“志愿者”，被赋予执行这项任务的职责。关于这种“激烈且不同寻常”手段的性质，他并没有提供任何细节。比鲁塔和这 15 名“志愿者”于 5 月初离开该地区，前往卢旺达的基加利，至今未归。（来源：叛逃者，此人曾是 M23 运动的一名副官，于 2017 年 5 月 17 日在基桑加尼向联刚稳定团投诚） |
| 开源情报 | 2017 年 5 月 20 日 | 关于刚果（金）可能发生医疗危机一事，当地报纸和其他新闻媒体继续提供相互矛盾的报道。在这些相互矛盾的报道中，这种病毒要么是艾滋病的变种，要么不是新病毒，要么是一种毒性未知、传染性极高、威胁全世界的病毒，要么是一种新的埃博拉病毒株。报道显示，当地卫生官员不认为存在危机，但无国界医生组织及其他非政府组织卫生官员认为刚果（金）存在一种新的病毒，双方之间的关系日益紧张。（来源：刚果[金]东部地区和卢旺达的多家报纸） |

（续表）

| 来源 | 日期 | 内容 |
|---|---|---|
| 美国疾病控制和预防中心分析 | 2017 年 5 月 21 日 | 基于从姆文加附近地区病患身上采集的样本，伦敦的英国卫生、社会服务和公共安全部报告了一种人畜共患的病毒。这种病毒可在动物体内引发疾病，并通过与感染动物接触的方式，在人体引发疾病。在向无国界医生组织递交的警示报告中，英国卫生组织向刚果（金）的医疗提供部门发出警告，指出目前以为引发刚果（金）疫情的是埃博拉病毒，但实际上可能是 1999 年在马来西亚首次发现的尼帕病毒的一种新毒株。这种病毒是通过与已被感染病猪接触传染的。因为有报告称该病毒可以通过供水系统传播，所以该部进行诊断测试，确定该病毒能够在供水系统中存活 36 小时。（疾病控制和预防中心评论：众所周知，埃博拉病毒和尼帕病毒都无法在长时间浸入水中的状态下存活。建议进一步调查这种病毒的性质。） |
| 通信情报 | 2017 年 5 月 22 日 | 零星截获的电话内容显示，一些卢旺达政府官员提供伪造证件，供离开该地区前往美国和西欧的身份不明人员使用，以此为反政府军 M23 运动提供帮助。（来源：法国对外安全总局联络部门） |
| 人力情报 | 2017 年 5 月 30 日 | 5 月 27 日，阿德里安·比鲁塔乘坐荷兰皇家航空公司 6107 次航班，从法兰克福飞抵肯尼迪机场。比鲁塔当时持卢旺达旅游签证和卢旺达护照出行。另有 4 人也持卢旺达护照乘坐该次航班，很可能与比鲁塔结伴同行。他们是：米尔顿·穆塞韦尼（Milton Museveni）、威廉·奥博特（William Obote）、保罗·鲁维吉耶马（Paul Rwigyema）和理查德·穆尔卡特特（Richard Murekatete）。人们认为这 5 人仍在美国，但下落不明。（来源：回应联刚稳定团对美国移民局的询问） |
| 开源情报 | 2017 年 6 月 9 日 | 迄今为止，纽约已有 14 人住院，一些医务人员担心这可能是埃博拉出血热疫情。这种疾病最早是在肯尼迪机场海关工作的官员和工作人员身上发现的。医生报告称，这些症状与埃博拉病毒引起的症状相似，但并不完全相同。纽约各医院已经实施了针对病毒性出血热的隔离预防措施，以防止这种疾病扩散。（来源：《纽约时报》） |

（续表）

| 来源 | 日期 | 内容 |
|---|---|---|
| 开源情报 | 2017 年 6 月 13 日 | 迄今为止，肯尼迪机场已有 8 名工作人员感染某种出血热病毒并死亡。另有 6 名病人情况危急，并发现 25 例新增病例。医生仍不确定这种疾病的性质，只是将其描述为“显然是埃博拉病毒的变种”。该报还报道了纽约市地区的大范围公众恐慌。已有超过 1.9 万人来到纽约各医院的急诊室，声称自己出现埃博拉症状，要求接受治疗。（来源 ：《纽约时报》） |
| 开源情报 | 2017 年 6 月 14 日 | 德国法兰克福各医院正在收治大量涌入的病人，他们都具有病毒性出血热的症状特点。初步报道显示，这可能与 10 天前肆虐纽约、今年年初在刚果（金）东部观察到的疾病完全相同。（来源 ：《法兰克福汇报》） |
| 开源情报 | 2017 年 6 月 16 日 | 疾病控制和预防中心的官员报告称，5 月 27 日乘坐荷兰航空公司 6107 次航班，从法兰克福飞抵纽约的 2 名乘客，似乎是这种造成病毒性出血热的疾病的携带者。这种疾病已在纽约市引起恐慌。威廉·奥博特和保罗·鲁维吉耶马持卢旺达护照，乘坐该次航班出行。奥博特和鲁维吉耶马均在 6 月 13 日死于这种疾病。当局已要求所有乘坐 5 月 27 日航班的乘客立即前来报道，接受健康检查。（来源 ：《纽约时报》） |

# 五、背景

以下是对疾病控制和预防中心报告所作的概述。

## （一）尼帕病毒

尼帕病毒[1]，是 1998 年在马来西亚尼帕河村（Kampung Sungai Nipah）暴发的疫情中首次确认的。1998 和 1999 年疫情暴发期间，共有 257 名病人感染这种病毒。在患病住院的病人中，约有 40% 病死。疫情期间，猪是

[1] 原注 ：Centers for Disease Control and Prevention, “Nipah Virus (NiV),” March 20, 2014, http://www.cdc.gov/vhf/nipah.

中间宿主。在马来西亚和新加坡，人类密切接触被感染的猪，就会感染尼帕病毒。马来西亚扑杀了 100 多万头猪，在家畜和人类两个环节控制住疫情。此外，一些高风险地区永久性禁止养猪。

自 2001 年以来，人类疫情和聚集性病例便时有报告，地点是孟加拉国和毗邻的印度北方地区。在部分疫情中，尼帕病毒似乎是蝙蝠直接传给人类的，而人传人是最重要的传播途径。尼帕病毒周期性地出现在人类和家畜身上，原因不明。不过，东南亚的果蝠种群正受到各种因素的干扰，干扰有可能会改变它们的觅食模式和行为，并使它们与家畜和人类发生更加密切的接触。

因感染尼帕病毒生病，一开始会是 3 至 14 天的发烧和头痛，接下来是嗜睡，以及以精神错乱为特征的意识障碍。这些体征和症状可在 24 至 48 小时内发展至昏迷。有些病人在感染初期会出现呼吸道疾病。没有用于人类和动物的疫苗。人类病例的主要治疗手段是重症支持护理。

### （二）埃博拉病毒

埃博拉出血热是一种严重的、通常致命的疾病，出现于人类和非人灵长类动物（猴子、大猩猩和黑猩猩）身上。自 1976 年首次发现以来，它便一直时有暴发。这种疾病是感染埃博拉病毒[1]引起的。埃博拉病毒是以非洲刚果（金）的一条河流命名的，因为它是在那里首次确认的。

埃博拉病毒的确切源头、产生地点和自然宿主尚不明确。不过，基于既有证据和类似病毒的性质，研究人员认为该病毒是人畜共患（动物传播）的病原体，来自某种原产于非洲的动物宿主。有一种宿主的情况与之类似，它感染的很可能就是埃博拉病毒莱斯顿亚型。这种宿主极有可能就在菲律宾，因为用以分离出该亚型的被感染猴子，就是从菲律宾进口到美

[1] 原注：Centers for Disease Control and Prevention, “Ebola (Ebola Virus Disease),” November 4, 2014, http://www.cdc.gov/vhf/ebola.

国和意大利的。

因为这种病毒的自然宿主不明，所以它在疫情开始时进入人体的方式尚不明确。不过，研究人员提出假设，认为首例人类病例是在接触被感染的动物后感染的。在疫情暴发的背景下，首例病患被感染之后，病毒便可通过多种途径传播。人们如果直接接触感染者血液和（或）分泌物，就会暴露于埃博拉病毒中。

埃博拉出血热的潜伏期为 2 至 21 天不等。它发病非常突然，症状是发热、头痛、关节和肌肉酸痛、喉咙痛和躯体虚弱，随后出现腹泻、呕吐和胃痛。有些病人会出现皮疹、红眼、打嗝和内外出血。死亡率高达 90%。

[第 9 章]

# 刚果民主共和国：利卡西化工厂

本章案例研究设定在 2017 年，并以第 5 章介绍的刚果（金）基线想定为基础。本章案例研究中的事实态势都是虚构的。

本章案例讨论不久前刚刚建成的化工厂，它位于刚果（金）境内加丹加独立军控制的地盘。关于该工厂用途的报告是相互矛盾的，这说明它在设计时的生产产品可能是化学战制剂、杀虫剂或两者兼备。

## 一、目标

本章案例研究的目的是最大限度地实现任务灵活性。这也是一个最优合作机会，学员可以组成小组和（或）通过口头和（或）书面同行评议等方式进行合作。本章提供的情报可以用来推导出 3 种可能的假设，每种假设对应一种特定的工厂生产功能：第一，该工厂拟用于生产化学武器；第二，该工厂拟用于生产杀虫剂；第三，该工厂拟用于双重用途。以下是任务配置方案，它们在本案例环境下尤其有效：

1. 组成 3 个小组（每组最多 8 到 10 人）。每组将分配一个立场，使用支持性证据（化学武器、杀虫剂或双重用途），进行阐述和答辩。每个小组依次陈述自己的立场并进行答辩，再由全班对该小组的工作进行批评或讨论。鼓励全班讨论总结。
2. 将学员分成 3 组（化学武器、杀虫剂或双重用途）。每组里的每个学员都要使用支持性证据，独立地对分配到的立场进行阐述和答辩。这样可以完成多种不同类型的书面同行评议活动。每组里的学员可以对本组其他学员的工作开展同行评议。又或者，各组学员均可对非本组学员的工作进行同行评议。
3. 分派一个完整的任务，要求每个学员阐述所有 3 种立场，最后确定一种立场，使用支持性证据进行答辩。书面同行评议（要求有 2 个学员交流彼此模型，并互相提出评估意见）非常适用于这种想定。

本练习提供以下方面的实践经验：

- 在缺乏原始情报的情况下，做出情报判断并进行答辩；
- 针对一个问题，阐述立场并进行答辩，包括陈述支持性证据；
- 创建备选目标模型；
- 拟定评估意见时与其他分析人员合作，和（或）以提供精辟同行评议的方式与之合作；
- 在情报评估中向用户传递不确定性。

## 二、任务

假设你是被临时派往联刚稳定团联合情报中心的化学战专家，任务是评估关于利卡西化工厂的情报报告。联刚稳定团提出以下问题：

- 利卡西化工厂的目的是什么？是生产化学战制剂、杀虫剂，或两者兼备，还是其他用途？

- 如果判断该工厂具有生产化学武器的功能，那它生产的是哪种化学战制剂？产量多少？目的是什么？制剂是否已被武器化？如果是，其投送机制是什么？

要想完成这项任务，你的工作组或你本人需要得到导师提供的确切指示，但以下活动中的每一项，都必须以某种互相组合的方式完成，以便向用户提供有效的情报评估：

- 针对利卡西化工厂 3 种可能功能中的某一种（或每一种），创建生产流程模型。
- 使用生产流程模型来创建目标网络模型，它应当包括主要参与者和所涉及的相关组织。
- 准备一份情报评估（篇幅为 5 到 8 段），尽可能回答所提出的问题（尽你所能）。用你创建的模型来支持你的结论。要有一节内容用来指出至少 10 个情报差距。
- 在小组模式下或同行评议时，对其他小组或个人所作的评估提出批评意见。

## 三、想定

零星报告显示，加丹加独立军正在开展研究，以确定是否有可能借助安哥拉政府提供的隐蔽协助来生产化学战制剂。因为该事态发展将会构成严重威胁，所以联刚稳定团已经收到指示，要对该项威胁进行评估。主要关切集中于据称在建的化工厂的目的（参见图 9–1），它位于刚果（金）的利卡西附近。

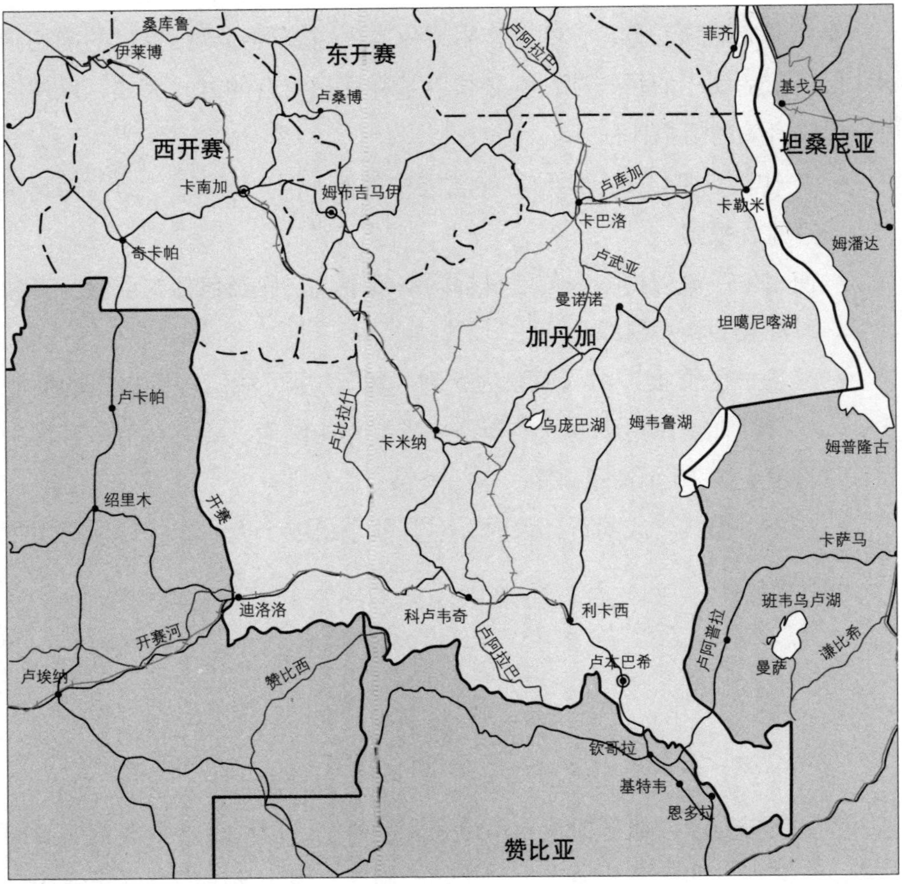


图 9-1　刚果（金）加丹加省

来源：美国得克萨斯大学奥斯汀分校得克萨斯大学图书馆提供。

# 四、情报报告

## 情报报告 9–1

| 来源 | 日期 | 内容 |
|---|---|---|
| 开源情报 | 2015 年 6 月 10 日 | 联合国农业委员会发布中非农业报告。报告建议增加杀虫剂用量，以提高农作物产量。安哥拉农业部高级官员保罗·里卡多（Paulo Ricardo）是编写报告的农业委员会成员，他在接受采访时评论称："农作物产量偏低是安哥拉长期忽视的问题，我们不能依赖外国供应的杀虫剂来满足我们的需求。我们必须拥有本土生产能力。"（来源：英国《曼彻斯特卫报》） |
| 网络情报 | 2016 年 8 月 19 日 | H 省机械制造有限公司是 A 国 H 省的一家公司。2016 年 8 月 2 日，安哥拉政府官员向该公司订购了 1 台 BKM-334 环保垃圾焚化炉。这台焚化炉将发往罗安达，离岸价为 12.3 万美元。它将于 2016 年 9 月 3 日在 Q 市港口装船。（评论：这款焚化炉的早期型号可以用来清除工厂产生的排放物和危险化学品。）（来源：法国对外安全总局联络部门） |
| 通信情报 | 2016 年 10 月 14 日 | 朝鲜轮船"五岳山"号从平壤西南 50 公里的南浦出发，于 9 月 3 日在 A 国 Q 市装货，准备驶往安哥拉罗安达。（评论："五岳山"号此前曾有在巴基斯坦和朝鲜之间运输导弹零件的历史。）（来源：法国对外安全总局联络部门） |
| 人力情报 | 2016 年 12 月 6 日 | 这是对德国美因茨的克珀尼克·豪普特曼（Köpenick Hauptmann）股份公司所雇现场工程师进行问讯后出具的报告。（克珀尼克·豪普特曼是工业玻璃的主要制造商，产品出口全球。）2016 年 10 月 8 至 20 日，在刚果（金）利卡西化工厂，这位工程师监督工人在反应器、管道和蒸馏塔上，安装其公司生产的玻璃衬里。所安装的玻璃衬里可用来阻隔高腐蚀性的化学品。（来源：德国联邦情报局联络部门） |
| 网络情报 | 2016 年 12 月 12 日 | 孟买农业供应有限公司是印度孟买的一家公司。2016 年 12 月 7 号，安哥拉农业部高级官员保罗·里卡多联络该公司在孟买的一名经理，洽谈购买三氯氧磷事宜。该经理拒绝报价，解释称他们无法按照里卡多要求的数量生产这种化学品。（来源：法国对外安全总局联络部门） |

（续表）

| 来源 | 日期 | 内容 |
|---|---|---|
| 网络情报 | 2016年12月20日 | G省化工有限公司是A国G省一家公司。2016年12月12日，安哥拉农业部高级官员保罗·里卡多联络该公司在G省的高管汤姆，洽谈购买40吨三氯氧磷并于2017年1月装运的事宜。汤姆答应给里卡多回电提供报价。里卡多随后询问是否也可以购买三氯化磷，被告知该公司并不生产这种化学品。（评论：三氯氧磷是生产杀虫剂的常用原料，但三氯化磷不是。不过，二者都是《禁止化学武器公约》附录三所列的可用于生产神经毒剂的前体。）（来源：法国对外安全总局联络部门） |
| 网络情报 | 2016年12月24日 | S市产品有限公司是A国S市的一家公司。2016年12月18日，安哥拉农业部官员阿方索·卡索玛（Alfonso Kassoma）联系该公司在S市的一名经理，询问频哪醇是否有货。该经理答应给卡索玛回电提供报价。（分析人员评论：频哪醇被列入《禁止化学武器公约》附录二的化学品清单，是生产神经毒剂梭曼的前体。）（来源：法国对外安全总局联络部门） |
| 开源情报 | 2017年1月10日 | 安哥拉首都罗安达：安哥拉政府官员报告称，加丹加人在加丹加南方靠近利卡西市的地方，建成了一座生产杀虫剂和化肥的现代化工厂。安哥拉农业部部长若昂·普里莫（Joao Primo）宣布，安哥拉将购买该工厂的绝大部分产品。（来源：位于罗安达的安哥拉国家通讯社网站的葡萄牙语报道。它是政府控制的新闻机构，网址为 http://angolapress-angop.ao） |
| 网络情报 | 2017年2月25日 | 对卢森堡、赞比亚和坦桑尼亚等国银行间的电子汇款进行监控，结果显示有多笔大额资金正在转移。此次电子汇款增多所涉及的，还包括几家已知为洗钱避风港的离岸银行机构。此外，多个账户与安哥拉人民国家银行董事会董事爱德华多·穆图贝有关。（来源：法国对外安全总局联络部门） |
| 人力情报 | 2017年3月1日 | 2016年11月和12月，安哥拉农业部高级官员保罗·里卡多联系多家欧洲化学公司，提出购买80吨五硫化二磷，要求提供报价。当被问及购买目的时，里卡多称它将“提供给一家在建工厂，用来生产杀虫剂”。（来源：德国联邦情报局联络部门） |

（续表）

| 来源 | 日期 | 内容 |
| --- | --- | --- |
| 分析 | 2017 年<br>3 月 3 日 | 安哥拉和刚果（金）的关系本就不睦，今年以来更是急剧恶化。人们怀疑刚果（金）政府支持卡宾达的独立运动。卡宾达是安哥拉的一块飞地，与本土中间相隔刚果（金）。刚果（金）此举的动机，或许是认为有可能获得卡宾达储量丰富的海上油田。（来源：联刚稳定团联合情报中心 2017 年 3 月 3 日的评估） |
| 开源情报 | 2017 年<br>3 月 20 日 | 安哥拉：在线期刊《安哥拉和平监督》（*Angolan Peace Monitor*）发表文章，揭露发生在南非的侵犯人权活动。该文指出，在加丹加省利卡西，一个新建化工厂正在生产化学战制剂，准备用来打击安哥拉反政府军。文章称，这些化学战制剂尚未使用，因为安哥拉军方正在等待合适的时机和目标出现。 |
| 开源情报 | 2017 年<br>3 月 21 日 | 安哥拉：有报道称，刚果（金）利卡西有一家化学战制剂的生产工厂，它是安哥拉支持的。对此，安哥拉新闻部长在一次新闻采访中予以否认，称这些报道是“试图推翻安哥拉合法政府的恐怖分子散布的谎言”。他补充称：“我们已经一再重申，利卡西工厂将生产杀虫剂，我们将购买其全部产品，以满足我们的农业需求。” |
| 开源情报 | 2017 年<br>3 月 25 日 | 安哥拉：在结束了对刚果（金）卢本巴希为期 4 天的非正式访问之后，总统爱德华多·文森特举行新闻发布会。在回答关于加丹加独立军的奋斗目标这个问题时，文森特总统回答：“所有热爱自由和独立的非洲人，都会支持马拉将军和加丹加独立军。他们正在与来自殖民征服势力的压迫做斗争，而在今天，这些压迫者的肤色是黑色的。卡比拉是个腐败的小偷，他从自己人民的手里偷窃东西，并得到那些利用联合国出面充当代表的前殖民国家的支持。我支持刚果的解放，并将努力为之奋斗。”在回答另一个问题时，文森特总统称：“我们同那些试图征服非洲的势力进行了长期斗争。我们取得了胜利，那些支持压迫者的势力应该注意到，我们将在整个非洲大陆继续这场斗争，直到殖民压迫的最后残余被摧毁为止。”（来源：位于安哥拉的安哥拉政府电台英语广播） |

（续表）

| 来源 | 日期 | 内容 |
|---|---|---|
| 人力情报 | 2017 年 4 月 28 日 | 应加丹加独立军“当局”的邀请，2017 年 4 月 21 日，禁止化学武器组织的一名核查人员参观了利卡西化工厂。这位检查人员报告称，该厂正在生产一种有机磷杀虫剂。这位检查人员发现许多桶上标有“马拉硫磷杀虫剂”的标记，还发现说明书显示这些桶将被运往安哥拉。这位检查人员未能检查该厂的 2 座厂房，因为该厂经理达米安·穆维兹（Damien Mwez）解释称，上周那里发生危险化学品泄漏。（来源：联合国禁止化学武器组织核查报告） |
| 开源情报 | 2017 年 5 月 3 日访问 | 马拉硫磷是一种有机磷杀虫剂，商业生产方式是使用五硫化磷与甲醇在甲苯溶剂中反应，生成中间体二甲基二硫代磷酸和副产物硫化氢，然后去除原料中的溶剂，再进行洗涤和过滤，以生产技术级马拉硫磷。（来源：美国毒物和疾病登记署网站） |
| 开源情报 | 2017 年 5 月 11 日 | 无数在线博客报道称刚果（金）利卡西出现一种疾病。100 多名居民住进医院，症状包括呼吸困难、胃肠道疼痛、呕吐和水泡等。这些博客称，利卡西化工厂是这种疾病的源头。（来源：社交媒体） |
| 测量与特征情报 | 2017 年 5 月 28 日 | 5 月 19 日，“蓝犀牛”任务拍到刚果（金）利卡西附近一个化工厂（坐标为南纬 10°58′30″、东经 26°36′35″）的高光谱图像。对图像进行分析，结果显示工厂周围地区存在氯苯、硫化氢和氰化氢。工厂西南 300 米区域内的植被已经死亡，或即将死亡。（分析人员评论：氯苯可用于生产杀虫剂。）（来源：“蓝犀牛”第 7327 号任务） |
| 图像情报 | 2017 年 6 月 1 日 | 5 月 30 日，“红犀牛”任务拍到刚果（金）利卡西附近一个化工厂（坐标为南纬 10°58′30″、东经 26°36′35″）的图像。图像质量较差，原因是飞行高度问题。该设施包括 6 栋 22 米 ×116 米金属屋顶的大楼、3 栋 20 米 ×57 米金属屋顶的大楼和 1 栋办公楼。整个建筑群的外围是高达 3 米的铁丝安全网。（来源：“红犀牛”第 7347 号任务） |

（续表）

| 来源 | 日期 | 内容 |
|---|---|---|
| 人力情报 | 2017 年 6 月 8 日 | 负责南非、莫桑比克和安哥拉的荷兰农业参赞提交报告，汇报考察安哥拉本戈省和马兰热省耕种活动的成果。这位顾问注意到，两省农作物广泛使用马拉硫磷杀虫剂。使用杀虫剂一事让这位顾问十分惊讶，因为他以前考察此地时，完全没有发现使用杀虫剂。当地农民告诉这位顾问说，这种杀虫剂是 5 月底开始运来的，是刚果（金）供应商提供的。（来源：荷兰联络部门） |
| 人力情报 | 2017 年 6 月 12 日 | 2017 年初，1 艘朝鲜船只（名称不详）停靠罗安达港，卸下 1.5 万件防护服，它们可以保护穿着者免受危险化学品伤害。同船货物还有 2.8 万个可以检测化学品的袖珍装置。（来源：荷兰联络部门，情报来自罗安达港有可靠报告历史的官员） |

## 五、背景

以下内容摘自美国国会技术评估办公室（OTA）的《大规模杀伤性武器的基础技术》，编号 OTA-BfP-ISC-115（华盛顿特区：政府印刷局，1993 年 12 月出版）。

### 化学战

#### 1. 生产神经毒剂

神经毒剂属于有机磷化学品的范畴，杀虫剂同属此列。虽然许多有机磷化合物都有剧毒，但只有少数几种拥有能够发挥军事用途的物理特性，可以成为神经毒剂。一般情况下，神经毒剂的毒性是有机磷杀虫剂的百倍甚至千倍。

从生产工艺的角度来看，神经毒剂可以分成 3 类：塔崩（tabun）、沙林（sarin）和梭曼（soman），以及维埃克斯（VX）。生产神经毒剂需要的化学处理工艺，远比生产杀虫剂更加复杂。大多数使用腐蚀性化学品，处理时需要使用专业化耐腐蚀建筑材料。除 GA（塔崩）外，所有制剂生产都需要特殊而昂贵的建筑材料。必须使用由高镍合金或贵金属制成的反应器、脱气器、蒸馏塔和辅助设备，盛放腐蚀性产品和副产品。在此过程中，只有最后一步会用到剧毒材料，因此整个工厂只有很小的区域需要用到特殊的气体处理设备。

（1）塔崩。塔崩是军事化最早、生产最简易的神经毒剂，由 4 种前体化学品制成：三氯氧磷、氰化钠、二甲胺和乙醇。这些配料中，大部分都是随处可见的。乙醇和氰化钠是大批量生产和销售的商业化学品。二甲胺和三氯氧磷在多个国家的公司都有商业生产，用于生产药品、杀虫剂、导弹燃料和汽油添加剂。

合成塔崩不需要使用具有腐蚀性的初始原料，也不产生具有高反应性的中间体。合成过程分为两步：首先，在反应器中混合上述配料和载体溶剂；其次，中和气态盐酸副产物，这需要在反应器中安装氢氧化钠洗涤系统。另外还需要安装一个相对简单的气密外壳，以防止有毒蒸汽逸出。配料必须按正确的顺序加入，不能加热，且需冷却反应器，以防止化学反应产生过多热量。不需要或几乎不需要蒸馏设备。总之，生产塔崩相对容易，因为没有生产其他神经毒剂所需的困难的烃化反应。合成塔崩的主要技术障碍是氰化反应（给分子结构中心的磷添加一个氰基团），因为很难将有毒的氰化氢气体作为试剂，在反应器中加以密闭。

伊拉克在生产塔崩时曾遇到困难，但他们最终设法生产出一种纯度约为 40% 的材料，并将其用于两伊战争。

（2）沙林和梭曼。沙林（GB）和梭曼（GD）都是批处理生成的，且基本反应步骤相同，但使用的醇配料不同：沙林用的是异丙醇，梭曼用的是频哪醇。（选择不同的醇，可以改变产品的毒性和挥发性，但不会影响生产难度。）三氯化磷是合成这两种毒剂的基本初始原料，并在若干备选合成途径中选定一个，再据此使用 2 至 5 个步骤，以制成最终产品。所有备选的合成途径都要用到 4 个相同的反应步骤，但可以按照多种不同的顺序进行。

合成这两种 G 类毒剂[1]存在三大技术障碍：

第一个障碍是生产过程需要使用热盐酸和氟化氢，这两种物质具有极强的腐蚀性。在普通钢制成的反应器和管道中使用这些混合物，将导致每年数英寸（1 英寸约 2.5 厘米）的腐蚀。今天，耐腐蚀的反应器和管道是由含镍 40% 的合金制成。如果没有耐腐蚀的反应器和管道，虽然也有可能生产沙林和梭曼，但与使用耐腐蚀设备相比，发生重大泄漏事故的概率将显著增加。

第二个障碍是烃化反应。烃化反应是给分子结构中心的磷添加一个甲基团或一个乙基团。这一步很少在商业杀虫剂生产中使用，技术难度较大。

第三个障碍是如果需要生产纯度高、保质期长的毒剂，就必须对剧毒的最终产品进行蒸馏，但该操作极其危险。如果一个国家生产神经毒剂是为立即使用而非储存，蒸馏便毫无必要。

（3）维埃克斯。维埃克斯是持久性神经毒剂，有一个磷甲基键和一个磷硫键，但不含氟。可被（化武）扩散国使用的 V 类毒剂，至少有 3 种实用的合成途径。和 G 类毒剂一样，维埃克斯的生产过程也存在一个困难的烃化步骤。不过，因为维埃克斯的生产过程不会用到氟化氢气体，所以腐蚀性小于沙林和梭曼的生产过程。事实上，在完成烃化步骤之后，合成过程的剩余部分就很简单了。

（4）生产障碍。总之，生产神经毒剂所需的技术已经公开 40 多年，对一切中等先进程度的化学工业或制药工业来说，这项技术已经进入它们力所能及的范围之内。生产神经毒剂的技术障碍，与生产有机磷杀虫剂等商业产品的技术障碍并无本质区别。在技术上，最具挑战性的方面如下：

- 塔崩的氰化反应。该过程需要密闭剧毒气体。

[1] 译注：美军将含有 P-CN 键和 P-F 键的化合物称为 G 类毒剂，将含有 P-SCH2CH2N(R)$_2$ 键的化合物称为 V 类毒剂。G 类毒剂具有非持久性，V 类毒剂具有持久性。

- 沙林、梭曼和维埃克斯的烃化步骤。该过程需要使用高温，并产生热盐酸等危险的腐蚀性副产品。
- 精心控制温度。这包括在发热反应中冷却反应器，以及通过加热的方式，完成反应或去除不需要的副产品。
- 会与水发生反应并爆炸的中间体。它需要使用的热交换器不能是基于水的，而是基于流体或油的。
- 蒸馏步骤。如果需要高纯度试剂的话。

2. **生产杀虫剂**

杀虫剂工厂通常不会使用氟化氢，它是生产沙林和梭曼的关键配料，而且初始原料通常使用三氯氧磷或五硫化二磷，不会使用三氯化磷。五硫化二磷不能用作生产神经毒剂的初始原料。让杀虫剂工厂转产生产神经毒气，这意味着改变生产工艺流程，并且拓展操作条件范围，这样才能在保密的同时获得合理的产量。例如，让一个巴拉松[1]工厂转产生产 G 类毒剂是极其困难的，因为它需要大幅调整材料，并进行大规模的工厂改造。改造措施包括调整管道、阀门和机械密封等，以满足最低限度的操作要求。例如，一个（化武）扩散实体可以设计这样一个工厂，它可以生产没有磷—碳键的有机磷杀虫剂。然后，只要改变添加原料和处理设备，以补上最后的烃化环节即可。进行这个环节时，或是在工厂主体的一个秘密区域，或是在另一处地点。还有一种可能，就是设计一个可以生产神经毒剂的工厂。只要再加上旁路管道，就可以开展杀虫剂和药品的商业生产。这样一来，如有必要，就可以轻易让工厂转产，重新生产神经毒剂。

在神经毒剂的问题上，如果工厂正在生产或使用含有磷—甲基键的合法化合物，并将其分解为等同于神经毒剂的降解产品，也会出现假阳性（警报）。幸运的是，只有杀虫剂四甲磷等少数几种商业产品含有磷—甲基键。

3. **双重用途**

如果一个多用途工厂的设计目的就是为了能从一种化学工艺迅速转

[1] 译注：巴拉松（parathion），一种农药。

换为另外一种，那它就有可能在几天内完成转换，而且被发现的概率很低。即使如此，一个经过专门设计、能够迅速从商业生产转变为化学战制剂生产的工厂，需要极高的建造成本（约 1.5 亿美元），需要在工厂设计、工程学和操作等领域拥有高水平的技术专业知识，还需要技术熟练的建筑工人队伍。在发展中世界的大部分地区，设计和建造这种工厂需要大约 4 年时间。

为迅速转产而设计的两用工厂，还需要在生产工艺的最后几步采取严格的清洁措施，以防止商业产品，特别是药品受到致命化学战制剂的污染。因为泵和其他材料处理设备上的密封件会在生产过程中吸收化学品，所以从生产一种化学品转为生产另一种化学品时，需要拆泵并脱机清洗，但这个过程耗时极长。不过，在一个可以迅速转产的工厂中，生产线可以配置模块化泵，它可以迅速拆除，以便清洗后再安装回去。又或者，也可以并联安装两套泵，这样不同的化学品可以在同一条生产线上生产，不会彼此污染。然而，如果一个工厂经过特别设计，可以迅速实现净化，开展商业生产时很可能无法产生经济效益，进而会让人据此产生怀疑。

[第 10 章]

# 国际海防展览会搜集计划

本章案例研究设定在 2015 年。它涉及的组织都是真实的，国际海防展览会（IMDEX）也是真实事件。想定和情报报告都是虚构的。情报支持是虚构的，但也基于真实的组织和装备，不过其中出现的舰艇“塔伊纳”号（Taina）和“洛里基特”号（Lorikeet）是虚构的。

一家俄罗斯公司准备出售一种新型巡逻艇，澳大利亚政府对其潜在威胁表示关切。据报道，该艇装有突破性推进系统，配备反舰导弹，并采用隐身技术。这家俄罗斯公司计划在新加坡举行的亚洲国际海防展览会上展示这种巡逻艇。

以下是最高级别用户的需求：

- **澳大利亚国防军**要求提供该艇销往该地区各国家实体或非国家实体时，已商定销售的全部详细信息。澳大利亚国防军希望了解已售巡逻艇数量、买方身份和对该艇的预期用途、销售条款和拟交付日期。
- **澳大利亚海军**希望了解关于该艇性能和隐身能力的详细信息，了解武器装备的详细情况，特别是反舰导弹的性能。

# 一、目标

本章案例研究的目的是最大限度实现任务灵活性。这也是一个最优合作机会，学员可以组成小组或通过口头和书面同行评议等方式进行合作。案例研究包含 3 项任务，需依次完成。每项任务有 3 个子任务。导师在布置任务时拥有极大的灵活性。

1. 每个学员都可以独立完成所有的任务和子任务。书面同行评议（要求有 2 个学员交流彼此模型，并互相提出评估意见）非常适用于这个选项。
2. 每个学员都可以独立完成所有的任务和子任务。这需要与分配到其他 2 项子任务的学员开展合作。再次重申，这个选项可以很好地利用同行评议。
3. 组成 3 个小组（每组最多 5 到 10 人）。每开展一项任务，就为每个小组分配该任务的一项子任务。这个选项需要与分配到其他 2 项子任务的学员开展合作。然后，各小组应当在完成每项任务之后，向全班口头陈述自己的结果。

本章案例研究强调在武器展销会和武器性能演示期间，建立一个初步的网络模型、差距分析和搜集目标选择。其特点是存在多个目标和两个关注点各不相同的用户。它既需要目标网络分析，也需要对你的搜集网络进行评估，这样才能有效地使用该网络开展搜集工作，满足用户需求。

本练习提供以下方面的实践经验：

- 执行差距分析；
- 策划搜集工作；
- 应对拒止与欺骗；
- 与其他分析人员和搜集人员合作，创建并共享目标网络模型；
- 执行系统性能分析。

## 二、任务

假设你是澳大利亚国防情报组织（DIO）的高级分析人员。澳大利亚国防情报组织是澳大利亚政府在全球安全趋势、大规模杀伤性武器、外国军事实力、国防经济和跨国恐怖主义等问题的专业知识来源。

### （一）任务 1：初步评估和差距分析

你要准备初步评估，并识别知识差距。这需要回答 2 个笼统的问题，包括但不仅限于以下内容：

- 我们了解什么情况：谁是潜在购艇客户？他们为什么有意购买该艇？你对该艇的设计、性能和隐身能力作何评估？该艇演示的性质是什么？演示将在何时何地举行？
- 我们的关键知识差距是什么？

这项任务有 3 项子任务，所有子任务都需要识别知识差距。

1. 识别关键参与者（包括潜在购买者），并针对他们之间的关系，创建目标网络模型。
2. 准备一份关于该艇设计、性能和隐身能力的初步评估。
3. 创建用以演示想定（包括时间、地点和准备演示的特点）的流程模型；该子任务是完成任务 3 所不可或缺的。

### （二）任务 2：通用搜集策略

接下来，你要拟定一个搜集策略，以弥合在任务 1 中识别出的差距。该策略必须解决本章引言中定义的用户需求，并应当使用开源情报、人力情报和通信情报等“资产”。这项任务有 3 项子任务，必须为每项子任务准备一份搜集计划。

1. **开源情报**：针对分配给你的用户，识别哪些开源情报有可能帮助满足他们提出的用户需求。应特别考虑是否有可能存在“提示”，好让你进行其他搜集努力。它应包含可能的社交媒体来源。
2. **人力情报**：定义搜集计划时，应当包含下达任务，即根据用户需求，在可行的情况下对尽可能多的线人下达任务。找出你有意使用的特定“资产”（如武官、专门招募的线人或特定的联络员），并解释你下达任务时，要求他们搜集哪些情报。在你期望每位线人所提供的收益，与动用此人所涉及的风险之间做出权衡。
3. **通信情报**：识别可能搜集到的通信来源和类型，识别已经搜集到信息的可能价值。可能搜集到的通信包括但不仅限于：手机、微波点对点、一键通无线电、光纤电缆、无线计算机网络和互联网通信。找出能够提供协助的潜在通信情报联络组织（即友好国家的通信情报机构），具体情况视其地理位置和彼此是否均对该目标产生兴趣而定，并说明你将如何使用这些组织。

## （三）任务 3：行动目标选择

这里需要使用任务 1 中创建的演示想定模型。你将准备搜集策略和计划，以满足用户对武器系统性能的需求。关于这个主题，你收到的详细需求如下所示。

提供巡逻艇性能细节（即最高速度、航程、机动性和后勤支持）：

- 如果该艇配有反舰导弹，应识别传感器的类型和性能、导弹的速度与飞行剖面图、作战剖面图和设定的攻击目标。
- 关于所报告的隐身设计、战斗力和艇体材料，提供细节。
- 确定该舰的推进类型。

因此，搜集目的是基于海上演示之前、期间和之后的技术搜集报告，以支持对武器系统性能的分析。依照搜集策略，具体计划应当遵循以下流程：

- 基于你的演示想定模型，拟定搜集想定（搜集的具体目标、时机和方法，换言之，所用的具体来源或“资产”）。
- 拟定搜集策略，用以针对目标，开展不同类型的搜集工作。
- 为可用搜集“资产”准备一个搜集计划，评估风险或成本与可能回报之间的关系。

这项任务有 3 项子任务，必须为每项子任务准备一份搜集计划：

1. **图像情报**：在“塔伊纳”号停泊新加坡港或出海时，使用可见光（包括视频）成像、合成孔径雷达成像、夜间红外成像和多光谱成像，思考每种成像类型能够从该艇身上获得哪些情报。
2. **信号情报**：它包括在演示期间，使用通信情报、电子情报和外国仪器信号情报，瞄准目标开展搜集。列出你计划使用的信号情报搜集系统与平台的类型、你计划使用它们瞄准哪些目标，以及预期搜集的情报。
3. **测量与特征情报**：列出你计划使用哪些类型的非成像（机载、陆基或舰载）雷达，在演示期间针对该艇开展搜集，以及针对一切武器演示开展搜集。列出你将针对哪些特定目标搜集材料或物料，列出你预计从这些目标处搜集哪些情报。描述你打算采用何种方式，搜集这些材料或物料。

## 三、想定

亚洲国际海防展览会每两年举办一次，地点是新加坡博览道 1 号的新加坡博览中心（新加坡樟宜机场附近，参见图 10–1），主办方是新加坡共和国海军。对来自各海军组织和国际海防产业的关键决策者来说，这是一次绝好的机会，可以让他们及时了解海事防务技术的最新进展。

在即将举行的亚洲国际海防展览会（2015 年 5 月 19 至 21 日）上，一个俄罗斯代表团将要展示一款新型巡逻艇。有个俄罗斯网站在介绍“塔

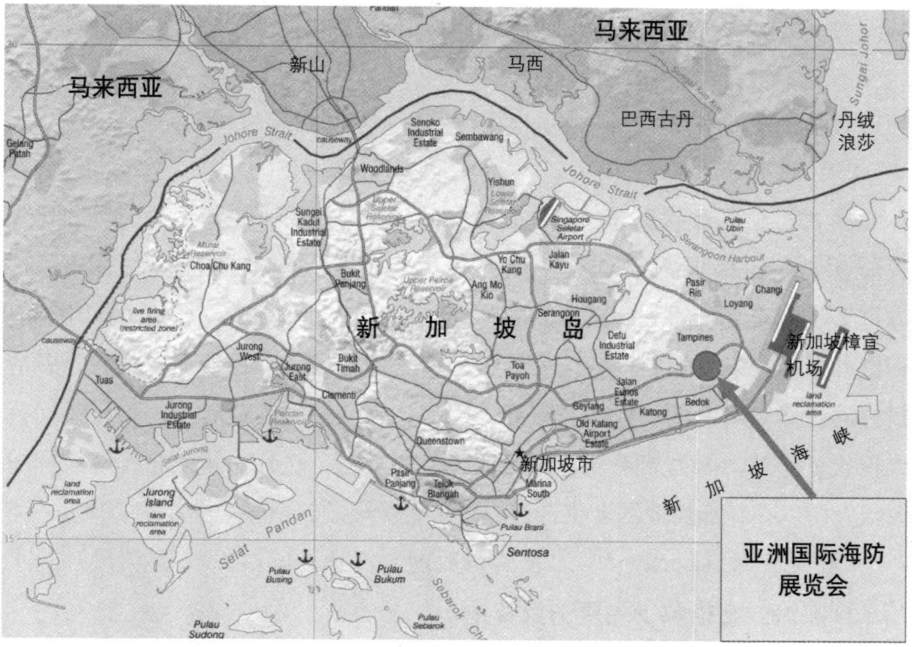


图 10–1　标有国际海防展览会地点的新加坡地图

来源：美国得克萨斯大学奥斯汀分校得克萨斯大学图书馆提供。新加坡地图可参见 http://www.lib.utexas.edu/maps/midd_east_and_asia/singapore_physio-2005.jpg，图上附有笔者注释。

伊纳”级巡逻艇时，称它是先进型号的高速巡逻艇，具有高度机动性，并可自选是否装备新式反舰导弹。该网站称，该艇采用新的船体设计，也就是使用隐身技术，并配备突破性推进系统。该网站没有提供该艇的性能细节。该艇由俄罗斯圣彼得堡的金刚石中央海事设计局设计。据称，这些俄罗斯人计划在博览会上设立展台，提供有关该艇和导弹性能的信息。

在据称对该艇感兴趣的买家中，有几个是澳大利亚国防军这个情报用户非常关切的，因为它们或许与灰市武器贩子和人口贩子有关联。用户关切隐身性，因为该艇有可能被用来非法贩运武器、毒品或人口。用户关切武器装备和性能，因为它们将对其海军部队构成潜在威胁。

## 四、情报支持

### （一）搜集平台

澳大利亚拥有多架 AP-3C 海上巡逻机（美国 P-3C“猎户座”飞机的升级版）。升级措施提高了飞机雷达、情报搜集和计算系统的性能。升级措施包括为每架飞机安装新的 Elta EL/M-2022(V)3 雷达、在机头安装 Star Safire III 光电和红外系统，以及加装一套信号情报和电子情报设备。在新加坡区域开展情报行动虽然是可能的，但耗费颇高，因为如果从澳大利亚起飞，飞行时间会比较长。另外，因为如果从 AP-3C 起飞地点算起，这几乎就是它作战航程的极限，所以在新加坡地区上空逡巡的做法是受限的，最多 2 个小时。

“利文”号（Leeuwin）水文测量船能对深达 6000 米（2 万英尺）的水域进行测绘。它搭载下列声呐设备：

- 西胜国际（C-Tech）CMAS 36/39 船体安装型高频主动声纳；
- 阿特拉斯（Atlas）Fansweep-20 多波束回声测深仪；
- 阿特拉斯 Hydrography Deso 单波束回声测深仪；
- 克莱恩（Klein）2000 拖曳式侧扫声呐阵列。

“利文”号上的声呐可以生成海底图像并探测水下爆炸。它还搭载了 X 波段水面搜索雷达。

“利文”号在新加坡地区是可用的，它可以开展搜集活动。但它速度相对较慢（最高 18 节），这意味着如果举行演示，至少要提前一天将演示地点通知给它，以便出动开展观察。

### （二）信号情报

国防信号局（DSD）是澳大利亚国防部的情报机构，总部在堪培拉。国防信号局向澳大利亚国防军和澳大利亚政府提供信号情报，以支持军事和战略决策。

国防信号局在新加坡地区的搜集主力是“洛里基特”号搜集艇。它是信号情报搜集艇，在新加坡海峡对岸印度尼西亚巴淡岛的农萨点（Nongsa Point）码头秘密行动。它在这个码头便可截获新加坡的手机通信。它还可以监视新加坡海峡两岸的船只往来，并监听两岸船只间的通信。它搭载了可用于海域监视的 X 波段海事雷达。

该艇停泊在码头时，艇上观察员可以清楚地观察到新加坡。因此，只要蹲守这个地点，搜集人员便可以访问新加坡绝大部分的手机通信。“洛里基特”号出海部署，针对具有情报价值的目标进行海域监视。“洛里基特”号搭载以下通信情报和电子情报系统 ：

- 泰雷兹“守夜 400”（VIGILE 400）电子情报搜集器，可对 500 兆赫至 18 吉赫波段的雷达进行瞬时测向和信号测量，有能力发现低截获概率雷达。
- 泰雷兹“殿下”（ALTESSE）通信情报搜集器，可在高频、甚高频和特高频等频段上进行海事通信截获和手机通信搜集，具有测向能力。

“洛里基特”号实施截获后提交的报告，被归入特殊通信情报渠道的类别，代号“风筝”（KITEFIN）。

### （三）开源情报

关于新加坡事态发展的开源情报来自当地报纸和互联网。开源中心是澳大利亚国家评估办公室（ONA）的下属机构，负责提交开源情报报告。开源中心的任务是搜集并验证来自开源渠道的信息，并基于这些信息，为国家评估办公室、澳大利亚其他机构和盟国政府机构制作报告。该中心的团队在开发社交媒体方面经验丰富。

### （四）图像情报

国防图像和地理空间组织（DIGO）负责使用图像和其他来源，提供地理空间情报，以支持澳大利亚国防军和国家安全利益。它的主要图像来源是商业卫星图像。有两个来源能够在新加坡地区提供图像：

- **卫星图像**，由法国“昴星团”卫星提供，它可以生成可见光和多光谱图像。可见光图像质量极好，分辨率为 40 厘米，而多光谱图像的分辨率为 1 米。这颗卫星可以在 800 公里宽的地面范围内获取任何地点的图像。它可以对 20 公里宽的区域绘制带状雷达地图，并能生成立体图像。要对特定目标成像，必须至少提前 24 小时提交申请。
- **无人机图像**，可由特殊来源提供。澳大利亚和马来西亚两国政府达成协议，2 架安装成像装置的无人机开展行动时，可以从新加坡海峡马来半岛边缘的边佳兰附近一个秘密简易机场起飞。这 2 架以色列“赫尔墨斯 900”全天候无人机的有效载荷能力为 300 公斤，可在 1.8 万英尺高空以 105 节的空速飞行，该模式最多可飞行 30 小时。它们配备的高分辨率视频摄像机，都能够以 20 厘米分辨率成像。它们拍摄的双谱段视频（可见光和近红外），可下行链接到位于边佳兰的站点。这项行动的主要目的是监视新加坡海峡的船舶往来。该协议的相关条款要求两国共享所有图像产品。

### （五）人力情报

**1. 单边行动**。澳大利亚秘密情报局（ASIS）在澳大利亚境外执行人力情报行动，并在新加坡设有一个基地。因为国际海防展览会这个情报源很有价值，所以澳大利亚秘密情报局在新加坡境内一个安全屋里，成立了一个人力情报小组，目的是在国际海防展览会期间，既能够对线人实时部署任务，也能够自行搜集情报。该小组成员有澳大利亚驻新加坡的海军武官，以及在前几次国际海防展览会期间，有过搜集经验的两名澳大利亚秘密情报局专案官（case officer）。此外，以下搜集“资产”可用于满足优先搜集需求：

- 特工“灰鬃”（GRAYMANE）。他是新加坡电信有限公司的服务技术员。因为工作关系，他可以访问商业电话和互联网通信。他过去曾经成功地将电话窃听器和互联网搜集设备安装在商业设施上。

- 秘密的入侵小组。它可以从上锁的房间和保险箱获取材料，或者以秘密方式安装音频和视频监视装置。人们认为，该小组在新加坡开展的是高风险的搜集工作，因为如果它在某次行动中被人发现，将使澳大利亚政府在政治上倍感尴尬。因此，该小组开展任何行动时，都必须有人对风险收益比进行评估，再由澳大利亚秘密情报局一位高级别官员据此提前批准，方可执行。

**2. 联络行动**。国际海防展览会人力情报小组与两个活跃的多边联络行动小组保持密切联系。如下所示：

- 一个是禁毒小组，由印度尼西亚、新加坡、马来西亚和澳大利亚等国情报官组成，每周在内政部国内安全局（新加坡的国内情报机构）办公室举行例会，共享关于该区域贩毒活动的情报。来自这些会议的报告标有代号“范式”(PARADIGM)。
- 另一个是反恐小组，由新加坡、泰国、马来西亚和澳大利亚等国情报官组成，每周在国内安全局办公室举行例会，共享关于该区域恐怖主义团体活动的情报。报告标有代号“悖论”(PARADOX)。

澳大利亚秘密情报局亦与新加坡警察部队保持联络关系。

## 五、情报报告

**情报报告 10–1**

| 来源 | 日期 | 内容 |
|---|---|---|
| 人力情报 | 2007 年 4 月 | 2007 年 1 月，在圣迭戈，一家名为“海路营救”(SeaPath Salvage) 的公司试图购买原型隐身舰“海影”号 (Sea Shadow)。该舰由美国海军出售，价高者得。调查认定“海路营救”是一家空壳公司，控制它的是总部位于俄罗斯圣彼得堡的金刚石中央海事设计局。美国海军拒绝了该项购买要求。(来源：《北约反情报摘要》，2007 年 4 月出版) |

（续表）

| 来源 | 日期 | 内容 |
|---|---|---|
| 人力情报 | 2012 年 5 月 | 2011 年 7 月，有人发动网络搜集行动，绕过了位于挪威曼达尔的“乌摩曼达尔”（Umoe Mandal）造船厂的防火墙。该造船厂专门生产“盾”级海岸护卫舰等高速海军舰艇。2011 年 7 至 8 月，黑客下载了约 2400 份关于舰艇设计和建造技术的文件。此次搜集行动类似此前由俄罗斯情报机构，也就是俄罗斯联邦对外情报局发动的网络搜集行动。（来源：《北约反情报摘要》，2012 年 5 月出版） |
| 人力情报 | 2014 年 11 月 12 日 | 佤邦联合军（United Wa State Army，UWSA）总部位于缅甸，是东南亚最大的毒品生产和分销实体之一，正试图将毒品生意扩展到印度尼西亚、菲律宾和澳大利亚。不过，佤邦联合军创始人鲍有祥并不掌握毒品发货手段。他否定了空运方案，因为被查扣的风险太大。他选择使用小船，将货物运到该地区的秘密地点。据说，他正在考虑使用卷烟船，这种船又被称为“快走”船，因为速度极快。（来源：“范式”报告） |
| 人力情报 | 2015 年 5 月 10 日 | 不久前，在其位于新加坡勿洛丽雅道（Bedok Ria Drive）的住宅，也就是靠近车辆基地和博览中心的地方，印度尼西亚恐怖主义团体“伊斯兰祈祷团”（Jemaah Islamiyah）成立了一个细胞式小分队。新加坡警方正在监视该小分队的活动。（来源：“悖论”报告） |
| 人力情报 | 2015 年 5 月 16 日 | 5 月 15 日夜间某时，俄罗斯巡逻艇“塔伊纳”号抵达。它目前停泊在新加坡港，距离毛广岛约 200 米（参见图 10–2）。大部分甲板覆盖帆布，垂至水线。艇体长约 40 米，宽约 15 米。甲板上可见 1 名持械守卫。（来源：专案官在港口观察） |
| 人力情报 | 2015 年 5 月 16 日 | 5 月 15 日，缅甸嫌疑毒贩埃豪（Aik Hauk）带着一名随从抵达新加坡。他现在住在新加坡泛太平洋酒店。（来源：“范式”报告） |
| 人力情报 | 2015 年 5 月 17 日 | 澳大利亚海军武官询问国际海防展览会的一名负责人，想了解是否有可能看到“塔伊纳”号。此前，俄方提前派遣的协调人员已经告诉该名官员，称他们并不打算像其他参展商那样，在军舰表演期间演示他们的巡逻艇。他们有意精选一些客户，邀请他们在展会期间的某个时间登艇，再将“塔伊纳”号开到马六甲海峡演示性能。该名俄罗斯人不肯透露演示的时间或拟邀请客户的身份。他解释道，他们尚未决定演示时间和邀请哪些客户。 |

（续表）

| 来源 | 日期 | 内容 |
| --- | --- | --- |
| 人力情报 | 2015 年 5 月 17 日 | 在国际海防展览会上，有 3 名来自金刚石中央海事设计局的注册参展人员："塔伊纳"号的设计师谢尔盖·叶若夫（Sergei Yezhov）、瓦列里·戈洛温（Valery Golovin，无头衔）和销售代表维克托·韦特罗夫（Viktor Vetrov）。所有俄罗斯参展人员都住在新加坡泛太平洋酒店。（来源：国际海防展览会参展商名单） |
| 图像情报 | 2015 年 5 月 18 日 | 5 月 17 日早晨，"昴星团"卫星飞临新加坡上空时，拍到这艘俄罗斯巡逻艇的图像。它的甲板看起来是以中心线为界，左右两侧向下倾斜，表面覆盖一层高反光材料。甲板上可见一个 4 米 ×5 米大小的单独舱体，没有遮盖。可参见图 10–3 所示草图。（来源：法国"昴星团"卫星图片） |
| 人力情报 | 2015 年 5 月 18 日 | 当地时间 18 时起，开始对"塔伊纳"号的白班守卫进行监视。一名俄罗斯人被港务船送上该艇，此人身份不明，推测为夜班守卫。而伊戈尔（Igor）则登船返港。晚上，伊戈尔在该艇停泊码头的哈里酒吧喝酒。那是一个乌烟瘴气的夜总会，有现场爵士乐队和即兴表演。有人看到伊戈尔喝了很多酒，并与酒吧其他顾客交谈。他自称是几天前乘坐游艇来到这里的。有顾客问他其他船员都在哪里，他回答说他们必须待在大使馆。伊戈尔在当地旅馆住了一夜，后于当地时间 5 月 18 日 6 时换下夜班守卫。（来源：专案官报告） |
| 通信情报 | 2015 年 5 月 18 日 | 本信息来自位于新加坡的"瓦迪姆"（Vadim）和位于圣彼得堡的"阿尔卡季"（Arkady）之间的手机通话。瓦迪姆抱怨称，如果必须沿既定航线出海，就没有足够时间完成全套演示。阿尔卡季答道："我们必须保持伪装的外观。一路向西。离开港口之后，你就沿着航线前往演示海域。你负责这事。别搞砸了。如果必须提前离开，那就不要耽误。"（来源："风筝"报告） |
| 人力情报 | 2015 年 5 月 18 日 | 5 月 18 日，该名线人对前往新加坡泛太平洋酒店内俄方接待套房的访客进行监视。17 时 45 分，当天在展台工作的 3 个俄罗斯人，谢尔盖、瓦列里和维克托回来了。当晚，大约有 45 个访客来到套房，有的是一个人来的，有的是几个人一起。大约 18 时 40 分，又有访客来到这间套房，该名线人认出他的身份，正是 3 名保镖陪同下的埃豪。埃豪在接待套房里待了大约 2 个小时，然后带着保镖一起离开。（来源：专案官报告） |

（续表）

| 来源 | 日期 | 内容 |
|---|---|---|
| 开源情报（传记报告） | 2015 年 5 月 19 日 | 埃豪是仰光航空公司的董事总经理，同时也是佤邦联合军成员。佤邦联合军总部位于缅甸，是东南亚最大的毒品生产和分销实体之一。埃豪是佤邦联合军创始人鲍有祥的女婿。（来源：网站搜集的开源情报） |
| 人力情报 | 2015 年 5 月 19 日 | 9 时至 12 时，该名线人对展览会的俄罗斯展台进行监视。大约 11 时 20 分，一个穿着水手服、胡子灰白、身材高大的人走近展台，展台工作人员瓦列里递给他一个信封。这个水手拿出新加坡周边海域的航海图，看了一分钟，便开始用俄语和瓦列里争论起来。争论之际，该名线人设法看到了这张航海图。图上画了一个圆圈，圆心在新加坡海峡入口以东约 60 海里的某点。此外，海峡入口至圆心还画有一条直线。水手显然注意到这位线人的存在，于是急忙叠好地图离开。（该线人后来在地图副本上估算出圆心位置。该线人所指的位置，坐标为北纬 01°28′、东经 105°42′。）（来源：专案官报告） |
| 人力情报 | 2015 年 5 月 19 日 | 从当地时间 18 时起，继续对这艘俄罗斯快艇的白班守卫进行监视。伊戈尔又在哈里酒吧彻夜酗酒。有顾客问他是否喜欢白班守卫的任务时，伊戈尔答道："那是地狱。船长，就是加夫里洛夫（Gavrilov），他就是一头猪。今天早上他把我踢下船。说我执勤时喝醉了。我对他说，'瓦迪姆，你会非常非常后悔这样做的。'但他只是对我大笑。"（来源：专案官报告） |
| 通信情报 | 2015 年 5 月 19 日 | 以下信息来自位于新加坡的"瓦迪姆"和"谢尔盖"之间的短信："出发时间定于 6 时 30 分。通知所有参加人员。"（来源："风筝"报告） |
| 人力情报 | 2015 年 5 月 19 日 | 5 月 19 日，澳大利亚海军武官邀请各国海军武官在会议最后一天，即 5 月 21 日出席在海港举行的军舰展，届时将精选若干军舰，专门安排一场特邀参观。马来西亚、印度和新加坡的海军武官接受邀请。印度尼西亚、巴基斯坦和菲律宾的海军武官表示拒绝，3 人都说当天另有安排。（来源评论：大部分武官都会欣然接受，抓住这次特邀参观的机会，因为这正是获得珍贵情报的良机。这 3 人表示拒绝，极其反常。） |

（续表）

| 来源 | 日期 | 内容 |
|---|---|---|
| 通信情报 | 2015 年 5 月 19 日 | 印度尼西亚海军武官向位于印度尼西亚雅加达的身份不明者发起通信。该武官称："'里亚迪'号（Riyadi）必须在 9 时 30 分前就位。"在回答雅加达通话方的提问（无法辨识）时，这位武官称："使用 0120，10430。我们进入通信范围后，我将使用 7 频道与该舰通信。"（分析人员评论：他说的可能是印度尼西亚海军"艾哈迈德·亚纳"[Ahmad Yana] 级护卫舰"斯拉梅·里亚迪"号［Slamet Riyadi］。）（来源："风筝"报告） |
| 人力情报 | 2015 年 5 月 19 日 | 该名线人前往展览会的俄罗斯展台，并与维克托·韦特罗夫交谈。韦特罗夫自称是销售代表，然后询问这位武官的隶属关系，并得到如实回答。韦特罗夫回避了该线人提出的问题，但交给该线人一本介绍"塔伊纳"号特点的小册子。小册子所载信息与金刚石中央海事设计局网发布的信息相同。该线人随后观察到，印度尼西亚海军武官在展台与韦特罗夫进行长时间的讨论。韦特罗夫邀请他前往俄方接待套房。（来源：海军武官） |
| 人力情报 | 2015 年 5 月 20 日 | 发现印度尼西亚恐怖主义团体伊斯兰祈祷团 3 名成员现身国际海防展览会。3 人于 5 月 19 日参观多个展品及展台。新加坡警方继续监视该细胞式小分队的活动。（来源："悖论"报告） |
| 通信情报 | 2015 年 5 月 20 日 | 位于新加坡的"谢尔盖"和位于圣彼得堡的"阿尔卡季"之间使用手机通话，谢尔盖称："明天的海况等级应该是 4。这种条件下系统会命中目标吗？如果我们失手可就丢人了。"阿尔卡季答道："目标非常显眼，在海浪中也是一目了然的。必须确保投送后它仍是垂直的，这样就不会有问题了。"（分析人员评论：4 级海况对应的浪高是 1.25 米到 2.5 米。这个圣彼得堡的电话号码与 5 月 18 日报告中阿尔卡季的电话号码吻合。）（来源："风筝"报告） |
| 通信情报 | 2015 年 5 月 20 日 | 菲律宾海军武官曼纽尔·奎里诺（Manuel Quirino）发给位于甲米地市的菲律宾海军海洋系统司令部一条短信："明天演示。将在途中汇报初步评估结果。"（来源："风筝"报告） |

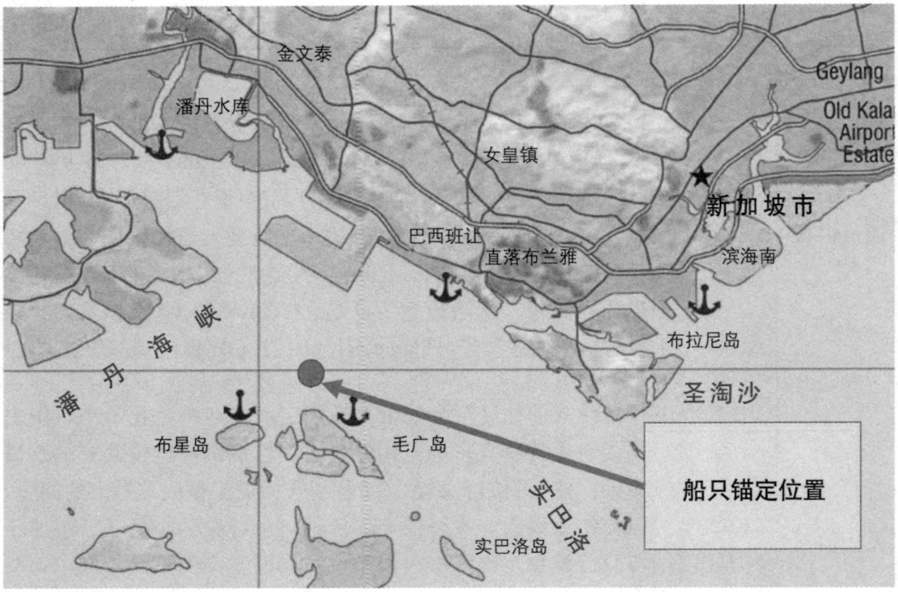


图 10–2　报告的巡逻艇锚定位置

来源：美国得克萨斯大学奥斯汀分校得克萨斯大学图书馆提供。新加坡地图可参见 http://www.lib.utexas.edu/maps/midd_east_and_asia/singapore_physio-2005.jpg，图上附有笔者注释。

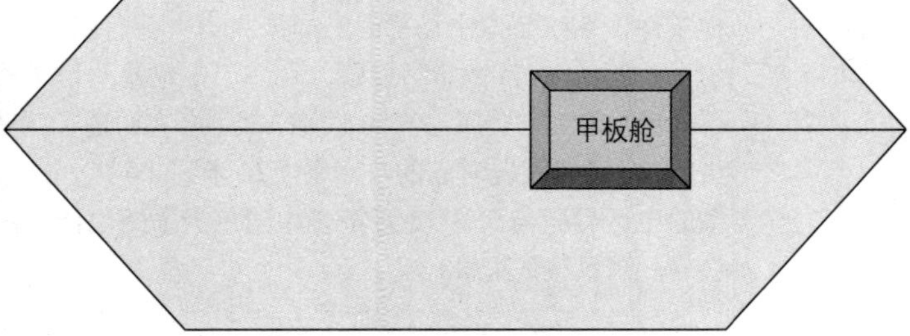


图 10–3　基于成像图像绘制的巡逻艇草图

# 六、背景

## （一）隐身舰船设计

隐身舰船使用基于隐身技术的建造方法，更难被雷达、声呐和红外传感器发现。它依靠来自隐形飞机的设计技术，以及减少尾流和声学特征等舰船独有的专业化技术。

隐身设计的重中之重，在于减小雷达反射截面的面积。有两种方法可以做到：第一，舰体表面使用能够吸收雷达能量的材料；第二，舰体构造避免使用直角（直角结构会大量反射雷达能量[1]）。有种被称为船舷内倾的常见设计，就是让水线以上的舰体边缘向内收拢。

有一艘原型隐身舰就采用船舷内倾设计，那就是美国 1984 年建造的"海影"号。图 10–4 就是它的设计图。它采用小水线面双船体设计。水下部分是双船体，每个船体都装有一个螺旋桨、一个船尾稳定器和一个内侧水翼。水上部分通过两个互成夹角的构架与双船体相连。小水线面双船体设计让它在风浪极大的海面上也能保持稳定。

为了能在隐身设计中获得速度，首选方法是建造表面效应舰船（既有气垫船那样的气垫，又有双船体那样的双体）。这种设计最主要的例子，就是图 10–5 所示的"盾"级海岸护卫舰。这种护卫舰于 1999 年首次在挪威皇家海军服役。它之所以被称为海岸护卫舰，是因为它们的适航性与护卫舰不相上下，也因为它并不装备鱼雷。"盾"级护卫舰是现存速度最快的海军舰船，最高航速 60 节。

建造"盾"级护卫舰时，使用可吸收雷达的玻璃纤维或碳复合材料来实现隐身。这种舰船并不依赖船舷内倾设计，它的船体采用非直角结构的多平面表面。

---

[1] 译注：直角结构在反射雷达信号时，会形成特别强烈的、远远超过自身物理尺寸的特征。

图 10–4 “海影”隐身舰

来源：维基百科“海影 (IX-529)”条目，参见 http://en.wikipedia.org/wiki/Sea_Shadow_(IX-529)。

图 10–5 挪威“盾”级护卫舰

来源：维基百科“‘盾’级护卫舰”条目，参见 http://en.wikipedia.org/wiki/Skjold-class_patrol_boat。

## （二）伊斯兰祈祷团

激进组织伊斯兰祈祷团活跃在东南亚，目标是建立一个泛伊斯兰国家。该组织在新加坡、印度尼西亚和菲律宾，针对美国和西方目标发动袭击。2000 年，它与基地组织联手，在印尼发动一系列袭击：在圣诞节前夕，针对印尼 9 个城市的教堂，以协同方式发动炸弹爆炸袭击，造成 18 人死亡，数十人受伤。2002 年，伊斯兰祈祷团在巴厘岛旅游区引爆 3 枚炸弹。2005 年 10 月，它再次袭击巴厘岛，发动一系列自杀式爆炸袭击，造成 20 人死亡，129 人受伤。据称，它也是 2009 年雅加达丽思卡尔顿酒店和万豪酒店爆炸案的幕后主使。

伊斯兰祈祷团还针对澳大利亚目标，发动或企图发动袭击。2004 年 5 月 28 日，有阴谋企图炸毁以色列驻澳大利亚堪培拉大使馆，但遭到挫败。据报道，该团体需对 2004 年 9 月 9 日澳大利亚驻雅加达大使馆外发生的爆炸事件负责。此事造成 11 名印尼人死亡，160 多人受伤。

上述袭击发生之后，澳大利亚政府于 2004 年发布《恐怖主义白皮书》，将伊斯兰祈祷团认定为该国面临的首要恐怖主义威胁。随后，澳大利亚政府得出结论，认为该组织可能会带来生物或化学武器威胁。[1]

虽然伊斯兰祈祷团近年来一直保持低调，但澳大利亚政府一直认为它将威胁到该国的海外利益及该国本土。

## （三）佤邦联合军

佤族主要居住在缅甸。曾经统治着这个国家的军政府，当年将自治权授予生活在掸邦，也就是中缅边境附近地区的佤族。佤族在这个地区组建武装部队，即佤邦联合军。这是一支身经百战的军队，由 3 万名职业军人

---

[1] 原注："Australia Fears Jemaah Islamiyah WMD Attack, Cables Reveal," *Global Security Newswire*, February 2, 2011, http://www.nti.org/gsn/article/australia-fears-jemaah-islamiyah-wmd-attack-cables-reveal.

和 1 万名兼职武装战斗人员组成。它装备了装甲车和地对地导弹等现代化武器。它控制着缅甸东北部掸邦中泰边境沿线的多个城镇。

佤邦联合军拥有商业实体宏邦集团（Hong Pang Group），经营银行、建筑、酒店、伐木、电信、宝石矿产和石油，还拥有多家工厂，并经营着自己的私人航空公司。

最近几年，佤邦联合军一直不断发力，力求提升手中地盘的地位，使之成为官方承认的自治邦。但缅甸政府也在使用瓦解与包围的战略，不断增加对佤邦联合军的军事压力，让佤族处于非常艰难的战略处境。如果缅甸政府继续施加压力，佤邦联合军将会需要大量的额外资金（可能来自毒品交易），以支持开展军事行动。

[第 11 章]

# “野蛮萨尔瓦多人”

本章案例研究设定在 2014 年。它涉及的组织都是真实的，本章稍后出现的想定也是真实的。在“情报报告”一节中，人力情报和通信情报的报告是虚构的。2013 年 9 月之后的分析和开源情报报告也是虚构的。

美国联邦调查局和华盛顿特区警察局发现，过去 5 年中，名为“野蛮萨尔瓦多人”（Mara Salvatrucha，以下简称 MS-13）的团体的活动愈发频繁。两部门均认为该团体的人数和暴力犯罪倾向与日俱增。它们要求开展威胁评估，内容应当包括该团体在当地的构成情况、与贩毒组织的联系和可能扩张的地盘范围。

华盛顿—巴尔的摩“贩毒高发区”（HIDTA）项目组建了一个由分析人员组成的小组，要求他们对 MS-13 构成的威胁开展特别研究，以回答各方提出的问题。该项研究成果将被写入《华盛顿—巴尔的摩年度威胁评估》。

用户是当地执法机构高层、华盛顿—巴尔的摩“贩毒高发区”项目和美国联邦调查局安全街道与黑帮小组（Safe Streets and Gang Unit）。

## 一、目标

本章案例让学员有机会使用其他练习中没有遇到的来源类型所提供的情报。本章案例研究包括犯罪网络分析，并将讨论贩卖毒品和人口等主题。

本练习提供以下方面的实践经验：

- 准备详细的问题模型；
- 创建多个目标网络模型；
- 开展地理空间情报分析；
- 在准备情报评估时，处理来自多种来源的相互矛盾的报告。

## 二、任务

假设你是华盛顿—巴尔的摩“贩毒高发区”项目的高级情报分析人员，任务是评估华盛顿地区的 MS-13 是否正在发展成为第三代黑帮（参见本章“背景”一节，了解通过哪些细节就可以认定一个第三代黑帮）。需要解决的附带问题如下：

- MS-13 在这个大都会区开展活动的组织结构和地理分布情况是怎样的？
- MS-13 的招募模式是什么？
- MS-13 的通信手段是什么？
- MS-13 的资金来源是什么？隐藏资金的注入手段是什么？
- MS-13 躲避或对抗执法的战略和战术都是什么？

你需要完成以下任务，方能满足用户的需求。

1. 准备一个详细的问题分解模型。（提示：在本章“背景”一节中，“黑帮特征”小节将会有所帮助。）
2. 创建多个目标网络模型，用以展示：

（1）黑帮的构成情况及与其他组织的关系；
（2）资金流动情况；
（3）黑帮活动情况（这将是地理空间情报模型）。

3. 创建一个关于招募模式和黑帮活动地理分布的预测模型。
4. 准备一份评估报告，回答各方提出的主要问题：华盛顿—巴尔的摩 MS-13 是否正在发展成为第三代黑帮？同时尽你所能，回答前面列出的附带问题。

## 三、想定

MS-13 是跨国犯罪黑帮。它是 20 世纪 80 年代，由萨尔瓦多移民在洛杉矶创建的。此后，这个黑帮便开始扩张至美国其他地区、加拿大、墨西哥和中美洲。最初，MS-13 成员只有萨尔瓦多人，如今它的成员来自墨西哥全境和中美洲。联邦调查局估计，目前有超过 7 万名的 MS-13 黑帮成员在中美洲和美国活动。在美国，它的成员大都集中在加利福尼亚州、纽约州、弗吉尼亚州和哥伦比亚特区。

华盛顿—巴尔的摩"贩毒高发区"项目对 MS-13 做出如下评估：

> 众所周知，MS-13 成员涉足所有类型的犯罪活动。因为与前祖国有联系，所以它的成员能够获得先进武器，让枪支贩运成为其涉足的众多犯罪活动中的一种。尽管他们可以获得武器，但在众多肆无忌惮的谋杀和袭击事件中，它的成员使用砍刀攻击受害者。
>
> 这个黑帮大量参与入室盗窃、汽车盗窃、毒品销售、入室抢劫、武器走私、非法枪支销售、车辆劫持、敲诈勒索、谋杀、强奸、卖淫、袭击和证人恐吓。虽然 MS-13 的施暴对象通常是敌对黑帮成员，但有时也会牵连无辜平民。这个黑帮不断

挑起或参与火拼，与其他黑帮争夺地盘，因为它正在以咄咄逼人的势头，招募新成员和扩张新地盘。目前，这个黑帮最大的对手是其他几个西班牙裔黑帮："第18街"（18th Street）、"南方疯子"（South Side Locos）和"街头暴徒罪犯"（Street Thug Criminals）。

MS-13成员通过文身、服装、涂鸦和手势等多种黑帮标识来表明自己的身份。众所周知，它的成员使用各种各样的文身，有些大到足以覆盖整个背部，有些小到可以藏进握紧的拳头里。有时，文身大小可以彰显自己在帮派中的地位，越是年长或活跃的成员，文身就会越大越显眼。直接来自萨尔瓦多的黑帮成员，文身通常比那些在美国入伙的成员更加显眼。

MS-13成员可以使用阿拉伯数字、罗马数字或二者组合来表示数字13。"MSXIII"也经常使用。这些黑帮成员可能还会试图将"MS-13"字样的文身隐藏在另一个文身里。

这些黑帮成员会在手腕、脖子或额头的位置，缠绕蓝色或黑色的印花大丝巾。他们经常穿着有13、23或3等特定数字的运动服。他们会穿着蓝色或黑色（黑帮颜色）的球衣。他们最喜欢的是艾伦·艾弗森（Allen Iverson）的蓝色3号球衣，以及库尔特·华纳（Kurt Warner）的蓝色13号球衣。他们还会戴上耐克的飞人乔丹帽，因为上面印的飞人乔丹商标，很像他们的手势。纽约洋基队的队服也是他们的最爱。（重点在于，必须了解到许多年轻人也会穿着这些颜色的运动服，如果只有这些标识，就不能将其视作证据，证明这些人是黑帮成员。）

MS-13使用涂鸦来标记地盘或宣传形象，特别是在新地盘上。这种涂鸦可以是精心绘制的，也可以只是胡乱涂画，目的都是为了宣示黑帮的势力范围。黑帮成员潦草地写下"MS"、"Mara Salvatrucha"、"MS-13"或"MSXIII"，也可以只写自己分部单词的首字母。

MS-13 成员使用包括“恶魔之角”[1] 或本黑帮单词首字母在内的多种不同手势信号。其他手势信号用于彼此间的无声通信。MS 黑帮成员经常使用西班牙语单词 sureno（意为“南方人”），来表明自己的身份。

众所周知，这个黑帮大量招募 10 岁以上的学龄儿童。同样众所周知的是，它的成员经常在初中和高中附近游荡，用可以提供性、酒精和毒品的“逃课派对”，来引诱潜在的成员。

成员身份必须不断努力才能保住。严重的时候，如果没有执行命令或没能完成任务，下场就是死亡。

加入黑帮后，除非承受严重的后果，否则就很难脱身。加入黑帮后能够脱身的例外情况极少，但有一种，那就是成员有了孩子，希望开始家庭生活。[2]

MS-13 在华盛顿—巴尔的摩地区的行动，可以追溯到 20 世纪 90 年代。它最早兴起于弗吉尼亚北方的萨尔瓦多族群，此后扩展到马里兰州和哥伦比亚特区。图 11–1 显示了截至 2012 年时，人们估计该黑帮开展活动的区域。

MS-13 的组织结构是阶层式的。MS-13 的基本单位是分部，通常每个分部有 10 至 30 名成员，但最多可达 100 人。事实上，分部在自己的地盘上是自治的。

多个分部可以组成规模更大的团体，称为项目部。项目部

[1] 译注：恶魔之角（devil’s horns），即食指与小拇指伸直，同时用大拇指压住弯下的中指和无名指，这种手势很像头长两只尖角的魔鬼撒旦。这种手势也很像 M，而 M 正是这个黑帮的英文首字母。

[2] 原注：Washington-Baltimore High Intensity Drug Trafficking Area, “Mara Salvatrucha (MS-13),” http://www.hidtagangs.org/Gangs/MS13.aspx.

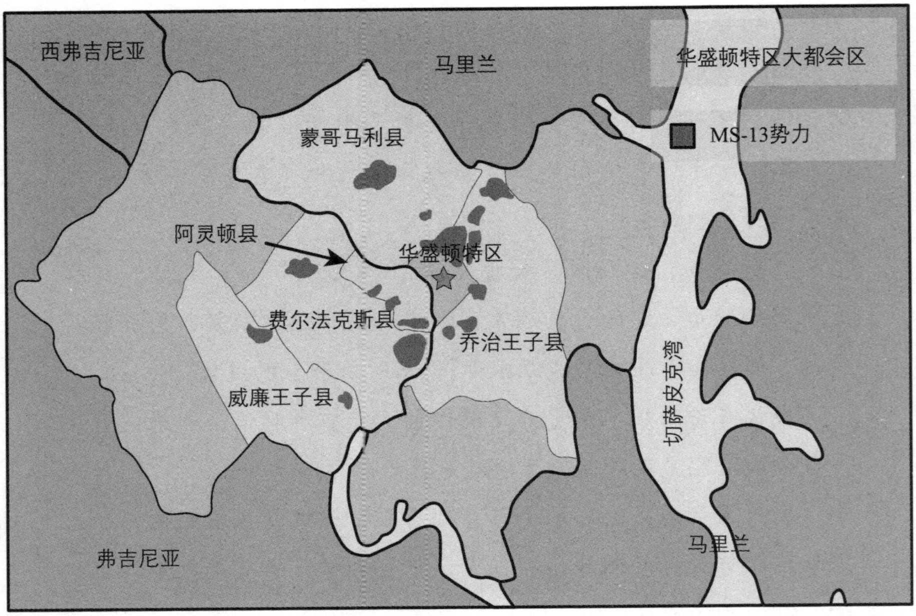


图 11-1 “野蛮萨尔瓦多人”过去在华盛顿大都会区的活动

本图参见http://www.insightcrime.org/investigations/tracking-el-Salvadors-mara-salvatrucha-inwashington-dc。已获“知识共享”（Creative Commons）和 InsightCrime.org 授权使用。

的头目位居中间阶层，称为话事人，可以指挥几十个分部。他们之上是副官，副官一般都关在监狱里，但他们的命令可以传递出去，而且帮众必须服从。副官之上是全国首领，他们人数不多，但在影响整个黑帮的问题上拥有无上的权力。在这个结构里，本地黑帮头目拥有极大的自治权，可以决定一个或多个分部从事哪些种类的犯罪活动，决定如何分配犯罪收益，以及决定与哪些非黑帮（传统犯罪组织）开展合作。每个分部都需对自己的财务健康负责，因此可以决定筹集资金的手段，包括：敲诈勒索，对当地企业和那些为做生意必须穿行黑帮地盘的人员车辆（小贩、煤气供应商和啤酒卡车等）“征税”，贩毒或小规模零售可卡因与快克，以及雇佣暗杀和其他活动。[1] 许多报告显示，MS-13 具有第三代黑帮的特征。它与恐怖主义组织没有任何已知的联系，但有许多相同的特点。例如，它喜欢以跨国的方式，不加区别地对他人使用暴力、恐吓和胁迫。在美国，这个黑帮在许多州均有存在，其犯罪活动模式表明，它或许正在朝着第三代黑帮的方向发展。

## 四、情报报告

**情报报告** 11–1

| 来源 | 日期 | 内容 |
|---|---|---|
| 分析 | 2007 年 11 月 | 国会研究服务部（CRS）有份报告得出结论，认为 MS-13 似乎涉足第三代黑帮所特有的复杂跨国活动。报告认为，它已经“不再是在本土地盘开展活动，也不再聚焦于单一市场，而是开始跨越国境开展活动，开始挑战各个政治结构体”。[2] 报告得出结论，认为 MS-13 现在已经非常强大，足以与墨西哥的贩毒组织分庭抗礼。 |
| 开源情报 | 2010 年 8 月 | MS-13 在哥伦比亚特区和周边各州的势力根深蒂固。它在弗吉尼亚州的费尔法克斯县和阿灵顿县的势力相当稳固，在乔治王子县和马里兰州的蒙哥马利县也有势力存在。有官员认为，MS-13 在大都会地区有 1500 至 3000 名成员。（来源：杰弗里·拉姆齐 [Geoffrey Ramsey] 2012 年 10 月 12 日发布的《在华盛顿特区跟踪来自萨尔瓦多的“野蛮萨尔瓦多人”》，网址为 http://www.insightcrime.org/investigations/tracking-el-salvadors-mara-salvatrucha-in-washington-dc） |

[1] 原注：Douglas Farah and Pamela Phillips Lum, “Central American Gangs and Transnational Criminal Organizations,” February 2013, pp. 6–7, http://www.strategycenter.net/docLib/20130224_ CenAmGangsandTCOs.pdf.

[2] 原注：Congressional Research Service, “The MS-13 and 18th Street Gangs: Emerging Transnational Gang Threats?” November 2, 2007, http://fpc.state.gov/documents/organization/94863.pdf.

（续表）

| 来源 | 日期 | 内容 |
|---|---|---|
| 分析 | 2011年6月6日 | 国家毒品情报中心的分析人员得出结论，认为MS-13似乎正在加强与在洛杉矶、华盛顿特区及北弗吉尼亚州和纽约市各分部之间的协调，这个迹象很可能说明它试图建立全国性的指挥架构。（来源：美国司法部《2011年国家毒品威胁评估报告》） |
| 开源情报 | 2011年10月3日 | 在华盛顿特区地区，MS-13有2个较大的分部可以相互守望。“西方的疯狂萨尔瓦多人”在北方的费尔法克斯县和劳登县活动。“诺曼底的疯狂萨尔瓦多人”在马里兰州乔治王子县和费尔法克斯县的部分地区活动。（来源：“贩毒高发区”项目报告） |
| 分析 | 2011年12月2日 | 目前在华盛顿地区，MS-13有6个较大的分部，它们都与在萨尔瓦多境内该黑帮创始人保持密切联系。“水手的疯狂萨尔瓦多人”就是这样的分部之一。它成立于2005年，是萨尔瓦多境内MS-13组织的分支，在圣米格尔活动。报告总结称：“‘水手的疯狂萨尔瓦多人’开展的行动，有些是为自己分部做的，有些是为在萨尔瓦多的伙伴分部做的。”（来源：乔治王子县警察局黑帮小组的评估） |
| 开源情报 | 2012年6月2日 | 检察官称，巴尔的摩的大麻和可卡因贩子向MS-13成员支付120万美元，用以购买毒品。来自巴尔的摩的韦德·科茨（Wade Coats）和詹姆斯·博斯蒂克（James Bostic），将这笔钱付给了来自马里兰州乔治王子县的MS-13成员何塞·卡瓦佐斯（Jose Cavazos）。调查人员缴获了2个手提箱，内装现金共计61万美元。此外，调查人员还记录了一次会面，期间博斯蒂克向卡瓦佐斯支付超过59万美元，用以购买大麻和可卡因。（来源：《华盛顿邮报》2012年6月2日报道） |
| 人力情报 | 2012年6月5日 | 有线人报告称，绰号“小矮人”（Enano）的马尔温·杰奥瓦尼·蒙特罗萨·拉里奥斯（Marvin Geovanny Monterrosa Larios）和绰号“圣者”（Santos）的莫伊塞斯·温贝托·里弗·卢纳（Moises Humberto Rivera Luna），正在协调MS-13在华盛顿特区的地区性战略方针。两人正在策划组建一个地区团体，它将由各个分部组成。萨尔瓦多境内的MS-13首领，也正在推动各分部组成地区团体（即项目部）。华盛顿特区的地区项目部将被命名为“兄弟会”（La Hermandad）。（来源：线人，绰号“失败者”[Perco]，MS-13成员） |

（续表）

| 来源 | 日期 | 内容 |
|---|---|---|
| 人力情报 | 2012 年 6 月 6 日 | 在南马里兰，许多 MS-13 成员为当地的景观管理公司工作。这个工作可以让他们挑选适合作为目标的住宅，再由同伙实施入室盗窃。（来源：线人，绰号“老鼠”[El Ratón]，MS-13 成员） |
| 人力情报 | 2012 年 7 月 8 日 | MS-13 的走私员使用多种手段，在汽车里藏匿毒品。在过去，首选方法是利用车辆中的自然空隙和售后配件包装箱。由于这些箱体越来越多地成为警方的搜查目标，走私员已经开始使用备用轮胎和油箱来运输大麻。天然气罐是运输液态冰毒的首选方法。（来源：线人，绰号“失败者”，MS-13 成员） |
| 人力情报 | 2012 年 10 月 11 日 | 华盛顿特区的当地分部与萨尔瓦多境内的 MS-13 保持密切联系。这些当地分部会将自己犯罪活动的部分利润，上交给位于萨尔瓦多境内的首领。他们还会与萨尔瓦多相互协调，策划攻击那些怀疑是警方线人的人员和敌对黑帮的成员。每个分部大约有 60 至 100 名成员；“西方的疯狂萨尔瓦多人”大约有 93 名成员。（来源：线人，绰号“火鸡”[El Pavo]） |
| 分析 | 2012 年 10 月 12 日 | 一项独立评估得出的结论，指出：“MS-13 的分布过于分散，领导结构过于薄弱，并不足以构成真正的跨国犯罪组织。不应将它概念化，不应将它视作基于中美洲的、等级森严的团体，而应将它视为‘加盟店’式的组织，本地利益高于国际协调。”[7] |
| 人力情报 | 2012 年 12 月 6 日 | 华盛顿特区的 MS-13 正在与墨西哥贩毒卡特尔“洛斯哲塔斯”（Los Zetas）合作，以获得战术训练和武器。作为回报，“兄弟会”将提供情报，并充当毒品分销网络。据报告，“兄弟会”正试图与一个尼日利亚的毒品卡特尔建立类似关系。（来源：线人，绰号“失败者”，MS-13 成员） |
| 人力情报 | 2012 年 12 月 14 日 | MS-13 正在越来越多地利用互联网实现许多目的：彼此通信，对警察和敌对黑帮成员进行恐吓，以及开展卖淫、勒索、贩毒、洗钱和盗用身份等活动。（来源：线人，绰号“老鼠”，MS-13 成员） |

[1] 原注：Geoffrey Ramsey, “Tracking El Salvador’s Mara Salvatrucha in Washington, DC,” October 12, 2012, http://www.insightcrime.org/investigations/tracking-el-salvadors-mara- salvatrucha-in-washington-dc.

（续表）

| 来源 | 日期 | 内容 |
|---|---|---|
| 分析 | 2013 年 1 月 2 日 | 在华盛顿大都会区，发生毒品黑吃黑的频率越来越高。在这些暴力对抗中，通常是一名毒贩或贩毒组织从另一个毒贩或贩毒组织手中偷窃所运送的毒品。2012 年 11 月，弗吉尼亚至少发生 1 起未遂的毒品黑吃黑。当时，某地区执法团队尾随 1 辆装载 300 磅大麻的 18 轮货车，执行可控的交付任务。有持枪歹徒驾驶 3 辆 SUV，拦截并伏击这辆货车。他们开枪打死司机。在执法人员和枪手的交火中，1 名劳登县治安官的副官负伤。在这些枪手中，至少有 3 人是 MS-13 成员。（来源：美国缉毒署报告） |
| 人力情报 | 2013 年 2 月 2 日 | 在 MS-13 中，“西方的疯狂萨尔瓦多人”这个分部的资金来源，主要是走私毒品和非法移民。它还通过敲诈、绑架和雇佣谋杀等活动赚取资金。（来源：线人，绰号“火鸡”） |
| 人力情报 | 2013 年 2 月 6 日 | 在弗吉尼亚州阿灵顿，MS-13 从 3 个在当地活动的卖淫组织手中收取保护费。作为交换，黑帮成员允许它们在该地区营业。一个卖淫组织的老板向警方表示，他相信如果自己不给钱的话，黑帮就会杀了他。（文章：费尔法克斯县警方） |
| 开源情报 | 2013 年 2 月 13 日 | 在萨尔瓦多驻华盛顿特区大使馆内，萨尔瓦多国家警察联络处平均每月都会收到 6.3 份报告，称美国境内的萨尔瓦多人遭到跨国勒索，这些恶徒来自他们祖国境内的黑帮（基于 2012 年数据），要求支付的勒索金额通常在 200 至 3000 美元之间。[1]（来源：萨尔瓦多《新闻报》[*La Prensa Grafica*]） |
| 人力情报 | 2013 年 2 月 25 日 | “兄弟会”首领与监禁在萨尔瓦多的 MS-13 首领定期通信，并经常通过国际电汇向其汇款。（来源：线人，绰号“火鸡”，MS-13 成员） |
| 人力情报 | 2013 年 3 月 2 日 | MS-13 成员开始利用免费的智能手机应用软件，通过软件的聊天功能彼此交流。他们用它来互发即时的音频、文本、照片和位置消息。他们更喜欢使用集成了地理定位功能的应用软件，因为这种软件在开展行动时会很有用处。（来源：线人，绰号“老鼠”，MS-13 成员） |

[1] 原注：InSight Crime, “Phone Tap Shows U.S.-El Salvador MS13 Connections,” October 29, 2013, http://www.insightcrime.org/news-briefs/phone-call-highlights-el-salvador-gang-connection-with-us.

（续表）

| 来源 | 日期 | 内容 |
|---|---|---|
| 开源情报 | 2013 年 3 月 5 日 | 华盛顿特区的 MS-13 头目“已经表示，有意在智利、秘鲁、西班牙、阿根廷及其他国家成立分部。这份报告显示，即将被美国驱逐出境的黑帮成员接到指示，要求他们进行虚假陈述，说上述的某个国家就是自己的祖国，从而‘免费搭车’，前往该国，帮助 MS-13 扩张在该国的势力”。（来源：国际评估与战略中心 [IASC] 报告，网址为 http://www.strategycenter.net/docLib/20130224_CenAmGangsandTCOs.pdf） |
| 人力情报 | 2013 年 3 月 12 日 | 在弗吉尼亚州，一名身份不明的 MS-13 成员正在向当地执法机构官员提供误导性信息。让该成员充当“双重特工”的决定，是萨尔瓦多境内一个绰号“眼镜蛇”（Cobra）的黑帮头目做出的。（来源：线人，绰号“失败者”，MS-13 成员） |
| 通信情报 | 2013 年 4 月 2 日 | 在弗吉尼亚州费尔法克斯，一个绰号“鸭子”的人给别人打电话。在通话中，绰号“小矮人”的通话人（他是在萨尔瓦多境内活动的 MS-13 首领）发现华盛顿分部有些成员想让自己下台。“小矮人”告诉“鸭子”说，这个阴谋的头目绰号“神风特攻队”（Kamikaze），必须将此人“拿下”，所有参与阴谋的人员也应当“受到教训”。（分析人员评论：该通话说明存在一个愈发复杂的指挥架构，另外也突显出在两国境内 MS-13 分支机构之间存在行动联系。）（来源：联邦调查局通信情报报告） |
| 开源情报 | 2013 年 6 月 6 日 | 2012 年，美国财政部将 MS-13 定为跨国犯罪组织。此举冻结了这个黑帮在美国的资产，并禁止美国公民企业与这个黑帮做生意。报告识别出 MS-13 中的 6 名高层人员的身份：绰号“半个百万”的何塞·米萨埃尔·西内罗·罗德里格斯（Jose Misael Cisneros Rodriguez）、绰号“吵闹”的莫里斯·亚历山大·贝尔奇安·曼琼（Moris Alexander Bercian Manchon）、绰号“圣者”的莫伊塞斯·温贝托·里弗·卢纳、绰号“小矮人”的马尔温·杰奥瓦尼·蒙特罗萨·拉里奥斯、绰号“好莱坞恶魔”的恩里克·博罗梅奥·恩里克兹·索隆扎诺（Enrique Borromeo Henriquez Solorzano），以及和绰号“十三”的索尔·安东尼奥·图西奥斯·安格（Saul Antonio Turcios Ange）。[1] |

[1] 原注：InSight Crime, “Phone Tap Shows U.S.-El Salvador MS13 Connections,” October 29, 2013, http://www.insightcrime.org/news-briefs/phone-call-highlights-el-salvador-gang-connection-with-us.

（续表）

| 来源 | 日期 | 内容 |
|---|---|---|
| 人力情报 | 2013 年 6 月 7 日 | 在北弗吉尼亚州，一些 MS-13 成员被任命为走私员。这些走私员频繁往返于华盛顿与萨尔瓦多或洛杉矶之间。有些走私员不久前去过西班牙和尼日利亚。该线人并不知道这些走私员去两地的任务是什么。（来源：线人，绰号“失败者”，MS-13 成员） |
| 人力情报 | 2013 年 8 月 11 日 | “鸭子”奥马尔·帕托（Omar “Duck” Pato）是“诺曼底的疯狂萨尔瓦多人”任命的走私员。他每个月都要前往萨尔瓦多，向 MS-13 首领通报马里兰州的情况，再带回萨尔瓦多当地首领的指示。（来源：线人，绰号“失败者”，MS-13 成员） |
| 人力情报 | 2013 年 8 月 22 日 | 该线人得知，“诺曼底的疯狂萨尔瓦多人”成员已被派往北弗吉尼亚州，因为“西方的疯狂萨尔瓦多人”成员在那里没有“维护帮派利益”，或是没有处理好帮派事务。（来源：线人，绰号“火鸡”，MS-13 成员） |
| 开源情报 | 2013 年 10 月 11 日 | 意大利米兰警方调查 2011 年发生的两起未遂谋杀案，然后逮捕了 25 名街头黑帮成员，查明这个黑帮正是萨尔瓦多境内的 MS-13。被捕人员包括绰号“神风特攻队”的黑帮头目约苏埃·杰拉尔多·伊萨克·弗洛里斯·索托（Josue Gerardo Isaac Flores Soto）。这些成员被控策划阴谋、发动袭击、实施抢劫和非法持有武器。警方还缴获了一本小册子，上面写有这个黑帮的行动纲领和账目。<br>意大利执法机构官员曾表示担心，认为 MS-13 可能正在扩大在欧洲的势力存在。据称，这些被捕人员与萨尔瓦多境内和华盛顿特区的 MS-13 有着广泛联系。（来源：萨尔瓦多《新闻报》、《共和国报》[*La Repubblica*] 和《晚邮报》[*Corriere Della Sera*]） |
| 开源情报 | 2013 年 10 月 12 日 | 劳登县警察在例行的截停检查中，听到被拦截车辆的后备厢里发出撞击响声。执法人员在后备厢里发现一名手脚被捆、嘴巴被堵的男性。他是阿灵顿县居民，目前遭到绑架，已被囚禁 2 至 3 天。此事的起因，是该名被绑人员未能交付一车大麻。2 名被证实为 MS-13 成员的男性与此次绑架事件有关，并已被逮捕。（来源：《华盛顿时报》） |
| 分析 | 2013 年 10 月 22 日 | 在华盛顿特区，MS-13 成员出售的快克饼干越来越薄，通常是 15 至 18 克，而过去是 28 克。当地调查人员称，它们以前看起来像是老式的糖曲奇，但现在看起来更像华夫饼。弗吉尼亚州阿灵顿县警察局也报告称，快克饼干如今愈发变得“极薄”。（来源：执法机构报告） |

（续表）

| 来源 | 日期 | 内容 |
|---|---|---|
| 人力情报 | 2013 年 11 月 15 日 | “小丑”梅尔文·克鲁兹（Melvin “Joker” Cruz）2012 年刑满出狱，之后便被驱逐出境。3 个月后，他带着 6 名萨尔瓦多境内 MS-13 的成员和一批可卡因重返弗吉尼亚州阿灵顿县。后来，他于 2012 年底再次被捕，再次被驱逐出境，但在 2013 年中期又再次返回。（来源：线人，绰号“失败者”，MS-13 成员） |
| 人力情报 | 2013 年 12 月 2 日 | 2011 年，“水手的疯狂萨尔瓦多人”的首领“矮子”诺埃·克鲁兹（Noe “Shorty” Cruz）命令手下成员报名参加美国陆军。依照克鲁兹的指示，这名新兵主动要求分配到陆军某财务营（该线人不掌握其中原因）。该名新兵在执勤时从事毒品分销活动，后被抓获，于是因行为不端被强制退伍。（来源：线人，绰号“失败者”，MS-13 成员） |
| 人力情报 | 2013 年 12 月 2 日 | MS-13 成员购买昂贵的电子产品（主要是智能手机），然后将它们运往墨西哥，交给在洛斯哲塔斯的联络人，让他在当地出售，以换取洛斯哲塔斯流通的比索。（上线评论：这一过程被称为基于贸易的洗钱。它通常被用来对毒资进行洗钱，让毒资看起来像是商业交易的合法收益。这样一来，贩毒组织就无须再将美元存入墨西哥的银行了。）（来源：线人，绰号“老鼠”，MS-13 成员） |
| 人力情报 | 2013 年 12 月 3 日 | 被纳入证人保护计划的线人莉莎·弗洛里斯（Lisa Flores），于 2013 年遭到谋杀，此事即“水手的疯狂萨尔瓦多人”首领“矮子”诺埃·克鲁兹下令实施的。（背景：弗洛里斯 16 岁便加入萨尔瓦多境内的 MS-13。她以走私员身份，往来于洛杉矶、西雅图、圣迭戈和蒂华纳之间，转移毒品销售资金。在向圣迭戈执法官员提供信息后，她便被纳入证人保护计划，并搬到弗吉尼亚州，试图逃脱这个黑帮的魔爪。）该线人报告称，弗洛里斯之所以会被查出下落，是因为有 MS-13 成员打入证人保护计划内部。（来源：线人，绰号“火鸡”） |
| 人力情报 | 2013 年 12 月 8 日 | 受雇充当行李搬运员和机场雇员的 MS-13 成员，不久前开始利用商业航空公司进行毒品走私。为飞离休斯敦和洛杉矶航班提供服务的行李搬运员，将装满大麻的行李装上飞往华盛顿杜勒斯国际机场的飞机。在华盛顿，会有人卸下这些行李，再通过员工出口带出机场。该线人不知道这些货物是哪些航班运来的。（来源：线人，绰号“老鼠”，MS-13 成员） |

（续表）

| 来源 | 日期 | 内容 |
|---|---|---|
| 开源情报 | 2013 年 12 月 19 日 | 昨天，两名费尔法克斯县警官因涉黑犯罪被捕。据报道，他们都是 MS-13 的成员。一名警官为一宗案值 77.2 万美元的银行劫案打掩护：这名警官向他人开枪，陷害其为抢劫匪徒。另一名警官从证物柜里盗窃可卡因并转卖，案值至少为 80 万美元。（来源：《华盛顿邮报》） |
| 人力情报 | 2014 年 1 月 3 日 | 该线人报告称，“小矮人”和“圣者”坚持要求“兄弟会”停止发动黑帮间的暴力活动，要求他们低调行事，这样执法机构便不会步步紧逼。2013 年，在政府斡旋下，MS-13 首领与其对头，也就是萨尔瓦多境内“第 18 街”首领实现休战，此事让萨尔瓦多境内的 MS-13 获益匪浅，双方首领相信此事在华盛顿也会取得成功。<br>两个黑帮在萨尔瓦多实现休战，另外双方因为同意休战，社会地位得到提升，并获得媒体的积极评估，这些因素让打击黑帮活动的执法行为大为减少。（来源：绰号“失败者”，MS-13 成员） |
| 人力情报 | 2014 年 1 月 4 日 | “兄弟会”创办了一个网站，邀请浏览过这个网站的访问者在推特上发文，再让发文者使用自己的脸谱网账号，对发文进行关注或点赞。该网站发布黑帮成员拥有大量现金和昂贵汽车的照片。该网站突显加入黑帮的好处，目的是吸引可能加入的新成员。（来源：线人，绰号“老鼠”，MS-13 成员） |
| 网络情报 | 2014 年 1 月 5 日 | MS-13 有个网站，上面的链接可跳转到 YouTube。这个 YouTube 频道里有数百个视频，内容为黑帮成员打着手势，展示带有黑帮特征的涂鸦和文身。有的视频是说唱歌曲和照片，它们来自与这些黑帮有联系的名人。还有的视频是商业制作的电视剪辑，介绍 MS-13 犯下的罪行、他们在监狱里的关系网、文身、标志和其他相关活动。（评论：这些视频的目的似乎是为了招募，因为它们美化了黑帮的生活。）（来源：美国联邦调查局网络行动） |
| 分析 | 2014 年 1 月 5 日 | 整个华盛顿特区的毒品调查人员报告称，他们愈发频繁地看到有“前车”和“后车”与“货车”一起行驶。这些增加的护送车辆被用作“干扰工具”，可以让执法人员无法集中力量紧盯运载毒品的“货车”。毒品调查人员报告称，这些增加的车辆也被用来针对执法机构开展反监视。 |

（续表）

| 来源 | 日期 | 内容 |
|---|---|---|
| 人力情报 | 2014 年 1 月 6 日 | 1 月 2 日，“水手的疯狂萨尔瓦多人”的首领“矮子”克鲁兹会见尼日利亚毒枭约瑟夫·恩瓦福的副手努胡·布哈里（Nuhu Buhari）。布哈里提议进行交易，向“水手的疯狂萨尔瓦多人”出售高纯度海洛因。因为报价太高，所以“矮子”拒绝这项交易。（来源：线人，绰号“火鸡”，MS-13 成员） |
| 人力情报 | 2014 年 1 月 7 日 | 监视线人“火鸡”后提交的报告：“火鸡”会见自己的上线，提供关于尼日利亚毒枭交易的情报，然后直接前往弗吉尼亚州阿灵顿县的萨尔瓦多餐厅，与“西方的疯狂萨尔瓦多人”首领“矮子”克鲁兹会面。两人交谈了大约 55 分钟，然后各自离开。克鲁兹似乎对会面的结果非常高兴，离开前还拥抱了“火鸡”。 |
| 网络情报 | 2014 年 1 月 8 日 | 很明显，华盛顿特区的 MS-13 在国际毒品交易中使用比特币。在过去 4 个月，我们观察到弗吉尼亚州阿灵顿县有一台 MS-13 控制的计算机，它与毕晓普公司（尼日利亚人约瑟夫·恩瓦福名下特洛伊企业设在英国的子公司）之间，比特币交易额显著增加。之前，情报机构曾经认为恩瓦福与贩毒活动有关。目前，MS-13 和毕晓普公司之间的比特币交易额，平均每月约为 150 万美元。（来源：美国缉毒署网络行动中心） |
| 通信情报 | 2014 年 1 月 15 日 | 萨尔瓦多公民马尔温·杰奥瓦尼·蒙特罗萨·拉里奥斯与莫伊塞斯·温贝托·里弗·卢纳（目前两人均被监禁在萨尔瓦多），曾于 2013 年期间多次下令在华盛顿地区杀人。两人通过手机与在华盛顿特区的 MS-13 同伙联系。唯一可以证实的遇害目标，是 2013 年 8 月 16 日被杀的拉蒙·门布雷尼奥·塞拉亚（Ramon Membreno Zelaya）。他一直试图脱离这个黑帮，甚至把自己的黑帮文身都洗掉了。（来源：美国联邦调查局） |
| 人力情报 | 2014 年 2 月 3 日 | 目前，“西方的疯狂萨尔瓦多人”和“诺曼底的疯狂萨尔瓦多人”都使用脸谱网、YouTube 和推特相互通信，也以此与华盛顿特区其他分部相互通信。他们的主要手段是发布博客和共享视频。YouTube 和 MySpace 也被用来恐吓其他帮派，或者被用来组建黑帮联盟。（来源：线人，绰号“老鼠”，MS-13 成员） |

## 五、背景

### （一）黑帮特征

以下内容摘自美国国会研究服务部报告《MS-13 和第 18 街：新兴跨国黑帮威胁？》，作者为塞林达·佛朗哥（Celinda Franco），报告时间为 2008 年 1 月 30 日。

根据特征，黑帮可分为第一代、第二代或第三代。

- 第一代黑帮是传统的街头帮派。他们以地盘为导向，固守本地；他们很少涉足高端，只从事低端犯罪活动；他们往往领导结构松散。第一代帮派从事机会主义犯罪活动，参与黑帮间的斗争。
- 第二代黑帮的结构是有组织的，类似企业。他们倾向于以市场为导向，而非以地盘为导向。黑帮活动往往以毒品为中心。此类黑帮倾向于在更加广阔的地区行动，往往有中心化的领导层。
- 第三代黑帮是高度复杂的团体，类似雇佣兵。他们的目的是变得强大或敛财，并有一整套完善的政治目标。它们倾向于在全球环境下行动，或许还会接受恐怖主义理论，以实现自己的目的。

大多数城市黑帮都符合第一代和第二代的特征。

### （二）与贩毒组织的联系

在华盛顿特区，黑帮出售的大麻、冰毒、可卡因和海洛因等非法毒品，绝大部分都是外国生产的，再从墨西哥走私进入或途经该地区的。摇头丸主要从加拿大进口，但也有从墨西哥进入该地区的，只是数量较少。也有部分水培大麻（“不列颠哥伦比亚省大麻”）是从加拿大进入该地区的。

贩毒组织与 MS-13 等跨国黑帮建立了可以盈利的伙伴关系。此举为这些黑帮和贩毒卡特尔提供了可观的利益：黑帮变得更加强大，也有更多的机会获得大量廉价毒品；贩毒组织则利用黑帮扩大销售网络。MS-13 与墨西哥各卡特尔之间的关系，因时间和地区的不同各有不同。双方关系最密切的时候，黑帮就是这些卡特尔在美国境内的延伸。这时，黑帮成员接受贩毒组织领导人的命令，为他们购买武器、车辆和其他物资，并将人员和武器运进运出美国。

[第 12 章]

# 反制巴拉米拉国导弹车

本章案例研究发生在虚构的背景设定下，是达利斯特里亚（Dalistria，以下可简称“达国”）和巴拉米拉（Balamira，以下可简称“巴国”）两个国家间的冲突。这个案例非常典型，讨论了如何提供情报支持，对抗某种可以构成军事威胁的系统（如第 1 章所述）。在本案例中，威胁来自导弹运输起竖式雷达功能发射车（transporter erector launcher and radar，TELAR）发射的反舰导弹（ASM），如图 12–1 所示。具体而言，本章案例研究的主题为：如何发挥情报作用，导致敌方武器系统无法发挥作用。

图 12–1　导弹运输起竖式雷达功能发射车

## 一、目标

完成本章案例研究后，学员将获得以下方面的经验：

- 为一种武器平台系统创建目标网络模型；
- 基于对一种主要武器平台系统的了解，识别可以开发利用的弱点；
- 运用地理空间分析，解决情报问题；
- 拟定行动建议。

## 二、任务

假设你是达国联合作战司令部的首席情报分析人员，接到的任务是针对为（本章“想定”一节介绍的）“自由航行行动”（Operation Free Sailing）所作的任务分析，提供相应支持。也就是说，达国舰队向北航行期间，在通过有争议的米拉海峡（Mira Straits）时存在风险，你必须就该项风险向达国特遣队司令提出建议。在对风险和可行性进行初步评估时，并不存在完整的行动时间表；只有当达国联合作战司令部司令获得政府批准后，才能拟定完整的行动构想（CONOP）。必须在很短的时间内将任务分析提交政府批准，然后才能着手拟定行动计划。

达国联合作战司令部司令非常清楚，与巴国海军的海上冲突并不是非常严重的挑战，因为巴国海军的实力远逊于己（参见双方的战斗序列）。事实上，舰队通过海峡时所面临的最大挑战，是巴国海军操控的海防巡航导弹网络。因此，达国特遣队司令基于所获情报，提出如下要求：

1. 创建可以表示巴国海防巡航导弹系统的目标网络模型。该模型必须能用一张幻灯片展示。
2. 拟定搜集计划和传感器开发计划，它们将用来针对巴国海防巡航导弹网络，支持对其工作状态开展持续性评估，并将用来针对迫近威胁发出警报。为此，应采取如下行动：

（1）识别巴国海防巡航导弹的活动和通信，它们是可以揭示该导弹战备状态的观察对象。达国特遣队可以开发这些观察对象，并就攻击舰队的意图发出预警。

（2）创建一个时间表，展示巴国海防巡航导弹从待机状态到导弹发射的过程。

（3）描述针对巴国海防巡航导弹开展的搜集活动。要想针对迫近攻击发出预警，就必须开展此项搜集。描述时应当提供可以阐明传感器类型和目标位置的详细信息。（提示：在针对海防巡航导弹目标开展搜集时，图像情报和电子情报特别有用。）

3. 基于第 2 点要求的工作成果，就如何反制巴国海防巡航导弹的问题，拟定选项供司令考虑。选项的内容之一，就是识别一个笼统（而非确切）的发动行动的时间线窗口，以获得最高的成功概率。

4. 建议一条航线，供舰队向西通过米拉海峡，无须过于具体。

## 三、想定

### （一）背景：米拉海峡冲突

在东西方的冷战冲突之外，去殖民化是后二战国际关系中唯一最重要的动态。在世界范围内，殖民帝国解体后产生了许多民族国家[1]，它们彼此接壤，但在政府能力和国家认同等方面却各不相同。

米拉海峡的政局风云变幻，但却反常地没有发生过暴力冲突。1990年，该地区的殖民大国诺曼基斯坦（Normarkistan）认识到，长期以来对

[1] 译注：民族国家（nation-state），指的是欧洲近代以来，通过资产阶级革命或民族独立运动建立的、以一个或多个民族为主体的国家。

米拉海峡的统治终将难以为继。它希望能与那些发起运动争取自治或独立的地区精英达成一致，实现和解。这样一来，诺曼基斯坦就能以有限的财政成本抽身而退，不必动用本国军警部队镇压当地公众的不同意见。

诺曼基斯坦试图与新邻国保持密切而且于己有利的关系，而上述考虑就是该国当时的主旨。在这方面，诺曼基斯坦基本还算成功。但在 20 世纪 90 年代，它试图调解地区争端，此后便在 20 世纪 90 年代后期退守中立。而在今天，当巴国和达国就米拉海峡所有权产生争端时，它仍然保持中立立场。

巴拉米拉争取自治的运动造成两个国家的独立，但二者的热情程度截然不同。巴拉米拉是最为极力发声的民族主义力量。一直以来，巴拉米拉的大部分伊斯兰民众都支持实现更大程度的独立。巴拉米拉早先谋求的并不是独立。但当局势明朗之后，达利斯特里亚发现自决明显好过继续充当诺曼基斯坦唯一的殖民地，于是便选择独立。

分治迅速实现，但明显不公，最大的输家就是达利斯特里亚，它失去了北方工业核心地带，以及分治时达利斯特里亚人居多的多个西部城镇。图 12–2 显示了两国目前的国界。巴国是牺牲达国利益过程中的最大赢家，两国政府也一直因为这个问题而关系紧张。巴国指责达国支持其东南边境的分离主义，因此拒绝达国船只进入米拉海峡，以示报复。

达国政府很清楚不能让这种情况持续下去，因为巴国单方面关闭海峡将彻底破坏达国的经济。尽管国际法庭很可能会做出对达国有利的裁决，但等待裁决很可能需要 10 年时间之久，这将对达国的经济造成不可挽回的损害。因此，达国政府已经要求军方筹备一次军事行动，使用武力解决这个问题。它要求海军派遣一支由本国货船组成的小型船队，在护航状态下向北航行，通过米拉海峡。如果巴国海军试图封锁海峡，达国海军接到的命令是采取一切必要行动，强行前进。不过，交火规则很可能是只能在保护货船和（或）自卫时开火。达国政府已经要求联合作战司令部准备一份初步拟定的任务分析，对最终将以“自由航行行动”之名开展的行动进行评估。必须在很短的时间内将任务分析提交政府批准，然后才能着手拟定行动计划。

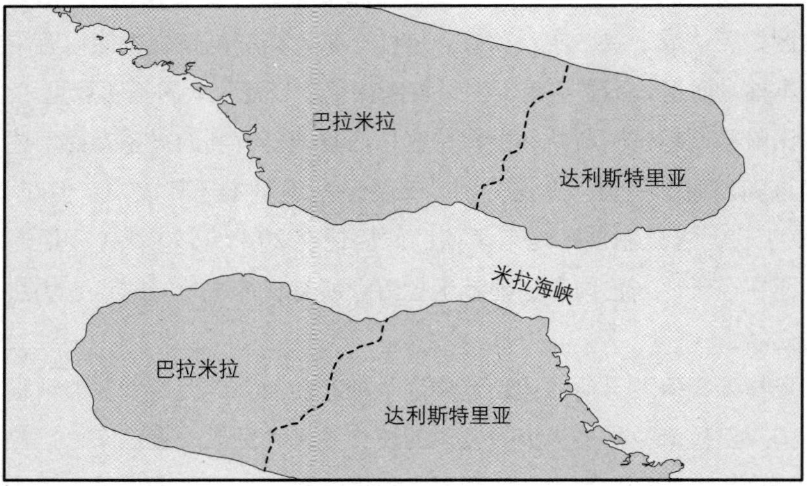


图 12–2　存在争议的米拉海峡

## （二）达国海军战斗序列

**情报报告 12–1**

| 达利斯特里亚共和国军舰 | 速度和规格 | 武器装备 |
|---|---|---|
| “耐心”号（NESTRIAL） | 30 或 18 节[1]；长 209 米，宽 36 米，吃水 7.6 米 | 3 架 AH-64D 直升机，3 架 SK MK4 直升机，2 架 CH-47 直升机，3 架 LX MK7 直升机；<br>甲板可搭载总计 22 架直升机；<br>多种自卫武器系统 |
| “皮奈格”号（PINEG） | 28 节；长 133 米，宽 16 米，吃水 7.3 米 | 113 毫米舰炮（射程 22 公里）；<br>32 枚“海狼”防空导弹（射程 13 公里）；<br>8 枚“鱼叉”导弹（射程 124 公里）；<br>鱼雷若干 |

[1] 原注：节（kn）是舰船的一种速度单位，相当于每小时 1 海里（每小时 1.852 公里）。

（续表）

| 达利斯特里亚共和国军舰 | 速度和规格 | 武器装备 |
| --- | --- | --- |
| “菲拉斯”号（FERALAS） | 28 节；<br>长 133 米，宽 16 米，吃水 7.3 米 | 1 架 LX MK8 直升机；<br>113 毫米舰炮（射程 22 公里）；<br>32 枚“海狼”防空导弹（射程 13 公里）；<br>8 枚“鱼叉”导弹（射程 124 公里）；<br>鱼雷若干 |
| “浪人”号（RONIN） | 29 节；<br>长 152 米，宽 21 米，吃水 7.4 米 | 1 架 LX MK8 直升机；<br>113 毫米舰炮（射程 22 公里）；<br>“紫菀 15”舰对空导弹（射程 30 公里）；<br>“紫菀 30”舰对空导弹（射程 120 公里） |
| “地图”号（PLAT） | 30 节；<br>长 154 米，宽 20 米，吃水 9.4 米 | 127 毫米舰炮（射程 24 公里）；<br>1 套 29 发射单元的 Mk 41 垂直发射系统和 1 套 61 发射单元的 Mk 41 垂直发射系统，以及 90 枚 BGM 109“战斧”舰对地攻击导弹（射程 1700 公里）；<br>鱼雷若干 |
| “米尔蒂拉”号（MILTIRA） | 30 节；<br>长 154 米，宽 20 米，吃水 9.4 米 | 127 毫米舰炮（射程 24 公里）；<br>1 套 29 发射单元的 Mk 41 垂直发射系统和 1 套 61 发射单元的 Mk 41 垂直发射系统，以及 90 枚 BGM 109“战斧”舰对地攻击导弹（射程 1700 公里）；<br>鱼雷若干 |
| “欺凌者”号（TORMENTER） | 30 节；<br>长 154 米，宽 20 米，吃水 9.4 米 | 2 架 MH-60R 直升机；<br>127 毫米舰炮（射程 24 公里）；<br>1 套 29 发射单元的 Mk 41 垂直发射系统和 1 套 61 发射单元的 Mk 41 垂直发射系统，以及 90 枚 BGM 109“战斧”舰对地攻击导弹（射程 1700 公里）；<br>鱼雷若干 |
| “连指手套”号（MITEN） | 29 节；<br>长 130 米，宽 15 米，吃水 4.7 米 | 1 架 CH-124 直升机；<br>76 毫米舰炮（射程 16 公里）；<br>1 套 29 发射单元的 Mk 41 垂直发射系统，以及 29 枚 RIM-66“标准”舰对空导弹（射程 170 公里）；<br>鱼雷若干 |

（续表）

| 达利斯特里亚共和国军舰 | 速度和规格 | 武器装备 |
|---|---|---|
| “老兵”号（VETEREN） | 30 节；<br>长 134 米，宽 16.5 米，<br>吃水 7.1 米 | 1 架 CH-124 直升机；<br>57 毫米舰炮（射程 8.5 公里）；<br>24 枚 Mk 46 鱼雷；<br>16 枚“海雀”舰对空导弹（射程 50 公里）；<br>8 枚“鱼叉”导弹（射程 124 公里） |
| “延续”号（CONTINUE） | 20 节；<br>长 172 米，宽 23 米，<br>吃水 10 米 | 直升机甲板可搭载 3 架直升机；<br>多种自卫武器系统 |
| “里特里亚”号（RITRIA） | 20 节；<br>长 206 米，宽 27 米，<br>吃水 11 米 | 直升机甲板；<br>多种自卫武器系统 |
| “规则”号（PROVISION） | 15 节；<br>长 91 米，宽 17 米，<br>吃水 5.5 米 | 2 门 20 毫米舰炮 |
| “托布里亚”号（TOBRIA） | 17 节；<br>长 60 米，宽 9.8 米，<br>吃水 2.2 米 | 30 毫米舰炮；<br>“海狐”排雷系统；<br>深水炸弹若干 |
| “法布里亚”号（FOBRIA） | 17 节；<br>长 60 米，宽 9.8 米，<br>吃水 2.2 米 | 30 毫米舰炮；<br>“海狐”排雷系统；<br>深水炸弹若干 |
| “康里亚”号（CONRIA） | 17 节；<br>长 60 米，宽 9.8 米，<br>吃水 2.2 米 | 30 毫米舰炮；<br>“海狐”排雷系统；<br>深水炸弹若干 |
| “达拉”号（DALA） | 13 节；<br>长 52.5 米，宽 11 米，<br>吃水 2.3 米 | 30 毫米舰炮；<br>远程控制载具 |
| “加拉”号（GALA） | 13 节；<br>长 52.5 米，宽 11 米，<br>吃水 2.3 米 | 30 毫米舰炮；<br>远程控制载具 |

## （三）巴国人民海军战斗序列

**情报报告 12–2**

| 巴拉米拉<br>人民海军军舰 | 速度和规格 | 武器装备 |
|---|---|---|
| “国王米拉”号<br>（KINGMIRA） | 28 节；<br>长 133 米，宽 16 米，<br>吃水 5.5 米 | 114 毫米舰炮；<br>8 枚“鱼叉”导弹；<br>32 枚“海狼”防空导弹；<br>鱼雷若干 |
| “支配”号<br>（DOMINANCE） | 30 节；<br>长 130 米，宽 15 米，<br>吃水 6.3 米 | 76 毫米舰炮；<br>16 枚“海雀”导弹；<br>8 枚“鱼叉”导弹；<br>鱼雷若干 |
| “对抗”号<br>（COUNTERAL） | 30 节；<br>长 139 米，宽 14 米，<br>吃水 5.7 米 | 100 毫米舰炮；<br>4 枚 MM 40“飞鱼”导弹；<br>26 枚“响尾蛇”舰对空导弹；<br>鱼雷若干 |
| “虎”号<br>（TIGERAL） | 30 节；<br>长 55 米，宽 14 米，<br>吃水 2.5 米 | 2 门 20 毫米舰炮；<br>2 挺 12.7 毫米重型机枪；<br>“西北风”舰对空导弹；<br>2 个“冥王 +”远程操作载具 |
| “风暴球”号<br>（STORMBALL） | 18 节；<br>长 55 米，宽 9.2 米，<br>吃水 2.9 米 | 2 门 40 毫米 L70 舰炮；<br>2 枚“毒刺”舰对空导弹；<br>ASQS-11 声呐 |
| “护舷”号<br>（FENDER） | 19 节；<br>长 157 米，宽 21 米，<br>吃水 10.8 米 | 1 门 40 毫米舰炮；<br>6 挺 12.7 毫米重型机枪；<br>Simbad 舰对空导弹 |
| “泰达勒”号<br>（TIDALER） | 20 节；<br>长 174 米，宽 24 米，<br>吃水 7.6 米 | 4 门 27 毫米舰炮；<br>3 枚“毒刺”导弹 |
| “量规”号<br>（GAGE） | 15 节；<br>长 100 米，宽 16 米，<br>吃水 4 米 | 2 枚舰对空导弹 |

### （四）补充情报报告 1：巴国海军海防巡航导弹

米拉海峡的西海岸线主要是海湾、岬湾、滨海湖和浅湾，因此是快速部署和重新部署海防巡航导弹的理想地区。巴拉米兰的海军防御专家早已认识到这一点，并沿海峡两岸提前勘测，建好部署导弹运输起竖式雷达功能发射车的场地。这些预先勘测的发射台通常只是钢筋混凝土地面，发射弧可自由调整。它们通过公路和铁路，与一系列地区海防巡航导弹支持基地（RCDCMSB）相连。其实，这些支持基地也不过是戒备森严的框架结构建筑而已。已发现 7 个地区海防巡航导弹支持基地（评估认为可能已经投入使用），并在米拉海峡东西两岸依次标记（参见图 12–3）。

这些地区海防巡航导弹支持基地都保留了一个基础设施，因为在为已部署的海防巡航导弹提供支持时，这项支持工作本身也是需要支持的。部署导弹时必须用到这种支持性基础设施，它由海防巡航导弹部队位于霍尔克（Holk）的司令部提供补给。根据评估，目前的支持设备不足，无法让所有地区海防巡航导弹支持基地同时投入使用。这意味着长期以来，如果发现有支持设备移动，就可以作为明确的指标和预警，提醒有部队正在组建。

海防巡航导弹车队的训练活动是年度训练的一项关键内容。车队的安保工作交由巴国海军负责，但是据称，巴国特警负责海峡北岸公开活动的车队。待货船驶开北岸贡吉港（Port Gonghi），抵达南岸巴瓦港（Port Bawa）并将训练装备卸下之后，将由巴国国土警卫队（Home Guard）负责海峡南岸的车队。

为海防巡航导弹网络提供的训练支持，是在已知唯一的地对地导弹试验场进行的。这个试验场位于霍尔克以北约 40 公里，名为“荒原”（Barrens）。

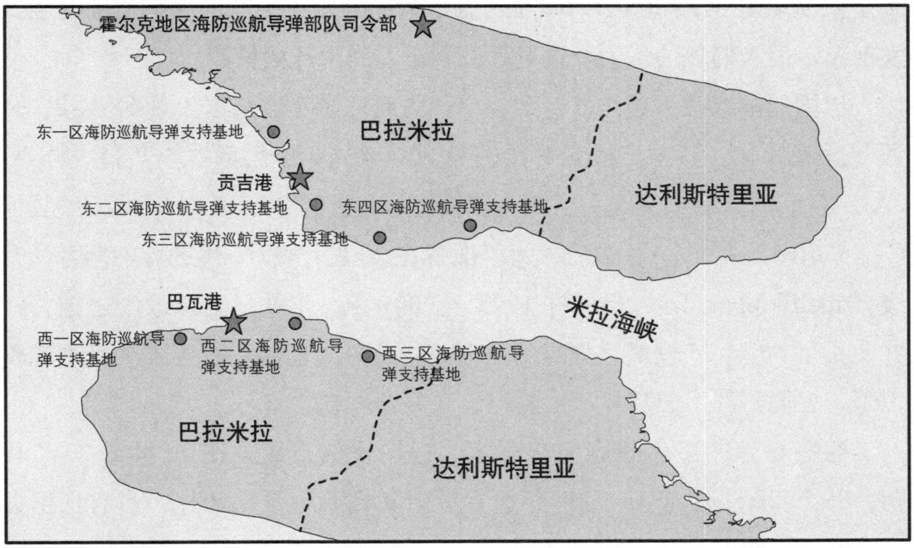


图 12–3　2009 年 8 月，巴国海军地区海防巡航导弹支持基地的评估分布图

2007 年 10 月起，“荒原”试验场共进行了 6 次高度公开的 C-802 海防巡航导弹试射，以及 1 次 C-704 地区海防巡航导弹试射。一直以来，这些发射都是零星且无规律的，评估认为这更多的是与政治手腕有关，而不是出于作战需求。

最值得关注的试射发生在 2009 年 8 月 4 日，它的目标是“荒原”以东约 34 海里的一艘靶船。试射至少发射 3 枚导弹，击沉靶船“锈蚀”号(Rusty)。试射时，即使“锈蚀”号确实搭载了特征增强装置，外界也并不掌握它搭载的到底是哪种型号。

根据评估，巴国大约拥有 200 枚巡航导弹，但 C-802 和 C-704 之间的确切区别不明。这些导弹已发射的不超过 20 枚。根据评估，1998 和 1999 年，巴国购买了多达 30 辆的导弹运输起竖式发射车（transporter erector launcher，TEL）。另外，未经证实的开源报告称，导弹运输起竖式发射车的国产化工作将在 2002 和 2003 年开始。尽管在 2008 年阅兵时，巴国展示了以斯堪尼亚 R420SHK 6×6 底盘车为基础自主生产的导弹运输起竖式发射车，但人们评估认为，这只是原型车，尚未开始量产。

巴国的国家政策是作战行动独立，为此，海军购买了大量 SS-N-2“冥河”反舰导弹。其中，最先购买的是 20 世纪 80 年代基本款 P-15（SS-N-2A“冥河 A”），后来又购买了 300 多枚更加先进的 P-15M（SS-N-2C“冥河 C”，如图 12–4 所示）。最后，为了准备在 20 世纪 90 年代进行中期寿命升级（midlife upgrade），巴国在 1992 至 2007 年，也就是升级取消之前，一共购买了 50 至 75 枚最终型号的 P-20M。此外，巴国还购买了少量训练模拟器，它们不能用于实战，主要用于开展导弹装载演习。

这些导弹的工作状态无法确定。根据评估，最晚在 20 世纪 90 年代初，SS-N-2A“冥河 A”的库存已在试射和训练中全部消耗。没有证据显示 1993 至 2006 年的年度训练消耗，累积起来会超过 350 枚导弹。因此，主流评估意见认为，巴国至少还有 200 枚 SS-N-2C“冥河 C”，以及 30 至

图 12–4　2006 年 3 月，霍尔克阅兵前巴国海军的 P-15M/SS-N-2C “冥河”反舰导弹

50 枚 P-20M。

SS-N-2“冥河”反舰导弹的存储和保养地点是位于霍尔克的巴国海军基地。报告显示，这些导弹仍在接受基本程度的保养。重要的是，实战经历证明，“冥河”是一种非常耐用的设计款式。虽然无法避免储存不善和操作不当的影响，但相比西方同类武器，它更加坚固耐用。因此根据评估，如有需要，“冥河”导弹可在数周内投入使用。

“冥河”系列作为海防巡航导弹，原本就具备陆基发射能力，A 国“海鹰 2”（北约代号“蚕”）系列就是它的直系后代。但一直以来，巴国海军并没有使用过这种能力，他们更喜欢使用专门购买的陆基发射系统来发射。不论是因为海防巡航导弹部队作战失利，还是因为有必要增加部署导弹的数量，一旦需求出现，那么将“冥河”作为岸基海防巡航导弹来使用的可能性是不能排除的。

巴国所有类型的导弹，在最后 5 海里的飞行过程中，都使用国产自动寻的雷达进行自导，因此很难区分船只类型。在其他冲突中，巴国使用同类型导弹，曾经误击民用商业运输船只。参见表 12–1。

**表 12–1　巴拉米拉反舰导弹射程参数**

| 反舰导弹 | 最小射程 | 最大射程 |
|---|---|---|
| C802 | 4.5 海里 | 65 海里 |
| C704 | ? | 20.5 海里 |
| SS-N-2C | 4.5 海里 | 43 海里 |

### （五）补充情报报告 2：海上商业活动

巴国在米拉海峡有两大民用渔场（参见图 12–5）。在那里，中小型拖网渔船一直忙碌不休。另外还有一些体积很大的加工冷冻船，它们负责集中这些渔船的渔获物，然后进行打包。这样一来，这些渔船马上就可以再次开始捕捞，不必返回港口。东部渔场的渔期为 4 至 9 月，西部渔场为 4 至 10 月。

贡吉港和巴瓦港之间有个民用渡口，大部分时间是6艘大型汽车渡轮（其中有4艘较为现代化）在两岸往返。视天气情况，船只通行需要10个小时或者更久。两个港口均有1艘备用渡轮。这些渡轮在海峡之间往来的时间，通常是10至14时和22至凌晨2时。每艘渡轮的载客量都在800人以上，载车量在200辆以上。最繁忙的时节通常是7至8月，那时航行天气良好，度假的人们也会前往海峡对岸探亲。

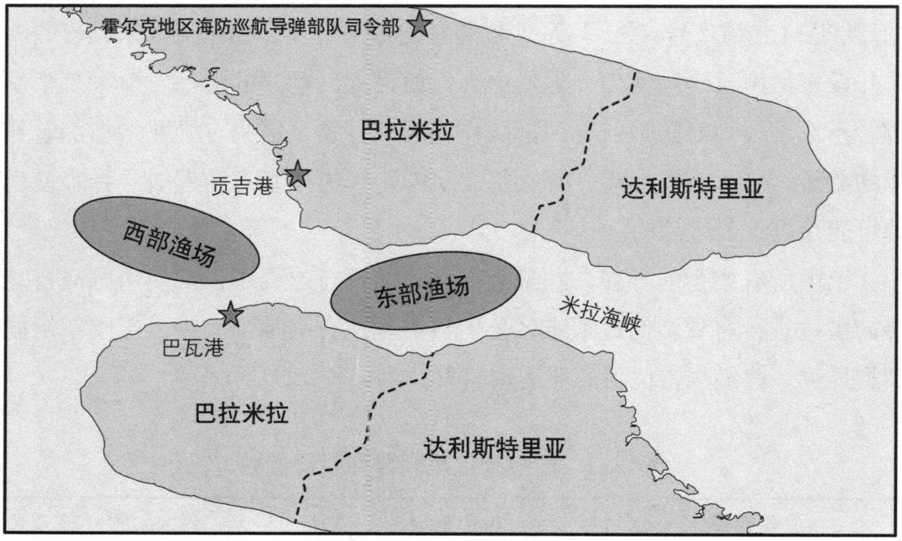


图 12–5　米拉海峡的海上商业活动

## （六）补充情报报告3：地区海防巡航导弹支持基地的部署和威胁覆盖范围

图12–6展示了各个地区海防巡航导弹支持基地站点的威胁覆盖范围。每个支持基地最多能够支持5辆导弹运输起竖式发射车，并且能够在基地周边5公里范围内，支持预先选定的发射场。在保障导弹运输起竖式发射车及发射场正常运行方面，这些支持基地所能发挥的作用并未

全部公开；只知道这些支持基地需要霍尔克司令部提供支持物资，然后才能让本基地负责的导弹运输起竖式发射车作好战斗准备。人们怀疑，这也是巴国政府在指挥与控制领域实施的一项安全措施。此外，根据评估，如果这些支持基地不能正常运行，导弹运输起竖式发射车便无法精确发射导弹。

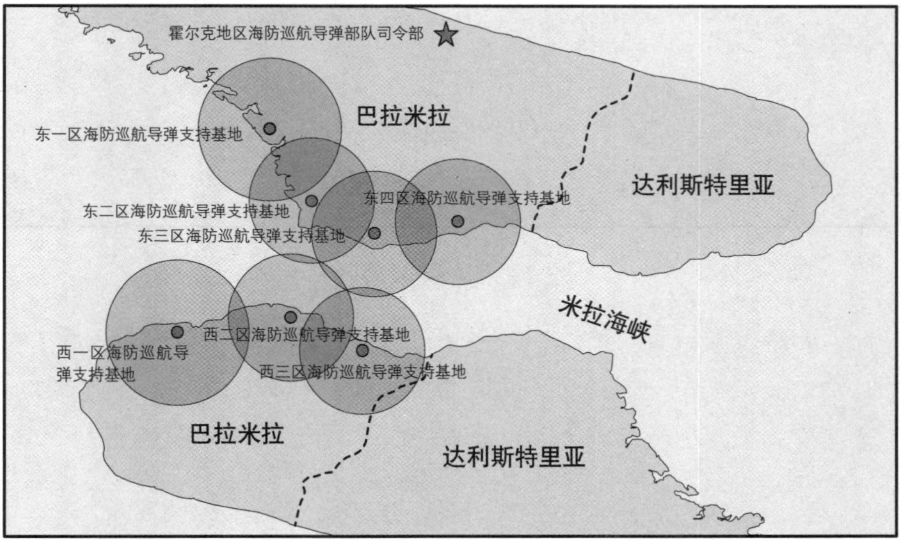


图 12–6 各地区海防巡航导弹发射场的评估射程

## （七）补充情报报告 4：米拉海峡的水雷

图 12–7 展示了米拉海峡已知或疑似的水雷。据估计，关于巴国航道的水雷，有些位于前殖民大国诺曼基斯坦海军设施周边，是很早以前所布水雷的剩余；也有一些位于米拉海峡，就在巴国与达国争议边界沿线水域，人们怀疑它们是不久以前布下的。

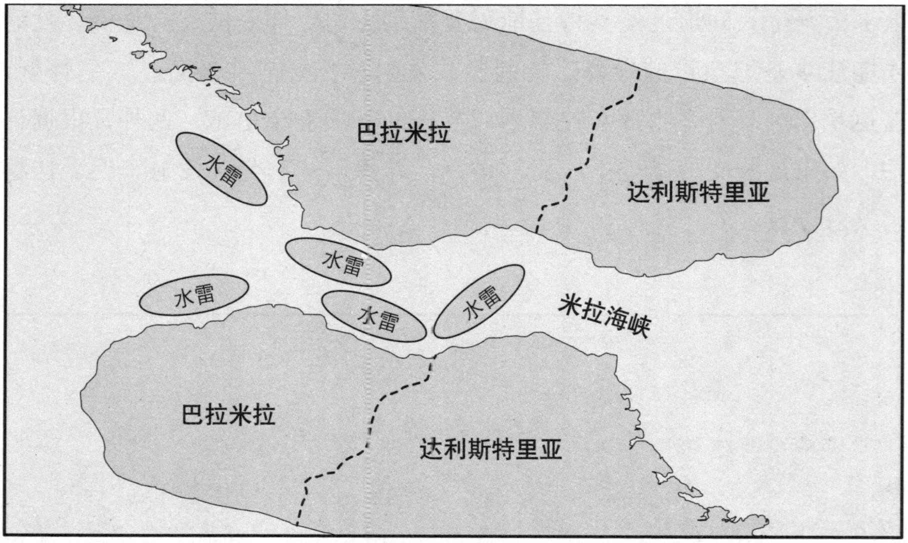


图 12–7　疑似雷区

[第 13 章]

# 非洲之角

本章案例研究设定在 2015 年。它使用的想定是虚构的，但该想定所用的态势却是以非洲之角地区过去 5 到 10 年的态势为基础。这是一个关于网络战的想定，其中因为跨国武装和犯罪网络，国家间的冲突变得愈发复杂。

本章"国家背景和态势"一节和最后一节"背景"都是基于事实的。虽然地区、组织和某些事件的名称都是真实的，但其他要素都是虚构的。一切内容，如与过去、现在或未来的现实相似，纯属巧合。简言之，必须严格遵守下文提供的相关背景信息。**不得挑战背景设定！**

## 一、目标

本章案例研究提供了本书最复杂的想定。目的是引入网络建模作为结构化方法，实现可视化和分解处理，以此提供建模方面的高级实践。具体实践如下：

- 定义威胁网络；

图 13-1 非洲之角

- 陈述复杂行动环境中的威胁网络，协助形成共享的态势感知和态势认知；
- 管理目标网络模型，协劲形成共享的态势感知和态势认知；
- 生成优先信息需求和情报搜集计划；
- 确定目标及其优先级别；
- 练习口述简报；
- 练习生成地理空间产品。

## 二、任务

本任务可以独立完成，也可以小组为单位完成。你或你的小组是全源情报分析人员，在一个负责非洲之角的地区联盟总部下辖联合指挥情报部门（J2）工作，目前正在准备为战役策划工作提供支持。指挥官的意图是采取行动以重新开放曼德海峡，并为人道主义组织创造安全可靠的环境。你或你的小组接到的任务是，针对此次行动面临的威胁，准备一份情报评估，同时准备一份优先目标清单供指挥官批准。

### （一）任务 1：作战空间的情报准备

1. 阅读想定并创建目标网络模型，以表述你仅基于阅读想定的、对非洲之角的态势或作战空间的总体理解。这时，可以创建子目标网络模型，以表述你从想定中识别出的特定威胁网络。陈述这些目标网络模型，时间为 5 到 10 分钟。
2. 阅读情报报告，修正你最初创建的目标网络模型，然后再次简要陈述，这次要突出目标网络模型中所做的修正。

### （二）任务 2：情报搜集计划

1. 基于你在任务 1 中创建的目标网络模型，拟定一份清单，列出 10 个关键问题供你的搜集“资产”回答。例如，如果在目标网络模型中识别出走私网络，就应当创建问题，这些问题会被发送给你的搜集“资产”，让其提供关于该威胁网络的详细信息。
2. 阅读情报报告，回答可以回答的问题。讨论最初创建的那 10 个情报搜集计划问题的准确性。

3. 拟定一份清单，列出 10 个新的优先问题。讨论提升这些新问题优先级别时的考虑。

### （三）任务 3：行动计划：效果和目标生成

1. 假设指挥官希望破坏各种不同的威胁网络，就应当为每个威胁网络模型识别出一个目标集。
2. 阅读情报报告并修正你的目标网络模型，尽可能填充完整，并修正你的目标集清单。进行简短陈述，突出所有修正，并拟定一份高优先级的高价值目标清单。必须从摧毁、破坏或影响当中，为每个高价值目标清单选择一项攻击效果。
3. 讨论各份高价值目标清单，识别它们之间的所有差异。

### （四）任务 4：地理校正（选做）

1. 在你的基线目标网络模型中，提取尽可能相关的信息，使用地理位置标签（Geotag）对其进行标注。陈述并讨论产品。
2. 在情报报告中，提取尽可能相关的信息，使用地理位置标签对其进行标注。陈述并讨论产品。

## 三、想定

### （一）国家背景和态势

#### 1. 索马里

自古以来，非洲之角一直为四五个游牧部族所定居。这些游牧部族都是非洲人，但深受阿拉伯半岛的影响，因为他们早年已经信仰伊斯兰教。

南方地区则为信奉万物有灵论的非洲部族定居。

1800 年中期，英国的殖民保护国索马里兰在索马里以北建国。1889 年，意大利从桑给巴尔的苏丹手中买下索马里南方地区，此后它便是意属索马里兰。意大利入侵了位于北方的英属索马里兰之后，英国于 1941 年入侵并占领了位于南方的意属索马里兰。此战之后，依照联合国授权，这片土地将在 10 年内获得独立，获得属于自己的权利。1960 年，新近独立的英属索马里兰和意属索马里兰合并，成立索马里共和国。1961 年公民投票，确立了基于民主选举的议会政体。它的外交政策是中立的，不结盟的。索马里地图请参见图 13–2。

1961 至 1969 年，北方部族和南方部族之间的内战，以及索马里与肯尼亚和埃塞俄比亚的边界冲突，一直困扰着这个国家。经济停滞不前，腐败和裙带关系泛滥成灾。

1969 年大选之后，再次当选的总统穆罕默德 · 易卜拉欣 · 埃加勒（Mohamed Ibrahim Egal）遭到暗杀。随后，穆罕默德 · 西亚德 · 巴雷（Mohamed Siad Barre）将军发动军事政变，于是在将近 20 年的时间里，索马里一直没有民主宪法。穆罕默德 · 西亚德 · 巴雷让索马里与苏联结盟，并效仿苏联的政治制度。

1977 年，索马里入侵埃塞俄比亚欧加登省，于是它与苏联的亲密关系暂时中断。后来，索马里在欧加登战争中战败，索马里经济遭受重创，反对穆罕默德 · 西亚德 · 巴雷专制统治的势力也在与日俱增。各大部族结成联盟反对巴雷，巴雷被迫于 1991 年出逃。

20 世纪 90 年代，各个部族及反复变化的各个联盟相互开战，争夺索马里的统治权。1991 年，北方部族宣布在英属索马里兰领土上成立“索马里兰共和国”。没有任何一个国家承认索马里兰共和国。

1992 年，局势持续恶化，联合国安全理事会禁止向索马里出口一切武器，并在国际社会发出饥荒迫近的预警之后，于 4 月决定开展人道主义行动。

1992 年 12 月，以美国为首的联合特遣队抵达索马里，保障人道主义援助物资的运送活动。联合特遣队的任务遭到各部族的激烈反对，随后双

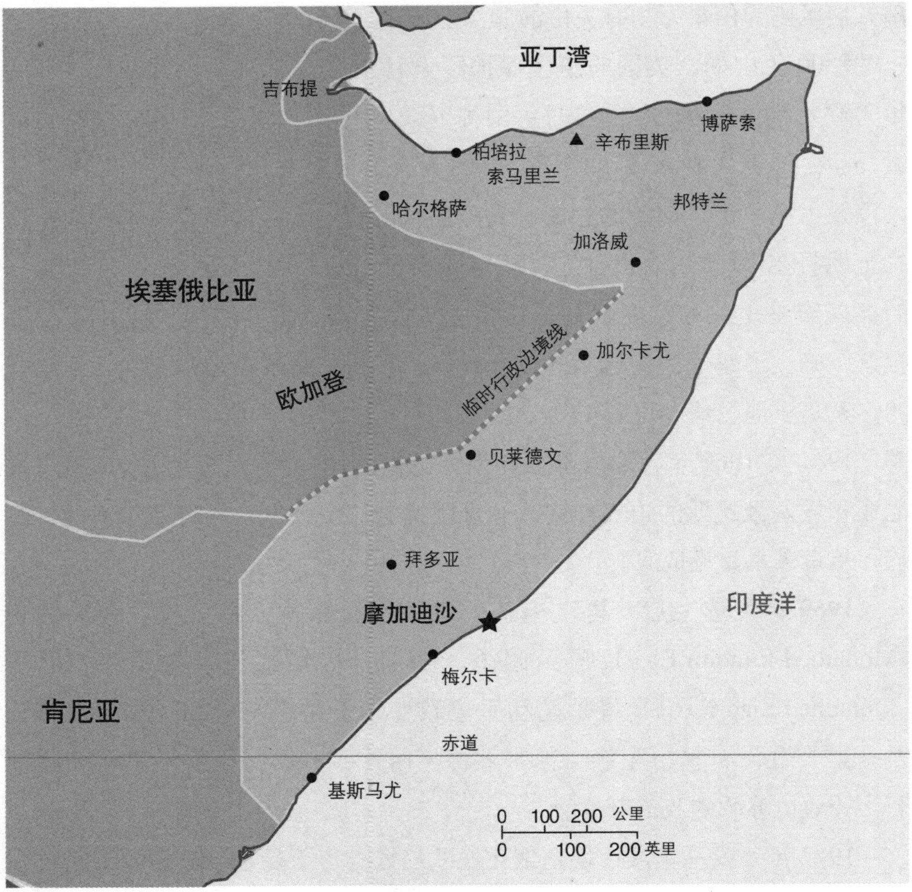


图 13–2 索马里

来源：《中央情报局世界概况》。

方经常爆发冲突。1993 年，联合特遣队撤离，代之以联合国第二期索马里行动。这是授权范围更加广泛的任务。美国在索马里首都摩加迪沙采取一系列行动，但均以失败告终，于是决定在 1994 年撤离索马里。其余的联合国部队紧随其后，于 1995 年撤离。

自那时起，索马里的局势便一直处于没有法律约束和无政府的状态。各方一再试图改善当地局势，但纷纷宣告失败。1998 年，身为军阀的政客阿卜杜拉希·优素福·艾哈迈德（Abdullahi Yussuf Ahmed）宣布在索马里东北地区成立邦特兰自治区。但这一宣言并不为国际社会所承认。

2. **也门**

自古以来，也门一直是多元化的国家，深受多种文化的影响（也门地图参见图 13–3）。许多城邦在这个地区繁荣发展，游牧部族生活在这片广袤的沙漠当中。人们很早就开始信奉伊斯兰教。1547 年，奥斯曼帝国在也门多个城市立足，但时间只有短短 10 年。1839 年，英国吞并港口城市亚丁，以支持通往印度的海上航运。1872 年，英国占领了这个国家的北方地区，对该地区的控制一直持续到一战结束。

因为一战带来衰落，所以奥斯曼帝国在 1918 年退出阿拉伯半岛，北也门成为独立国家，实行保守主义的封建统治。

英国是当时南也门的保护国。当地起义活动愈演愈烈，于是英国在 1966 年退出南也门。随后内战爆发，冲突双方是南也门解放阵线和后来获胜的民族解放阵线。埃及曾经支持当地反抗英国，后来便开始支持南也门解放阵线。

冷战时期，苏联设法与南也门建立起牢固的联系，于是南也门逐渐沿用了苏联的社会组织方式。北也门仍然是保守的部族社会。

20 世纪 80 年代，北也门发现油田，当地经济和政治因此得到长足发展。相比之下，苏联撤回支持之后，南也门的情况急转直下。1986 年，内战爆发。1990 年，两个也门和平合并，成为今天的也门。然而，和平并没有持续太久，因为南也门的副总统与北也门的总统萨利赫决裂。1994 年，内战爆发。直到北也门部队占领南方领土之后，战争才宣告结束。

尽管也门与沙特阿拉伯（以下简称“沙特”）在文化上有许多相似之处，但两国关系紧张，根源是双方在领土和政治等方面存在分歧。也门和阿曼在鲁卜哈利沙漠进行了长达数年的边境武装冲突，后于 2000 年达成和平协议。

2001 年，也门修订《宪法》，规定也门划分 19 个省，国家领导人是总统。他必须由民选产生，必须得到由众议院和舒拉委员会组成的两院系统的支持。

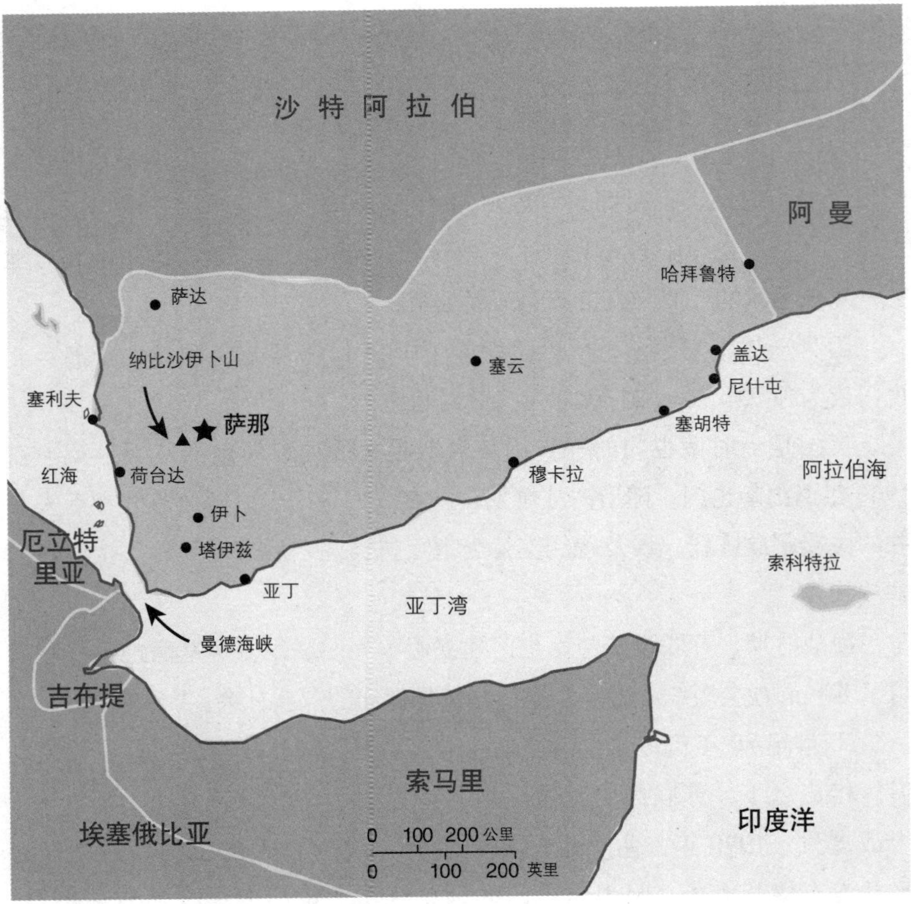


图 13–3　也门

来源：《中央情报局世界概况》。

### 3. 厄立特里亚

1890 至 1941 年，厄立特里亚是意大利的殖民地。虽然意大利的殖民统治推动了当地基础设施和工业的发展，但这些改善所产生的收益全都输送至意大利本土。二战期间，英国进攻此地，并击退意大利势力，此后便一直统治这个国家，直到厄立特里亚的未来能够被国际社会所决定。厄立特里亚地图参见图 13–4。

这个国家在政治上分为两派，一派希望实现独立，另一派希望与埃塞俄比亚组成联邦。随后，两派爆发暴力冲突。1947 年，英国准备撤离这个国家，联合国决定在厄立特里亚举行全民投票，以决定这个国家未来的地位。独立派赢得 55% 的选票，但很明显，获胜一方并没有能力维持国家统一。联合国通过第 390 号决议，决定埃塞俄比亚和厄立特里亚组建联邦，但保障厄立特里亚的民主权利，保证厄立特里亚享有一定的自治权。

图 13–4 厄立特里亚

来源：《中央情报局世界概况》。

事实证明，这个联邦无法持久。1962 年，埃塞俄比亚吞并厄立特里亚，联合国没有抗议。吞并导致厄立特里亚爆发武装抵抗，多个武装派系举兵战斗，在接下来的 30 年里，他们不但反抗埃塞俄比亚的统治，而且还相互攻击。苏联一直支持埃塞俄比亚。但苏联解体之后，埃塞俄比亚的军事实力遭到严重削弱，于是在 1991 年，武装抵抗力量成功解放了厄立特里亚全境。

厄立特里亚就正式独立举行全民投票，并以 99% 的压倒性优势获胜。人民民主与正义阵线通过公开选举上台，它的执政初期似乎是一片光明。宪法获得一致通过，但从未得到执行。公众对政府的不满与日俱增，原因是新的选举被推迟了。此事导致总统伊萨亚斯·阿费沃尔基（Isaias Afewerki）的政府收紧统治，监禁批评人士，并强制推行新闻审查制度。1998 年，埃塞俄比亚和厄立特里亚之间再次发生武装冲突，长达 2 年的战争虽然结束，但并没有打出结果。非洲联盟于 2000 年 12 月促成和平协定，联合国也成立维和特派团。联合国驻埃塞俄比亚和厄立特里亚特派团（简称“埃厄特派团”）对两国间长达 25 公里的隔离区开展监督。

厄立特里亚是非洲人均军队最多的国家。

#### 4. 吉布提

吉布提曾是法国殖民地，现在仍与法国保持密切关系。吉布提位于红海入海口，位置极具战略意义。因有法国支持，它的经济相当稳定。吉布提楔在厄立特里亚、埃塞俄比亚和索马里等较大国家之间，主要依靠 3000 人的法国驻军来保障安全。包括美国和日本在内的多个国家利用吉布提的港口和军事基地开展行动，并在当地永久驻军。

#### 5. 阿曼

在 1560 年以前，阿曼一直都是葡萄牙殖民地。1871 年，它成为英国殖民地。阿曼通过和平进程获得独立，与英国保持牢固的联系。1975 年，也门支持佐法尔省发动叛乱，但被阿曼军方和英国特种部队特种空勤团（SAS）联手镇压。阿曼经济主要依靠本国石油资源和沙特提供的贷款。阿曼必须在也门和沙特这两个邻国之间保持平衡，为此批准美国在其境内某处设立基地，即允许美军在该地点驻军 1 万人，以及建造 1 个小型空军基地。吉布提和阿曼地图请参见图 13–5（a）和（b）。

图 13–5（a） 吉布提和阿曼

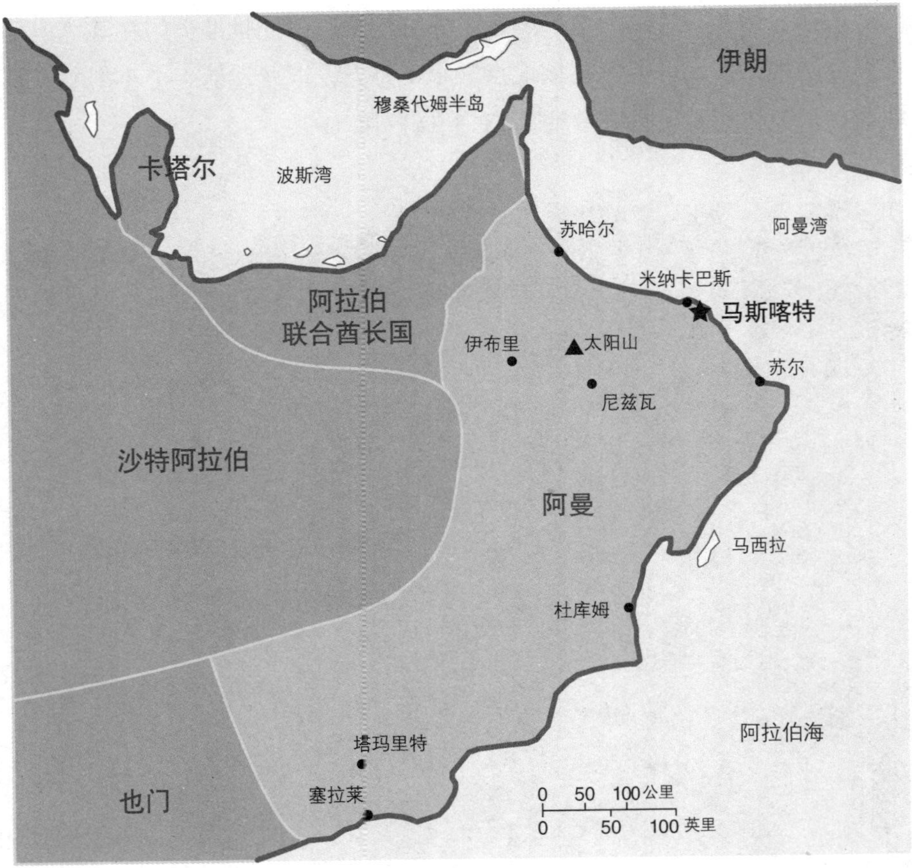


图 13-5（b） 吉布提和阿曼

来源：《中央情报局世界概况》。

### 6. 沙特阿拉伯

1902 年，阿卜杜勒·沙特（Abd al-Aziz ibn Abd al-Rahman Al Saud）掌控了利雅得，由此开始了长达 30 年的战争，并最终统一了阿拉伯半岛。从那时起，这个国家一直实行极权君主制度，奉行伊斯兰法律，并深受被称为“瓦哈比派”（Wahhabism）的伊斯兰激进主义分支的影响。1990 年，萨达姆企图吞并科威特，包括科威特王室在内的 40 万人沦为难民，他们全部在沙特获得庇护。1991 年，沙特国王允许阿拉伯和西方的军队在其国家部署，以解放科威特。“沙漠风暴行动”结束后，沙特不再欢迎外国军队。当地民众愈发不满，这种情绪推动美国于2003年将军队撤至其邻国卡塔尔。沙特地图参见图13–6。

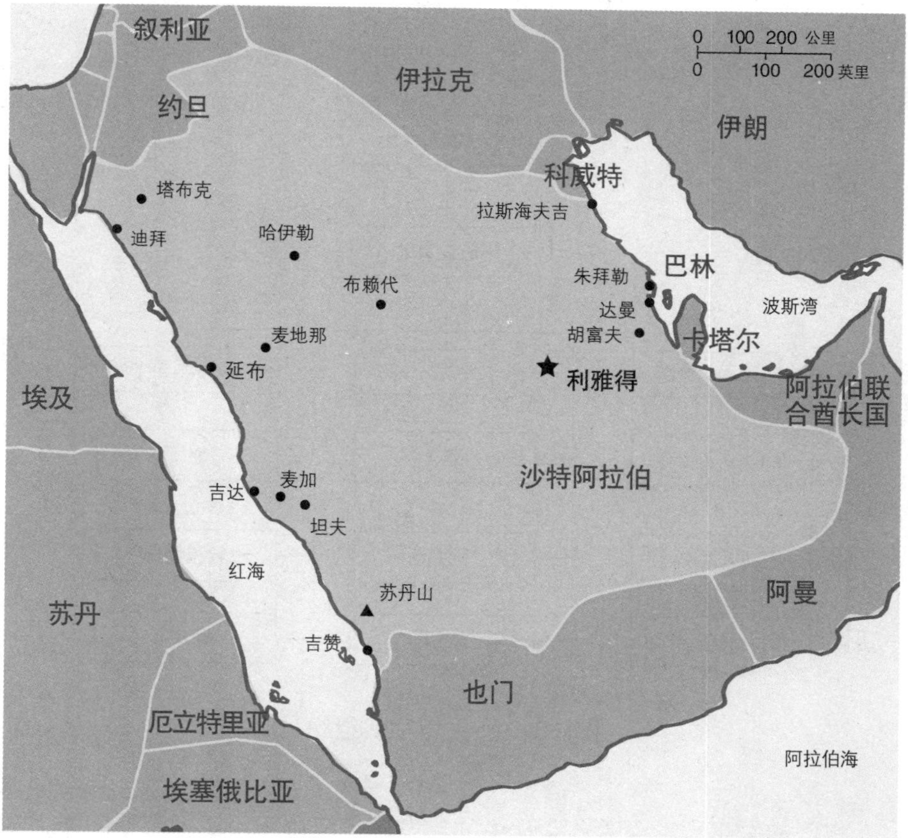


图 13–6　沙特阿拉伯

来源：《中央情报局世界概况》。

## （二）也门军事实力

也门武装部队分为两个互不统属的组织：正规军和隶属内政部的准军事部队。准军事部队配轻型武装，任务是维护公共秩序。

政治军事指挥链参见图 13–7。国防委员会主席也是武装部队总司令，这个职位由三个军种（陆军、海军和空军）轮流担任，每两年轮换一次。三个军种的总司令加在一起，就构成了国防委员会。这意味着武装部队总司令身负双重职能。重要的司令部均位于萨那的使馆区，国防委员会和各作战司令在此办公。

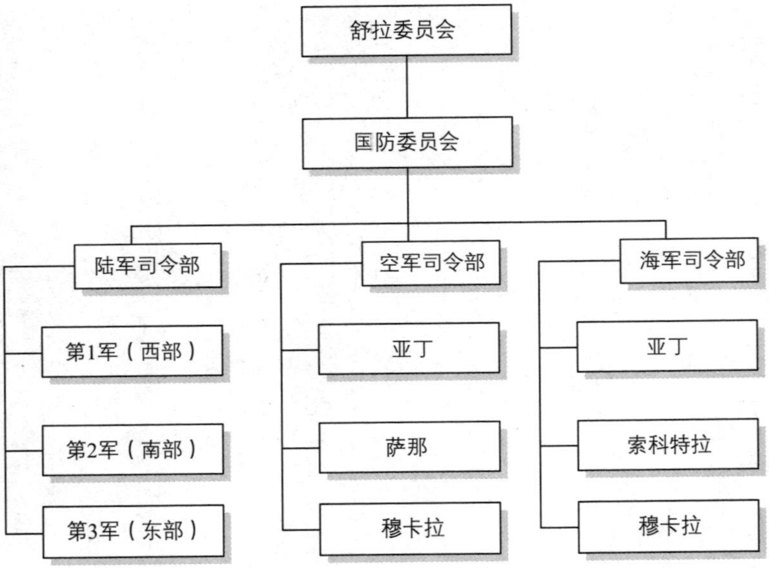


图 13–7　也门军队组织

也门的军事理论深受苏联学说的启发。也门协调跨军种活动的能力为中等至差等。

**1. 陆军的组织和装备**

也门正规军的陆军由 44 个旅组成。各旅类型如表 13–1 所示，各旅装备如表 13–2 所示。

表 13–1 也门正规军的陆军旅

| 类型 | 数量 |
|---|---|
| 装甲旅 | 8 |
| 机械化旅 | 6 |
| 步兵旅 | 16 |
| 特种旅 | 1 |
| 空降旅 | 2 |
| 炮兵旅 | 3 |
| 地对地导弹旅 | 1 |
| 中央警卫旅 | 1 |
| 防空旅 | 6（每个旅包括 1 个地对空导弹营、4 个防空高炮营） |

表 13–2 也门陆军各旅装备

| 部队 | 构成 | 装备 |
|---|---|---|
| 装甲旅 | 3 个营，每营配 30 辆坦克（每营 3 个连，每连配 10 辆坦克） | T-72，M-60A1，T-62，T-54/55，T-34 |
| | 1 个营，配 30 辆装甲运兵车（该营 3 个连，每连配 10 辆装甲运兵车） | BMP-1/2，M-113，BTR-40，BTR-60 |
| 机械化旅 | 1 个营，配 30 辆坦克（该营 3 个连，每连配 10 辆坦克） | T-72，M-60A1，T-62，T-54/55，T-34 |
| | 3 个营，每营配 30 辆装甲运兵车（每营 3 个连，每连配 10 辆装甲运兵车） | BMP-1/2，M-113，BTR-40，BTR-60 |
| 步兵旅 | 1 个营，配 30 辆装甲运兵车（该营 3 个连，每连配 10 辆装甲运兵车） | BMP-1/2，M-113，BTR-40，BTR-60 |
| 炮兵旅 | 3 个营，每营配 36 门高炮（每营 3 个炮兵连，每连配 12 门高炮） | BMP-1/2，M-113，BTR-40，BTR-60 |

当前部署如图 13–8 所示。第 1 军扼守首都亚丁和直通曼德海峡的出海口，保持高度战备状态。它的所有部队随时处于 50% 的战备状态，并可在 1 周内达到 100% 的战备状态（可以出动）。第 2 军处于 50% 的战备状

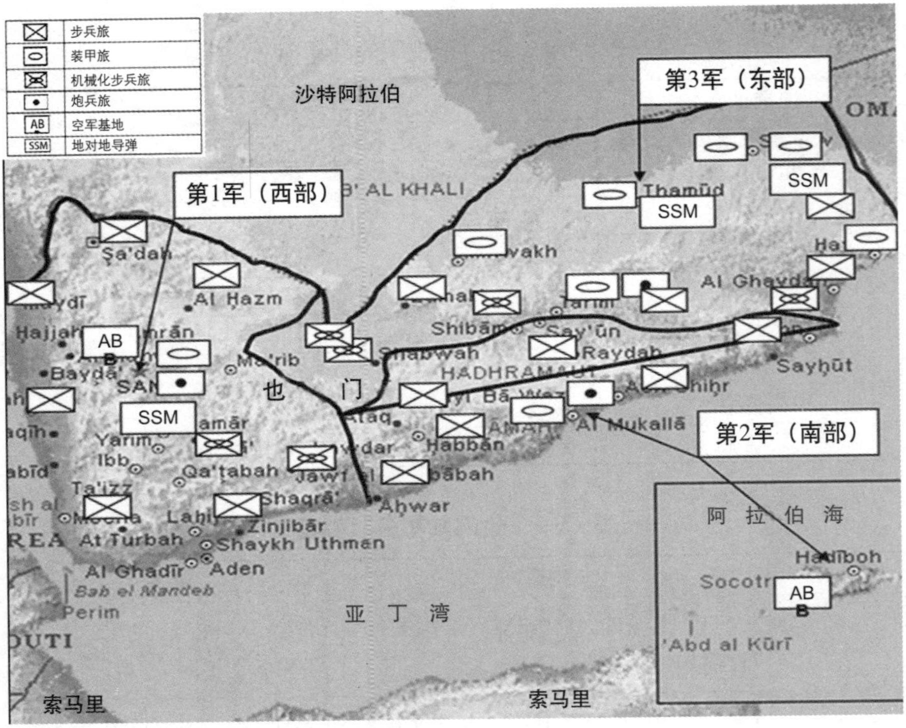


图 13–8　也门军事部署

态，并可在 3 周内达到 100% 的战备状态（可以出动）。第 3 军处于 50% 的战备状态，并可在 2 周内达到 100% 的战备状态（可以出动）。所有地对地导弹部队随时处于 100% 的战备状态。

陆军后勤系统的基础是仓库和机动设施相互结合。

装甲旅、机械化旅和步兵旅均有 1 个连队配发 12 个多管火箭发射器，可提供强力火力支持。炮兵旅的配属由国防委员会逐一决定。参见表 13–3。

**2. 空军的组织和装备**

图 13–9 显示了也门空军的基地部署情况。也门空军的战备状态，是 12 小时内达到 50% 的初步作战能力，2 天内达到全面作战能力。各空军基地均配备防空系统（便携式防空系统、高炮或导弹），而且根据评估，各

基地还拥有 2 至 4 架担任战备值班的快速反应截击机。也门飞机的数量和部署参见表 13–4。

### 3. 海军的组织和装备

也门海军部署在位于亚丁湾和红海的 3 个基地里，如图 13–9 所示。其主要任务是保护也门主权。它是绿水和褐水海军 [1]，专门负责濒海作战。海军的重心牢牢锁定在保持和加强封锁曼德海峡的能力上。

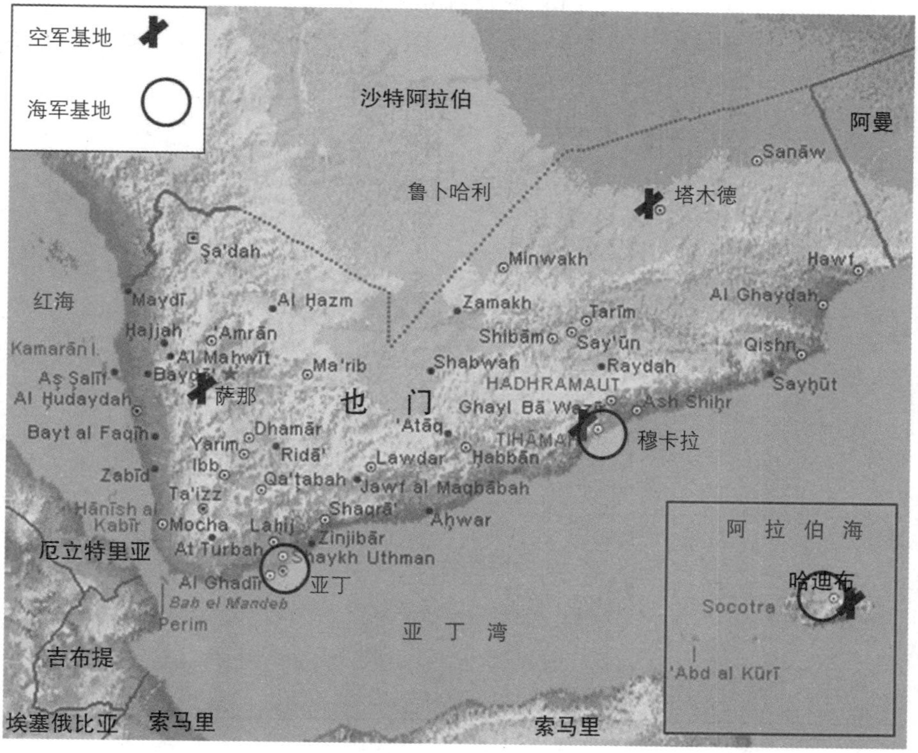


图 13–9 也门空军和海军基地

[1] 译注：距陆地约 200 海里以内的海域呈现黄褐色，被称为“褐水”；再向外延伸数百海里的海域颜色更浅，被称为“绿水”。因此，“褐水海军”常被称为“沿岸防御型海军”，“绿水海军”被称为“近海防御型海军”。二者装备均以陆基武器和轻型舰船为主。

**表 13–3　也门重型武器数量**

| 类别 | 型号 | 总计 |
|---|---|---|
| 主战坦克 | 60 辆 T-72、50 辆 M-60A1、200 辆 T-62、450 辆 T-54/55 和 30 辆 T-34 | 790 |
| 装甲运兵车和装甲步兵战车 | 200 辆 BMP-1/2、60 辆 M-113 和 650 辆 BTR-40/50/60 | 910 |
| 火炮 | 牵引式：25 门 105 毫米 M101A1、200 门 122 毫米 D-30、60 门 130 毫米 M-46、10 门 152 毫米 D-20 和 15 门 155 毫米 M-114 | 310 |
| | 自行式：25 门 122 毫米 2S1 | 25 |
| | 多管火箭发射器：280 个 122 毫米 BM-21 和 14 个 140 毫米 BM-14 | 294 |
| 反坦克武器 | “赛格”（Sagger）、“龙”（Dragon）式和“陶”（TOW）式 | 71 |
| 防空武器 | 便携式防空系统：“金花鼠”（Gopher）、“灯笼裤”（Gaskin）、“圣杯”（Grail）和“小精灵”（Gremlin） | 800 |
| | 高炮：20 门 M-163“火神”（Vulcan）、50 门 M-167“火神”、50 门 ZSU-23–4、100 门 ZSU-23–2、150 门 M-1939、120 门 S-60 和 40 门 KS-12 | 530 |
| 地对地导弹 | Frog-7 | 12 |
| | SS-21“圣甲虫”（Scarab） | 10 |
| | Scud-B | 6 |
| | C-801“沙丁鱼”（Sardine） | 不明 |

**表 13–4　也门飞机数量和部署**

| 空军基地 | 飞行中队及其属性 | 型号 | 飞机总数 |
|---|---|---|---|
| 萨那 | 战斗机、轰炸机或攻击机 | F-5E“虎”II | 10 |
| | 战斗机、轰炸机或攻击机 | 苏 20“装配匠 C”（Fitter C） | 10 |
| | 多用途全天候飞机 | 米格 29“支点”（Fulcrum） | 8 |
| | 武装直升机 | 米 8“河马”（Hip） | 8 |

（续表）

| 空军基地 | 飞行中队及其属性 | 型号 | 飞机总数 |
| --- | --- | --- | --- |
| 穆卡拉 | 战斗机、轰炸机或攻击机 | 苏 20“装配匠 C” | 10 |
| | 多用途全天候飞机 | 米格 29“支点” | 8 |
| 哈迪布（Hadiboh） | 战斗机、轰炸机或攻击机 | 苏 20“装配匠 C” | 10 |
| | 运输机 | 伊尔 76“耿直”（Candid） | 6 |
| 塔木德（Tamud） | 多用途飞机 | 米格 21“鱼窝”（Fishbed） | 15 |
| | 运输机 | C-130“大力神” | 12 |
| | 武装直升机 | 米 35“雌鹿”（Hind） | 8 |

海军的战备状态为 75%，并可在 2 天内达到全面作战能力。每个海军基地随时都有 1 至 2 艘具有统计意义的巡逻艇游弋海上。由于后勤限制，海军在海上停留的时间不能超过 3 至 4 周。在和平时期，海军部署位置是图表所示的 3 个海军基地。但在危机和战时，海军会部署至沿海几个提前准备好的小型基地。这种部署转换可在 2 至 3 天内完成。

人们相信，海军在曼德海峡沿岸部署了许多非常隐蔽的洞穴，它们构成系统，可以投入作战。必须假定洞内装有反舰导弹。

海军所有舰艇和许多驶出亚丁的民用船只都有能力布设水雷。也门的水雷库存只有 MK6 系泊接触式水雷。参见表 13–5。

**4. 其他部队**

准军事部队约有 5 万人，受内政部指挥。他们装备小型武器，是半机动部队。他们主要接受公共安全职责方面的训练，但也充分演练过如何在也门本土支持军事活动。

在也门更加偏远的地方，部族征兵的传统依然存在。如果受到威胁，当地部族首领可以召集部族男性，指挥他们攻击所有被其视为敌人的人员。这类部队装备极差，只有各种小型军火，以及各种开刃的武器（而且没有军装）。

表 13–5　也门海军舰艇数量和部署

| 海军基地 | 用途 | 武器及型号 | 总数 |
|---|---|---|---|
| 亚丁 | 高速巡逻艇（反水面战） | “黄蜂1”级，搭载4枚CSS-N-4“沙丁鱼”战术反舰导弹（C-801） | 8 |
| | 高速巡逻艇（反水面战） | “黄蜂2”级，搭载4枚“冥河”战术反舰导弹 | 2 |
| | 近岸猎雷艇 | “叶夫根尼亚”级（Yevgenya） | 5 |
| | 钢制船体船队扫雷舰 | “娜佳”级（Natya） | 1 |
| | 登陆舰 | “蟾蜍”级（Ropucha） | 1 |
| 穆卡拉 | 高速巡逻艇（反水面战） | “黄蜂1”级，搭载4枚CSS-N-4“沙丁鱼”战术反舰导弹 | 6 |
| 哈迪布 | 高速巡逻艇（反水面战） | “黄蜂1”级，搭载4枚CSS-N-4“沙丁鱼”战术反舰导弹 | 3 |
| | 供油运输船 | “燃料”级（Toplivo） | 2 |

## （三）厄立特里亚军事实力

与埃塞俄比亚关系恶劣，这一直是厄立特里亚政府唯一的关注重点。厄立特里亚武装部队部署于埃塞俄比亚边境沿线的固定阵地，随时准备击退一切入侵活动。除非国家主权受到威胁，否则军方不太可能在其他方向开战。

军方部队虽然人数众多（32 万人），但是装备极差，而且主要用来开展其所擅长的静态消耗战。它很可能没有能力协调营级以上的机动作战。它没有能力开展联合军事行动。图 13–10 展示了厄立特里亚军队的部署情况。

### 1. 陆军的组织和装备

厄立特里亚陆军由 4 个军组成，每军 5 个师。只有 1 个师是机械化师，其余均为步兵师（参见表 13–6）。

### 2. 空军的组织和装备

厄立特里亚空军资金不足，因此只有 50% 的飞机能够随时投入战斗（参见表 13–7）。飞行员在与埃塞俄比亚空军进行空中作战方面具备一定经验，有能力开展战斗机空中巡逻。空军部队的驻地位于阿斯马拉。

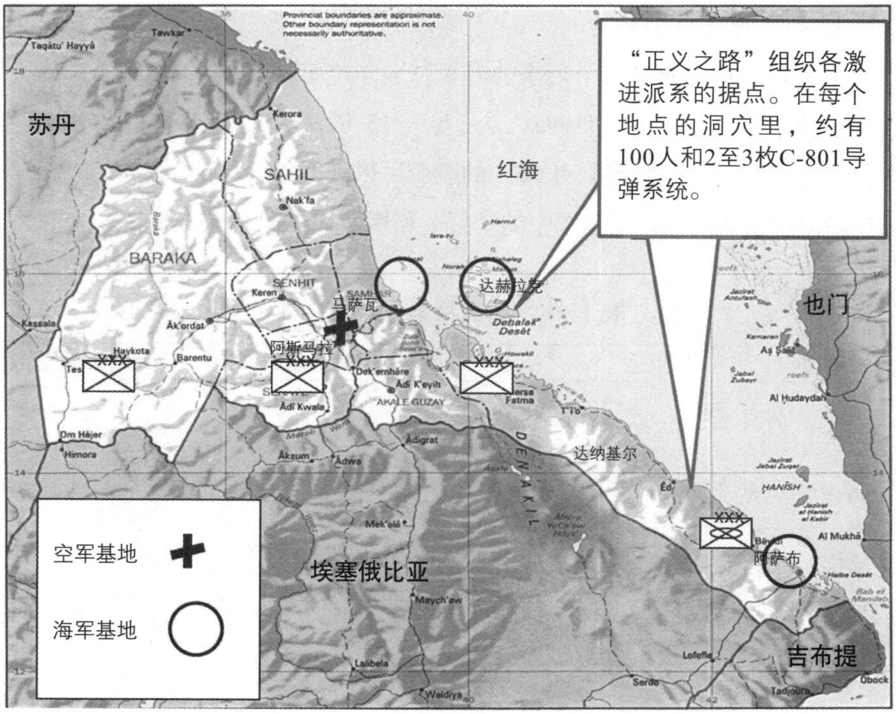


图 13–10 厄立特里亚军队和准军事部队部署

**表 13–6 厄立特里亚陆军部队**

| 部队 | 构成 | 装备 |
|---|---|---|
| 机械化师（1 个） | 3 个营，每营配 30 辆坦克（每营 3 个连，每连配 10 辆坦克） | 150 辆 T-55、40 辆 BRDM、40 辆 BTR 和 40 辆 BMP-1 |
| 步兵师（19 个） | 3 个旅，9 个营 | 火箭筒若干、AK-47/74 若干，“赛格”导弹、“拱肩”导弹和卡车若干 |

备注：据估计，厄立特里亚陆军有能力在 2 天之内，调动最多 3 个师前往海岸（准备出动）。

**表 13–7 厄立特里亚空军飞机数量**

| 空军基地 | 飞行中队及其属性 | 型号 | 飞机总数 |
|---|---|---|---|
| 阿斯马拉 | 多用途全天候飞机 | 米格 29“支点” | 6 |
| | 防空战斗机 | 米格 23“鞭挞者”（Flogger） | 3 |
| | 多用途飞机 | 米格 21“鱼窝” | 1 |
| | 武装直升机 | 米 17“河马” | 6 |

备注：空军有 2 架快速反应警戒拦截机。全面作战能力可在 1 周内达成。

### 3. 海军的组织和装备

厄立特里亚海军有3个很小的海军基地，位于马萨瓦（Massawa）、阿萨布（Assab）和达赫拉克（Dahlak）（参见表13–8）。和其他军种一样，它也存在资金方面的弱点，假定只有50%的舰艇可以随时投入作战。海军仅有部分维持沿海治安的能力，而且军中的基督徒和伊斯兰信徒之间长期互不信任。

表13–8　厄立特里亚海军部队

| 海军基地 | 用途 | 武器型号 | 舰艇总数 |
|---|---|---|---|
| 马萨瓦 | 高速巡逻艇（反水面战） | “黄蜂2”级，搭载4枚“冥河”战术反舰导弹 | 3 |
| 阿萨布 | 高速巡逻艇（反水面战） | “黄蜂2”级，搭载4枚“冥河”战术反舰导弹 | 2 |
| 达赫拉克 | 高速巡逻艇（反水面战） | “黄蜂2”级，搭载4枚“冥河”战术反舰导弹 | 2 |

备注：海军为每个海军基地配备1艘高速巡逻艇作为快速反应力量。全面作战能力可在3周内达成。

### 4.“正义之路”组织

法国情报源估计，这个运动组织大约有1500名成员。这些人几乎全都来自厄立特里亚沿海的伊斯兰族群。人们认为，它的大本营是达赫拉克群岛和达纳基尔省。大多数成员认为本组织与厄立特里亚这个国家不存在冲突。它的内部核心是一群激进主义者，这些人渴望将也门版的伊斯兰教传播到厄立特里亚，而且正在努力让该组织大多数成员变得激进。据估计，这个核心共有两伙，每伙100人，分别位于达赫拉克群岛的达赫拉克沙漠和达纳基尔省的海岸（参见图13–10）。

情报报告证实，2009年下半年，这个运动组织的激进派已经获得了也门提供的反舰导弹系统。据估计，这些武器将以图13–10所示方式部署，并可应也门的请求启动，在红海对峙中施以援手。

也门和厄立特里亚“正义之路”都拥有C-801反舰导弹。这些导弹的规格如表13–9所示。

**表 13–9 C-801“沙丁鱼”规格**

| | |
|---|---|
| **总长** | 5.81 米 |
| **直径** | 0.36 米 |
| **翼展** | 1.18 米 |
| **总重** | 625 公斤（不含助推器） |
| **弹头重量** | 165 公斤高爆弹头 |
| **推进系统** | 1 个固体火箭发动机，1 个固体助推器 |
| **最大速度** | 海平面 0.8 马赫 |
| **有效射程** | 8 至 42 公里 |
| **制导模式** | 飞行初段制导（坐标制导）由机载雷达或外部来源完成；<br>末段制导使用自身搭载的主动雷达；<br>最后攻击目标时，使用逆合成孔径雷达成像 |
| **单发命中率** | 75% |

图 13–11 展示了车载型 C-801 的标准部署模式，这种型号正是也门武装部队和厄立特里亚“正义之路”所使用的。它有 2 个导弹发射单元，可以自动运行，但接下来就需要依靠外部目标数据，或仅能以“发射前锁定”模式使用。

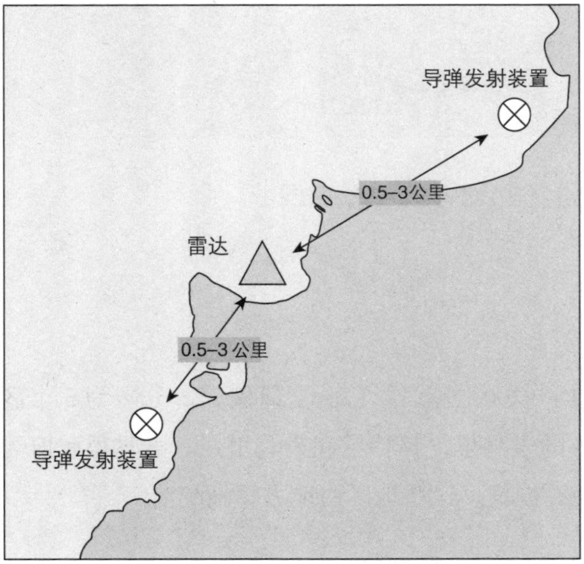


图 13–11 C-801 导弹营部署模式

在也门和厄立特里亚境内，在预先部署的发射站点，C-801 部队所能威胁到的区域如图 13–12 所示。

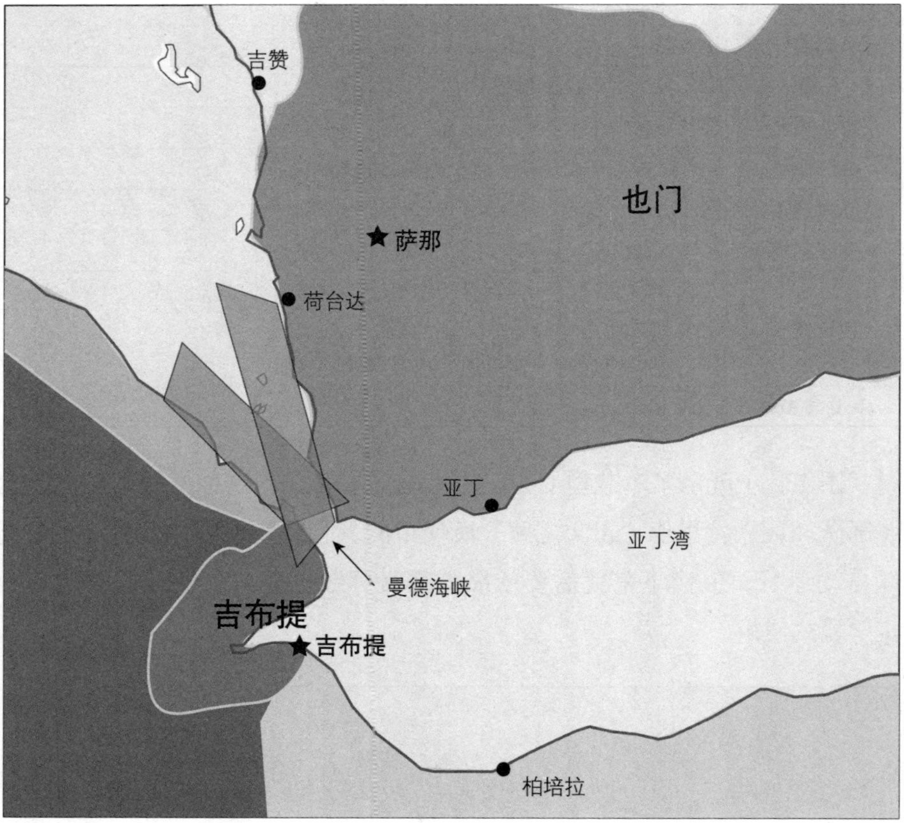


图 13–12　C-801 威胁区域

### （四）索马里军事实力

索马里几乎可被归类为“失败国家”。它已支离破碎，分裂为 3 个区域，如图 13–13 所示：南方的索马里、邦特兰和索马里兰。索马里政府无法对邦特兰和索马里兰行使控制权。这些地区由地方军阀统治。

**1. 索马里本土**

尽管2004年成立联邦政府，但尚未组建国家军队。它成立了一个类似民兵的部队，人数5000，但只能控制摩加迪沙及其郊区。政府保留对索马里兰和邦特兰的正式声索，但无法以任何方式对这些地区施加影响。

**2. 邦特兰**

阿卜杜拉·瓦利德（Abdallah Walid）是魅力型部族首领，通过手下多达2万人的武装组织“邦特兰之矛”（Spears of Puntland），以铁腕手段控制邦特兰。在经历了2007和2008年部族间暴力冲突的动荡时期之后，“邦特兰之矛”开始从邦特兰中部地区崛起。它的主要据点是夸德霍市（Quardho）。阿卜杜拉·瓦利德使用类似封建制度的体系来统治这个地区。在这种体系下，其他部族需要向他献上敬意和朝贡。如果不去朝贡，他手下的武装分子便会迅速施以惩罚，通常采取的方式是公开处决。

据估计，瓦利德通过这个体系，在邦特兰各地控制了大约15万武装分子。这些武装分子的平均年龄在14至40岁之间，他们因多年冲突变得极其暴戾，而且往往吸毒酗酒成瘾。这支武装力量的资金来源是向平民征税、贩运枪支毒品和从事海盗活动。它有许多小型舰艇在邦特兰沿海活动。当看到落单的商业或私人船只后，成群的小型快艇就会从沿海附近的藏身据点出现，劫持受害者。通常会有较大的母船来支持这些小型攻击艇。遭遇海盗的船只及其船员或遭抢劫，或被绑架以换取赎金。自2008年起，海盗袭击的数量急剧上升。

**3. 索马里兰**

索马里兰的局势与邦特兰如出一辙。该地区由部族首领赛义德·优素福（Said Al Yusuf）及其手下武装组织“索马里兰水牛”（Buffaloes of Somaliland）统治。“索马里兰水牛”在2007和2008年的战乱中崛起，成为当地的统治部族，使用恐怖和暴力手段统治索马里兰。“索马里兰水牛”约有5万人，但其中许多人来自其他被征服的部族。“索马里兰水牛”的发源地是索马里兰的北方沿海地区，它的主要据点是沿海城镇柏培拉。

和“邦特兰之矛”一样，“索马里兰水牛”依靠的手段也是勒索平民、贩运枪支毒品和从事海盗活动。在利益发生冲突时，它先是与“邦特兰之矛”爆发冲突，然后基于利害关系与之联姻，于是各部族间便开始交流信息，并开展其他形式的合作。

民生处于水深火热，再加上资源匮乏，于是大批平民逃离该省。大约有 50 万人生活在吉布提边境附近的临时难民营中。

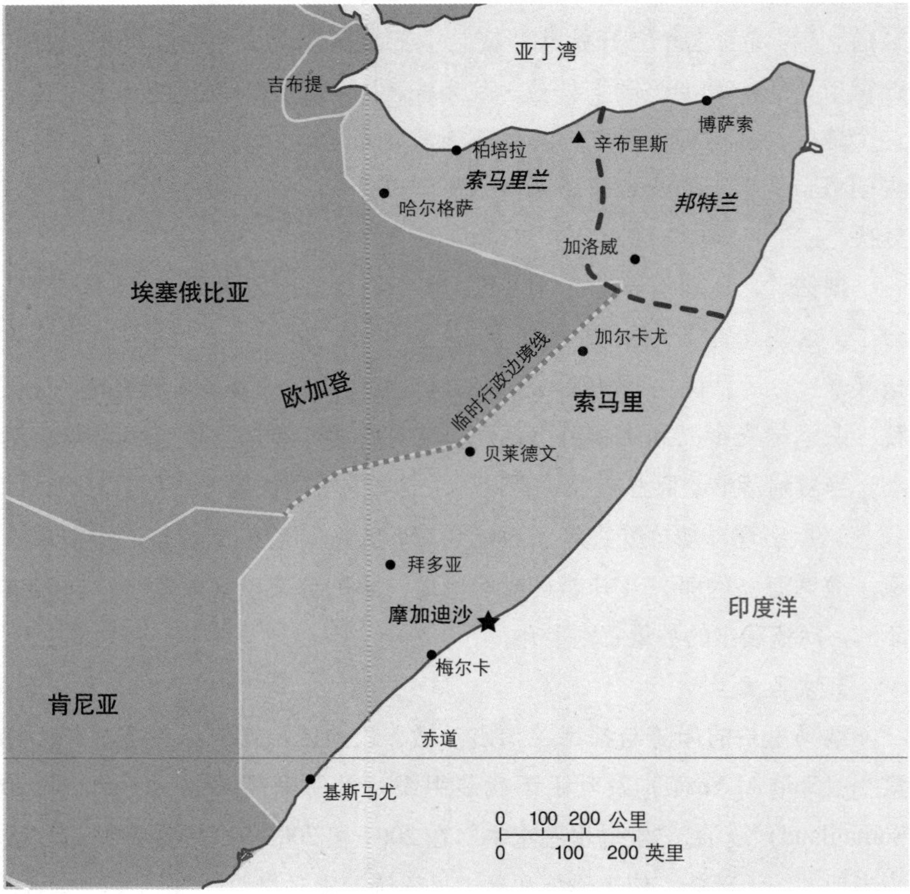


图 13–13　索马里的三个地区

## （五）2007 至 2015 年的态势

### 1. 也门

2007 年秋，也门与沙特之间爆发外交危机，双方均对在共同边境发现的一个新油田提出主权声索。国际法庭在历经长时间的谈判之后，做出了有利于沙特的裁决。也门勉强表示接受，因为西方各国政府担心阿拉伯半岛再次爆发战争，所以对其施加了巨大的压力。也门外交部长在接受英国广播公司采访时表示："这个油田在法理上属于也门。因为失去了这个重要的资产，所以也门应当获得赔偿。"

因为现有油田开采枯竭，所以也门经济在 2008 年不断恶化。也门人民生活水平严重下降，对政府的不满也与日俱增。公众普遍认为，也门政府没能在与沙特的外交对抗中，坚持自身正当的主权声索。宗教觉醒的现象席卷整个也门，激进伊斯兰信徒与政府部队之间爆发暴力冲突。亚丁和萨那两个城市遭遇的境况最为棘手。示威者要求政府下台，并呼吁推行基于传统宗教价值观的统治。政府的反应是宣布国家进入紧急状态，并实施戒严令。亚丁发生严重骚乱，导致包括妇女儿童在内的 200 名示威者丧生。

政府军以暴力作为回应，迫使极端的激进主义分子改变策略，在外国的帮助下得以启动大量的民生项目。"正义之路"以也门的贫困人口作为活动对象，资助学校、教育、医院和福利事业，在全国特别是武装部队当中赢得广泛的公众支持；相比之下，政府对民众使用武力，令普通士兵与政府离心离德。

2009 年夏，政府下令取缔"正义之路"开办的多所宗教学校，此后事态发展便失去了控制。各大城市的民众走上街头，而当军警接到出动命令的时候，绝大多数部队拒绝战斗，站在了示威者一边。总统及其亲信带着黄金储备离开了这个国家。

2009 年秋，"正义之路"成立激进主义国家。因为公众普遍支持，也因为此次革命相对比较和平，所以这个国家勉强得到国际承认。统治这个国家的是舒拉委员会，它由 19 名长老组成。

尽管基础设施完好无损，但也门经济持续下滑。石油收入减少和石油输出国组织（OPEC）对新政府不信任，这些因素导致居民生活水平进一步下降。为了筹集资金，也门宣布自 2010 年起，开始对所有通过曼德海峡的船只征税。联合国迅速对这个单边行动提出抗议。然而，征税系正当之举的观念仍广为接受，因此也门部队不顾联合国的警告，间歇性地采取行动来阻断航运，并在亚丁近海征税。

**2. 索马里**

2007 至 2008 年，索马里这个国家仍然处于四分五裂的状态。敌对部族之间的武装冲突开始扩散，原本饱受摧残的民众更加深受其害。各部族首领为争夺统治权而开战，邦特兰和索马里兰这两个自治省开始历经内战之苦。忧心于 1992 至 1995 年美国在索马里的教训，其他国家、联合国和非政府组织犹豫不决，不愿出面干预。

非洲之角地区因海盗活动、饥荒和动乱而饱受蹂躏。然而，第 43 联合特遣队（它是多国海军特遣部队，为回应亚丁湾和索马里东海岸的海盗袭击，于 2006 年成立）于 2008 年解散，原因是各国还需要在非洲大陆其他地区和远东投入力量。

2008 年底，两个部族首领崛起成为这两个省的统治者。赛义德・优素福通过自己的部族，即手下武装组织“索马里兰水牛”统治索马里兰，而阿卜杜拉・瓦利德和他的“邦特兰之矛”统治邻省邦特兰。两人基于利害关系进行联姻，而推动此事的根源，是双方在非洲之角海域开展走私和从事海盗活动时有着共同的利益。索马里官方政府既没有意愿也没有能力阻止此事，维持对索马里南方地区的脆弱控制已令他们左支右绌。2009 年，海盗活动再次达到第 43 特遣队出动之前的水平。2010 至 2014 年，人们使用私人合同商，以此减少海盗活动对航运造成的风险，这种努力虽然取得一定效果，但海盗活动仍然是国际经济面临的严重不稳定因素。

这些部族剥削两省平民的结果，就是相比邦特兰和索马里兰的严酷现实，邻国吉布提被许多人视为“应许之地”[1]。大量难民决定前往那里寻求新生。在法国的大力支持下，吉布提拒绝接收这些“流离失所者”，因此在吉布提与索马里兰的边境地区，便出现了许多临时难民营。联合国难民事务高级专员公署估计，2009 年底时，已有多达 50 万的流离失所者来到这些临时难民营。他们的生活条件极其恶劣。

2010 年是新的一年，国际媒体充斥着关于这些临时难民的照片和报道，称有迹象显示饥荒迫近，以及霍乱开始流行。联合国和多个非政府组织依托吉布提的基础设施，开展了一次大规模的救助行动。截至 2012 年底，联合国和非政府组织的救助努力已经稳定了饥荒形势；然而，如果没有安全可靠的环境，这种情况是无法坚持到 2014 年之后的。

自 2010 年起，地区和国际走私网络开始利用这种情况，为自己攫取经济利益。走私和奴役人口已经成为一项暴利活动，只有毒品走私才能与之一较高下。

自 2010 年起，这个地区对外走私毒品的活动愈发猖獗，原因是政府无力控制这个地区。它同奴役人口一样，是整个地区各路反政府军和恐怖主义团体的主要收入来源。

在这个地区，因为许多地方处于无政府状态，所以国内反政府组织和国际恐怖组织都已站稳脚跟，并在组织、武装、训练和策划活动等方面拥有极大的自由。

**3. 厄立特里亚**

2008 和 2009 年，厄立特里亚局势相对平静。埃厄特派团对厄立特里亚与埃塞俄比亚的边境地区开展监督，因为两国都在努力消灭干旱和贫困，所以没有能力再次发动敌对行动。2008 年底，脱胎于也门的“正义之路”，厄立特里亚的同名组织在沿海地区的伊斯兰民众当中成立了。

“正义之路”得到了也门母组织提供的支持，成功地提高其成员的生

[1] 译注：应许之地（promised land），出自《圣经》，是上帝允诺给流亡以色列人的幸福乐园。

活水平，并因此获得沿海地区当地民众的支持。2009 年秋，这种组织模式得到进一步的强化，因为也门的“正义之路”在也门掌权，可以向厄立特里亚“正义之路”分部提供更多的支持。

这个运动组织在厄立特里亚的存在，基本上被厄立特里亚政府所忽视，原因是这个国家的伊斯兰人口相对较少，以及该运动组织对沿海地区产生积极的经济影响。

2010 年初，针对也门至厄立特里亚沿海地区武器运输的情况，法国出具的情报报告开始在联合国系统内部传阅。截至 2012 年，尽管武器弹药大量囤积，但厄立特里亚与埃塞俄比亚之间的局势保持稳定。然而，邻国苏丹的国内争端尚未解决，因此成为持续的不稳定根源，同时也是一个公开的痛点，会被那些希望在这个地区制造大范围不稳定的恐怖分子或犯罪组织所利用。2010 至 2014 年，在非洲之角地区，犯罪和恐怖主义等战线的不法活动均有增加，已经破坏并且正在持续破坏这个地区的稳定局面，直接威胁全球经济。

**4. 2014年1月1日之后的事件**

也门对通过曼德海峡的船只征收所宣布的税项。也门巡逻艇在亚丁附近的狭长航道拦截船只，并征收税款。也门政府威胁要在海峡布设水雷，除非国际社会采取下列行动：

- 承认也门有权对通过曼德海峡的航运活动征税。
- 归还也门与沙特边境上的油田。

联合国拒绝这些要求，并呼吁各方保持克制，通过和平谈判解决问题。

2 月和 3 月的特点是，红海和曼德海峡出现脆弱且不稳定的僵局。也门巡逻艇继续对一切没有护航的船只征税，于是在苏伊士运河北段和索马里近海海域，船舶等待区域乱成一团，而且范围越来越大，因为过往商船都在等待有护航舰队通过曼德海峡。与国际航运有关的股票暴跌，原因是危机导致航运延误不断出现。多艘商船在索马里兰至邦特兰的沿海区域被海盗绑架或劫持，因此紧张局势进一步加剧。

国际机构报告称，吉布提边境地区的救助工作即将宣告失败，原因是援助物资未能运抵吉布提各港口。

4 月 2 日，英国、西班牙和意大利舰艇组成联合舰队，调查这个海峡的疑似雷区。期间，也门海岸的导弹部队发射 3 枚“沙丁鱼”反舰导弹，其中 1 枚导弹击中英国驱逐舰“勇敢”号（Daring），造成舰体多处损毁和 12 人伤亡。这个小型船队撤往苏伊士运河，途中搜集到来自厄立特里亚海岸的排放物，证实那里也在准备发动导弹袭击，尽管最终并未发射。曼德海峡实际上已被封锁；只有少数民间公司愿意承担导弹、水雷和税收等综合风险。大多数民间航运活动都绕道好望角，此事大大提高了西方市场绝大多数商品的成本和价格。

正当联合国激烈讨论危机解决方案之际，4 月 10 日，联合国难民事务高级专员公署发布报告，介绍在索马里兰和吉布提开展人道主义行动的情况。报告指出，在索马里近海，封锁行动和海盗活动形成共同阻力，阻止各方向边境临时难民营约 50 万流离失所者运送急需的援助物资。武装分子、剥削、饥饿、疾病和水荒等因素，进一步加剧了难民营恶劣的生活条件。报告结论指出：“除非立即采取果断行动，否则国际社会将在两三个月内，迎来一场全面的人道主义灾难。”进驻难民营的非政府组织遭到恐吓和袭击，有时还会被持械的武装分子扣为人质。

联合国安理会经过一系列激烈的辩论，于 2014 年 5 月 1 日通过一项决议。决议要求立即重新开放曼德海峡，为索马里兰境内的人道主义组织创造安全可靠的工作环境。基于北约、法国和英国的主动提议，决议授权北约代表联合国采取行动。

## （六）2014 年 5 月 1 日至今的态势

### 1. 曼德海峡

自联合国 5 月 1 日通过决议起，也门“正义之路”的舒拉委员会一直试图就曼德海峡问题，与联合国安理会达成协议。截至 5 月 10 日，舒拉委员会与安理会已经达成一项临时协议，将尽快重新开放曼德海峡。但也门代表必须把这份协议带回国内，交由舒拉委员会和国防委员会批准。

5月15至19日，舒拉委员会就这个问题展开讨论，争论非常激烈；也门东南地区的议员宣称，如果他们不在海峡主权问题上做点儿什么的话，将会产生严重的经济后果。随后，投票于5月20日举行。来自东南地区的舒拉委员会议员知道自己会输掉投票，因此退出会场。值得注意的是，这些东南地区的政客退场时，多名军方司令也从国防委员会就座的旁听席退场。他们主要来自第2军。

5月21日，政客高官在东南地区的穆卡拉召开会议，呼吁人民推翻舒拉委员会。5万多名抗议者试图冲击萨那的政府大楼，但被忠于政府的国家军队所阻止。政府命令第2军逮捕穆卡拉的舒拉委员会叛乱分子。第2军抗命，表示他们将以穆卡拉为基地，建立半分裂的国家，并将阻止也门其他部队的一切干涉企图。

5月26日，国防委员会主席发表全国讲话，阐明三点内容：第一，他将保卫舒拉委员会；第二，也门其他部队将遵守联合国决议，不会阻挠在该地区开展行动的联合国部队，即使联合国部队与第2军爆发冲突时也将如此；第三，只要第2军在其防区据守不出，他将不会动用麾下军队攻击第2军。

第2军军长回应称，除非舒拉委员会内部的政治问题得到解决，否则自己无意离开防区。然而，第2军不支持联合国的决议，并打算在哈迪布岛和也门大陆之间的海域及两地周边海域强制征税。

第2军还宣称，将在第2军防区某地成立新的联合作战司令部。部分拟议地点是哈班（Habban）、阿赫瓦尔（Ahwar）、穆卡拉、塞胡特和哈迪布岛。第2军还呼吁第2军以外的其他部队加入自己。

**2.阿拉伯半岛基地组织和青年党**

在5月21日的动乱中，“阿拉伯半岛基地组织”（AQAP）通过《战争回声》[1]，宣布支持那些希望推翻舒拉委员会的部队，并在首都地区的阿特图巴（At Turbah）和津吉尔附近，多次明目张胆地向第1军驻地设施发动

[1] 译注：《战争回声》是基地组织的网络杂志。

突袭。在厄立特里亚、沙特、索马里和吉布提，该组织还成功突破戒备森严的建筑，闯入多名舒拉委员会议员的住宅。此外，阿拉伯半岛基地组织表示，将尽其所能封锁海峡，禁止那些“打着联合国旗号的异教徒通航。我们将把他们全部沉入海洋深处”。不同于“青年党”（Al-Shabaab），阿拉伯半岛基地组织几乎没有航海经验。它主要在阿拉伯半岛上的也门和沙特开展行动，但也有迹象显示，它正在投资打造海上活动能力，可能包括巡航导弹系统、快速攻击艇、微型潜艇、无人机和（或）慢速民用飞机。

青年党尚未就此次冲突正式表态，但其高层已对一支获得联合国批准的特遣队抵达当地一事表示关切。5 月 23 日，青年党表示将在哈迪布和索马里之间征收索马里通航税，但并不想卷入也门的国内政局。青年党称，所有试图通过哈迪布以南曼德海峡的船只，必须缴税方可通过。5 月 27 日，它派代表前往哈迪布，与也门海军设在该岛的机构协调在海峡附近的活动。它还主动提出，如果联合国特遣队与阿拉伯半岛基地组织及第 2 军发生冲突，它将支持后两个组织。

### 3. 有组织犯罪和人口贩运

5 月 21 日分裂宣言发表之后，横渡海峡的难民人数立即增加。走私网络正在设法满足更多的渡海需求，也正在使用比以往更不适合海上航行的船只，因此，可能无法安全渡海的船只将会增多。人们预计可在短期内大发横财，预计海峡将有战争，预计也门爆发内乱，这些因素将对供需关系产生直接影响。更多的人希望离开这个地区，更多的武器希望进来。然而，目前尚不清楚哪些部族深度参与了这两种有组织犯罪中的一种。

一些观察人士在介绍部族制度时，称其为“我可与我的兄弟分庭抗礼，我和我的兄弟可与我的叔辈分庭抗礼，我、我的兄弟和我的叔辈可与世界分庭抗礼”，这是实际情况。然而，有些部族的地位高于其他部族。超级部族的阶层相当庞大，由索马里 5 个大的家族式部族组成（一些索马里人认为只有 4 个），它们是：达罗德族（Darod）、哈维耶族（Hawiye）、伊萨克族（Isaq）、迪尔族（Diir）和拉汉惠因族（Rahanwhein）。今天，这些部族大多失势，只有部分例外，另外这些大的家族式部族很少联手。在这些部族中，至少有 2 个部族正在从难民涌入和武器需求增加当中，借机攫取巨大的利益。

在也门 5 月 21 日爆发叛乱之前，索马里与吉布提边境沿线共有 3 至 7 个难民营，每个难民营收容 5 万多名难民。时至今日，当地共有 5 至 7 个难民营，收容难民超过 50 万。此外，索马里沿海地区的所有船只均被有组织犯罪团体征用。特遣队抵达之前，已有很多人希望离开这个地区。现在这个地区也很有可能爆发公开冲突。

## 四、情报报告

**情报报告** 13–1

| 报告编号 | 日期 | 内容 |
|---|---|---|
| R1 | 2014 年 5 月 27 日 | **人力情报 001–C–3**：埃塞俄比亚正在酝酿计划，将于 2014 年 11 月初对厄立特里亚发动突然袭击。 |
| R2 | 2014 年 5 月 27 日 | **信号情报**：人口贩运活动的嫌疑金主班达尔・阿卜杜勒 – 拉赫曼・阿卜杜拉・达希勒（Bandar Abdul-Rahman Abdullah Al-Dakhil）预计本月航运资金的剩余部分到账后，就能完成与黎巴嫩赌场的全部交易。 |
| R3 | 2014 年 5 月 27 日 | **信号情报**：心怀不满的青年党成员哈桑・阿夫拉（Hassan Afrah）与不明人员讨论家族问题。 |
| R4 | 2014 年 5 月 27 日 | **人力情报 005–F–6**：瓦利赫姆（Walihom，名字很可能是瓦利多姆 [Walidom]）这个亚部族意图暗杀索马里兰政府机构的重要领导人。 |
| R5 | 2014 年 5 月 27 日 | **测量与特征情报**：行为模式报告指出，属于索马里海岸警卫队的雷达特征，在每周四的 12 至 14 时和每周二的凌晨 2 至 4 时之际，总会与嫌疑走私人员雷达特征的位置重合。有可能发生登船活动；然而，重合持续时间很短（位置在博萨索附近）。 |
| R6 | 2014 年 5 月 27 日 | **人力情报 005–F–6**：阿里・法拉赫・瓦利德（Ali Farah Walid）是亚部族瓦利赫姆的首领，负责下达命令。参见 R4。 |

（续表）

| 报告编号 | 日期 | 内容 |
| --- | --- | --- |
| R7 | 2014 年 5 月 27 日 | **人力情报 003-B-2**：由于紧张局势愈发严峻，苏辛·哈利夫·贾马（Xuseen Khalif Jama，达罗德族）有意在未来 3 周内，将大部分“旅客”送至沿海地区，并有意将沙特金主的汇款放进这条“管道”（线人用它来指代水面船只），用于支付航运费用。 |
| R8 | 2014 年 5 月 27 日 | **撕纸线情报**：驻穆卡拉的陆军司令部和海军司令部发布正式声明，宣布支持第 2 军。 |
| R9 | 2014 年 5 月 28 日 | **开源情报**：索马里议员艾哈迈德·迪姆比尔·罗布莱（Ahmed Dhimbil Roble）来自伊萨克族。他在访问吉布提时，被一辆路过汽车里的人员开枪打死。 |
| R10 | 2014 年 5 月 28 日 | **测量与特征情报**：行为模式报告指出，每周三的凌晨 1 至 5 时，也门军舰（在哈迪布）发动大量雷达干扰。 |
| R11 | 2014 年 5 月 28 日 | **人力情报 001-C-3**：在黎巴嫩的达希尔·加马伊·“阿卜迪·哈克”（Dahir Gamaey “Abdi al-Haq”）是阿拉伯半岛基地组织主要的国际金融顾问。 |
| R12 | 2014 年 5 月 28 日 | **信号情报**：哈维耶族高官加沙·夏吉·奇尔米（Caasha Xaaji Cilmi）与不明人员讨论伊斯兰教应当在部族中发挥怎样的作用。 |
| R13 | 2014 年 5 月 28 日 | **开源情报**：索马里兰的聊天论坛和博客显示，民众普遍不喜欢索马里兰现政府，但更加不喜欢邦特兰政府。一些人公开声称支持青年党。 |
| R14 | 2014 年 5 月 28 日 | **情报报告**：涉嫌走私的轮船“拉伊·马哈利”号（Raj Mahali，舷号 2038）在离开吉布提前往哈迪布的途中，被法国军舰拦截并登船，起获物品有 1 万多发小型武器的弹药、200 支 AK 步枪、20 枚火箭筒和 50 发 105 毫米火箭弹。 |
| R15 | 2014 年 5 月 28 日 | **开源情报**：一直以来，参与索马里沿海犯罪活动的大部族是达罗德族和哈维耶族。 |
| R16 | 2014 年 5 月 28 日 | **撕纸线情报**：阿拉伯半岛基地组织不明成员对达罗德族首领阿卜迪·贝尔·优素福·贾布里勒（Abdi Bare Yusuf Jibril）极端不满，原因不明。 |
| R17 | 2014 年 5 月 28 日 | **人力情报 003-B-2**：已知的走私活动金主班达尔·阿卜杜勒–拉赫曼·阿卜杜拉·达希勒离开摩加迪沙，飞往利雅得面见同伙，就他们不久前投入的资金，要求延期 1 年偿还。此次会面非常成功，但他返回之前也遭到警告：若 1 年内无法还钱，后果将非常严重。拉赫曼有个妻子来自哈维耶族。 |

（续表）

| 报告编号 | 日期 | 内容 |
|---|---|---|
| R18 | 2014 年 5 月 28 日 | **撕纸线情报**：也门嫌疑武器买家纳西尔·拉希德（Nasir Al-Rashid）在利雅得购买大量炸药，这些炸药价格高、重量轻、密度大。 |
| R19 | 2014 年 5 月 28 日 | **情报报告**：大约 3000 至 4000 名埃塞俄比亚难民无力向人口贩子支付横渡海湾的费用，因此被困在邦特兰的博萨索，处境悲惨。 |
| R20 | 2014 年 5 月 28 日 | **信号情报**：哈拉维（Halawi）银行职员努尔·里多·贝勒（Nuur Iidow Beyle，哈维耶族）在贝鲁特有银行界的人脉关系。 |
| R21 | 2014 年 5 月 28 日 | **文件开发**："拉伊·马哈利"号（舷号 2038）被扣，其备用马达零件的收据显示，付款使用的银行卡来自阿拉伯国家银行，是该行设在沙特的延布分行办出的。 |
| R22 | 2014 年 5 月 28 日 | **情报报告**：在索马里使用的非法武器有两个主要的交易来源，分别是也门和厄立特里亚。目前，阿拉伯半岛基地组织的大部分武器，是通过一个也门军火商从沙特和也门购买的。 |
| R23 | 2014 年 5 月 28 日 | **图像情报**：午夜 1 时 45 分，对暴风雨海域一艘过度拥挤的单桅帆船进行热成像，结果显示，船员显然正在把活人扔出船外。 |
| R24 | 2014 年 5 月 28 日 | **人力情报 003-B-2**：目前，难民前往也门的海路费用为 300 美元，但经也门穿越沙特边境的陆路费用最高需多支付 500 美元。价格在一周内几乎翻了一番。 |
| R25 | 2014 年 5 月 28 日 | **测量与特征情报**：行为模式报告指出，有（雷达）特征相对较小的捕鱼单桅帆船，它们以 4 至 5 艘船为一组，离开索马里沿海附近的博萨索前往也门，但并没有停船捕鱼。这种情况已多次发生。 |
| R26 | 2014 年 5 月 28 日 | **情报报告**："移民经济"是暴利的地区性网络，作为强大的抑制力量，从形式上规范了边境控制。 |
| R27 | 2014 年 5 月 28 日 | **信号情报**：不久前，邦特兰人口贩子苏辛·哈利夫·贾马在吉布提参加朋友的婚礼。 |
| R28 | 2014 年 5 月 28 日 | **信号情报**：在整个海湾地区，与过去 4 年的同期相比，各个哈瓦拉网络的背景噪声活动有所增加。 |
| R29 | 2014 年 5 月 28 日 | **情报报告**：亚丁和吉布提市的转运中心处理大量国际集装箱的流通，而荷台达、莫恰（Mocha）、穆卡拉、柏培拉和博萨索的港口较小，承接当地商人运送鱼类、牲畜和木炭的业务。这些较小港口经常被走私人员所利用。 |

（续表）

| 报告编号 | 日期 | 内容 |
|---|---|---|
| R30 | 2014 年 5 月 28 日 | **信号情报**：青年党的哈桑·阿夫拉和阿拉伯半岛基地组织的哈立德·本·易卜拉欣·马哈茂德（Khaleed Bin Ibrahim Mahmoud）讨论在一家造船厂联合投资一个项目，评估认为这家造船厂位于也门。 |
| R31 | 2014 年 5 月 28 日 | **信号情报**：疑为走私人员的沙特籍银行职员阿卜杜勒 – 马吉德·穆罕默德·马尼（Abdul-Majiid Mohammed al-Mani）从贝鲁特打电话给位于利雅得的不明人员，称现在阿卜迪名下 90% 以上的赌场都“持有我们的股票”。 |
| R32 | 2014 年 5 月 28 日 | **开源情报**：推特分析显示，亚丁和萨那的舒拉委员会得到民众的大力支持。 |
| R33 | 2014 年 5 月 28 日 | **通信情报**：上周四，大约 2 时 45 分左右，监听到索马里海岸警卫队在博萨索与可疑轮船“贾克尔”号（Jakel，舷号 2389）通联，告诉他们“把船停稳，把钱扔过来”。 |
| R34 | 2014 年 5 月 28 日 | **信号情报**：第 1 军司令拉坎·穆申（Rakan Mushin）与手下一名参谋讨论一项长期命令，暗示联合国部队通过曼德海峡时应该不会遇到麻烦。他还表示他们应该保卫海岸线，确保不会发生麻烦。 |
| R35 | 2014 年 5 月 28 日 | **地理空间情报**：在哈迪布发现大规模挖掘活动。 |
| R36 | 2014 年 5 月 28 日 | **人力情报 001–C–3**：阿拉伯半岛基地组织有成员在塞胡特以外地点活动，他们是手机号 967 777 635467 的阿卜杜拉·赛义德（Abdullah Said）和手机号 967 779 787976 的穆斯塔法·易卜拉欣（Mustafa Ibrahim）。 |
| R37 | 2014 年 5 月 28 日 | **撕纸线情报**：苏辛·哈利夫·贾马已经要求阿卜杜拉·贾马·侯赛因（Abdullah Jama Hussein）尽快把他手中所有的“旅客”送往在博萨索的阿拉伯半岛基地组织。 |
| R38 | 2014 年 5 月 28 日 | **测量与特征情报**：对图像进行光谱分析，结果显示哈迪布空军基地现在拥有 16 架苏 20“装配匠 C”（战斗机、轰炸机或攻击机）、4 架米格 29“支点”（多用途全天候飞机）和 6 架伊尔 76“耿直”。 |
| R39 | 2014 年 5 月 28 日 | **开源情报**：也门境内的媒体报道，正在宣传舒拉委员会与联合国签署协议的决定是合法的。 |

（续表）

| 报告编号 | 日期 | 内容 |
|---|---|---|
| R40 | 2014 年 5 月 28 日 | **情报报告**：过去一周，在吉布提和索马里兰之间的地区，难民和移民的涌入数量几乎翻了一番，原因是人们担心如果曼德海峡爆发战争，会阻断通往也门的所有通道。难民营的条件非常恶劣，但对阿拉伯半岛基地组织和青年党而言却相当成熟，刚好适合招募战斗适龄男性。 |
| R41 | 2014 年 5 月 28 日 | **人力情报 001-C-3**：达罗德族在索马里海岸警卫队内部拥有良好的人脉关系，而贿赂是慢速行驶的渔船躲过他们的唯一手段。 |
| R42 | 2014 年 5 月 28 日 | **信号情报**：已知的阿拉伯基地组织武器专家穆罕茂斯·本·穆罕默德·穆罕茂斯·哈瓦什列·多萨里（Mehmas Bin Mohammed Mehmas Al-Hawashleh Al-Dosari）让朱卜兰·阿里（Jubran Ali）通知沙特方面，要求他们今晚放出 3 只鸽子飞往哈迪布。已与也门海军的迈赫迪·马克桑迈迪（Al Mahdi Maxamed）安排妥当，允许它们入境。当被问及迈赫迪是否可信时，穆罕茂斯说他是我妻子的叔叔。（迈赫迪来自哈维耶族。） |
| R43 | 2014 年 5 月 28 日 | **开源情报**：在过去一周里，所有参与宣传阿拉伯半岛基地组织的公开网站，其背景噪声均有增加。 |
| R44 | 2014 年 5 月 28 日 | **信号情报**："阿富汗尼"（Al-Afghani）是走私专家，经常为青年党首领谢赫·亚丁·哈希·法拉赫（Sheik Aden Hashi Farah，哈维耶族）工作。 |
| R45 | 2014 年 5 月 28 日 | **人力情报 005-F-6**：邦特兰海岸警卫队的阿克斯迈德（Axmed）和罗布莱（Roble）两个队长都是达罗德族，并且腐败。他们收受贿赂，在周三和周四巡逻时为人口贩子大开绿灯。 |
| R46 | 2014 年 5 月 28 日 | **文件开发**：轮船"拉伊·马哈利"号上的用户识别模块（SIM）卡显示，不久前他们与驻哈迪布的也门国防军官员通信。 |
| R47 | 2014 年 5 月 28 日 | **人力情报 001-C-3**：阿拉伯半岛基地组织正在酝酿计划，将对吉布提的海军设施发动自杀式袭击。 |
| R48 | 2014 年 5 月 28 日 | **通信情报**：轮船"托杰"号（Tonkjin）遭遇巨浪并请求援助；然而它却拒绝接受该海域法国海军舰艇的援助。 |
| R49 | 2014 年 5 月 28 日 | **开源情报**：也门部分媒体报道称，第 2 军部分高层与身为反政府军首脑的舒拉委员会议员之间，有着密切的家族关系。 |

（续表）

| 报告编号 | 日期 | 内容 |
| --- | --- | --- |
| R50 | 2014 年<br>5 月 28 日 | **人力情报 012-A2**：5 月 27 日，多架军用飞机离开穆卡拉空军基地，但未返回。 |
| R51 | 2014 年<br>5 月 28 日 | **开源情报**：青年党威胁要封锁索马里与哈迪布之间的海域，禁止一切船只通航。 |
| R52 | 2014 年<br>5 月 28 日 | **开源情报**：吉布提媒体报道称，又有大批难民从埃塞俄比亚和厄立特里亚涌入吉布提。 |
| R53 | 2014 年<br>5 月 28 日 | **图像情报**：热成像图像显示，在也门甘迪尔（Al-Ghadir）港附近，9 艘满载人员的渔船组成的船队正在卸载人员。 |
| R54 | 2014 年<br>5 月 28 日 | **信号情报**：第 3 军的下级军官报告称，在其防区与沙特交界的边境通道，出入境人员的数量所增加。 |
| R55 | 2014 年<br>5 月 28 日 | **文件开发**：第 2 军和阿拉伯半岛基地组织的成员一直都在借助互联网中继聊天的手段开展通信。 |
| R56 | 2014 年<br>5 月 28 日 | **人力情报 012-A2**：大型轮船“乔蒂卡”号（Jotika）离开穆卡拉驶往哈迪布。船上运载的是 4 个防空旅，以及多个带有“金花鼠”和“小精灵”标记的大型集装箱。 |
| R57 | 2014 年<br>5 月 28 日 | **通信情报**：听到轮船“托杰”号向轮船“卡迈勒”号（Kemal）高声呼救。“卡迈勒”号答称无法救援，因为自己也是满载的。“卡迈勒”号是用于贩运人口的轮船（舷号 2089）。 |
| R58 | 2014 年<br>5 月 28 日 | **人力情报 012-A2**：次级线人（subsource）提供后续报告称，轮船“乔蒂卡”号在哈迪布卸下 10 门 105 毫米拖曳式火炮。 |
| R59 | 2014 年<br>5 月 28 日 | **图像情报**：对也门已知的“青蛙 7”（FROG-7）和“飞毛腿 B”（SCUD-B）部署站点成像，结果显示没有异常活动。所有已知部署站点均位于第 2 军防区的界外。 |
| R60 | 2014 年<br>5 月 28 日 | **人力情报 005-F-6**：厄立特里亚计划向通过海峡的联合国部队发射 1 枚“冥河”导弹，然后归咎于埃塞俄比亚。 |
| R61 | 2014 年<br>5 月 28 日 | **网络情报**：阿拉伯半岛基地组织试图使用黑客手段，入侵法国军方置于吉布提的服务器。 |
| R62 | 2014 年<br>5 月 29 日 | **人力情报 012-A2**：现在，至少有 2 个 C-801 反舰导弹营在哈迪布值班。 |
| R63 | 2014 年<br>5 月 29 日 | **通信情报**：哈迪布军用机场已经清理场地，鸽子可以降落。 |
| R64 | 2014 年<br>5 月 29 日 | **人力情报 001-C-3**：青年党对购买武器的可用资金感到不满。该组织计划开展走私行动以获取大笔资金。 |

（续表）

| 报告编号 | 日期 | 内容 |
|---|---|---|
| R65 | 2014 年 5 月 29 日 | **文件开发**：在“拉伊 · 马哈利”号查获的 1 台笔记本计算机中发现电子邮件，显示该船与迈赫迪 · 马克桑迈迪进行通信。 |
| R66 | 2014 年 5 月 29 日 | **信号情报**：第 2 军各部队指挥官下令将所有重要的指挥与控制装备运到穆卡拉的军港区，在那里打包并准备装运。 |
| R67 | 2014 年 5 月 29 日 | **图像情报**：对哈迪布港成像，结果发现至少有 16 艘快速近岸攻击艇（FIAC）类型的舰艇，它们每 4 艘为一组，停泊该港。 |
| R68 | 2014 年 5 月 29 日 | **情报报告**：也门销售火箭筒的武器市场已经断货。剩余火箭筒的售价是正常价格的 7 倍。 |
| R69 | 2014 年 5 月 29 日 | **情报报告**：以萨米拉 · 夏桑 · 卡布杜勒（Samira Xasan Cabdulle）为首的哈维耶族高层领导人呼吁尽快召开一次大型部族会议。没有触发此次会议的显著事件。 |
| R70 | 2014 年 5 月 30 日 | **开源情报**：阿拉伯半岛基地组织在网站上发起闪电战，呼吁“圣战”分子在哈迪布集结，准备战斗。 |
| R71 | 2014 年 5 月 30 日 | **网络情报**：纳西尔 · 拉希德在网上聊天室与哈桑 · 阿夫拉讨论“一件极其精致的礼品的包装。礼品是利雅得某个家族赠送的，重达 200 公斤”。 |
| R72 | 2014 年 5 月 30 日 | **测量与特征情报**：多个传感器报告显示，哈迪布已成为重要的指挥与控制节点，它释放各种电磁辐射，其中包括能够表明机场活动显著增加的电磁辐射。 |
| R73 | 2014 年 5 月 30 日 | **图像情报**：热成像捕捉到另一个渔船船队在津吉巴（Zinjibar）以外海域卸载人员。 |
| R74 | 2014 年 5 月 30 日 | 测量与特征情报：位于哈迪布的各 C-801 导弹营确认处于值班状态。 |
| R75 | 2014 年 5 月 30 日 | **文件开发**：对轮船“拉伊 · 马哈利”号上查获的笔记本计算机进行进一步开发，结果发现银行账号 5786 9585736，它属于努尔 · 里多 · 贝勒（哈维耶族）。已知此人是哈拉维当地银行职员，为哈维耶族工作。 |
| R76 | 2014 年 5 月 30 日 | **测量与特征情报**：地面移动目标指示器显示，第 2 军防区内有大规模部队调动，多个车队驶往穆卡拉。 |

（续表）

| 报告编号 | 日期 | 内容 |
|---|---|---|
| R77 | 2014 年 5 月 31 日 | **人力情报 003–B–2**：阿卜杜拉·贾马·侯赛因负责走私，他来自哈维耶族。他只对哈维耶族的高层领导人萨米拉·夏桑·卡布杜勒负责。 |
| R78 | 2014 年 5 月 31 日 | **图像情报**：对亚丁的海军设施成像，结果显示驻扎当地的部队没有异常活动。 |
| R79 | 2014 年 5 月 31 日 | **网络情报**：在黎巴嫩，从“阿卜迪”的服务器中“解放”出的记录显示，在利雅得有银行职员进行洗钱活动，他们与阿拉伯半岛基地组织和青年党的走私人员有联系。 |
| R80 | 2014 年 5 月 31 日 | **开源情报**：索马里兰省内媒体批评走私人员，称在当前形势下，他们的行事过于过分。这样的批评是非常少见的。 |
| R81 | 2014 年 5 月 31 日 | **人力情报 012–A2**：4 架“黄蜂 1”飞机已经离开穆卡拉，飞往哈迪布。 |
| R82 | 2014 年 6 月 1 日 | **地理空间情报**：吉布提边境的难民营目前人满为患，而且正在侵蚀达罗德族的生存空间。 |
| R83 | 2014 年 6 月 1 日 | **人力情报 001–C–3**：青年党准备协调一次大规模走私行动，路线是索马里到哈迪布再到也门，目的是筹措资金以购买武器。 |
| R84 | 2014 年 6 月 1 日 | **信号情报**：哈立德·本·易卜拉欣·马哈茂德向穆罕默德·奥斯曼·阿卜杜拉·瓦利迪·谢赫里（Mohammed Othman Abdullah Al-Walidi Al-Shehri）报告称，鸽子已经做好准备。 |
| R85 | 2014 年 6 月 2 日 | **信号情报**：成为情报活动目标后，青年党成员之间的拒止与欺骗类信号情报活动显著增加。 |
| R86 | 2014 年 6 月 2 日 | **通信情报**：对塔台至飞机的通信截获结果显示，哈迪布军用机场的 2 只鸽子也有呼号，是 YT548 和 V109R。 |
| R87 | 2014 年 6 月 2 日 | **人力情报 012–A2**：国防委员会成员之间的讨论显示，他们暗地里希望第 2 军令人头疼的军事力量能被击溃，因为它会威胁到舒拉委员会。 |
| R88 | 2014 年 6 月 3 日 | **开源情报**：本周早些时候，有人对第 1 军的设施发动自杀式袭击，阿拉伯半岛基地组织在网站上发布这些“烈士”的视频。 |
| R89 | 2014 年 6 月 3 日 | **信号情报**：舒拉委员会和企图独立的舒拉议员之间的谈判宣告失败。 |
| R90 | 2014 年 6 月 3 日 | **测量与特征情报**：行为模式雷达显示，“黄蜂 1”正在哈迪布以外的空域演练攻击编队。 |

（续表）

| 报告编号 | 日期 | 内容 |
|---|---|---|
| R91 | 2014 年 6 月 4 日 | **人力情报 005-F-6**：厄立特里亚秘密机构正在向青年党提供武器。 |
| R92 | 2014 年 6 月 4 日 | **网络情报**：阿拉伯半岛基地组织使用黑客手段，入侵第 1 军主要的指挥与控制节点，致其置于也门西部地区的服务器崩溃。 |
| R93 | 2014 年 6 月 4 日 | **开源情报**：穆卡拉记者报道称，从 20 时起，宵禁开始生效。 |
| R94 | 2014 年 6 月 4 日 | **信号情报**：第 2 军司令向反政府军中的舒拉议员表示，谈判的时间已经结束，现在是他说了算。 |
| R95 | 2014 年 6 月 4 日 | **人力情报 003-B-2**：达罗德族首领对难民涌入表示不满，想要设法加以阻止。 |
| R96 | 2014 年 6 月 5 日 | **文件开发**：在轮船“拉伊 · 马哈利”上查获的 U 盘显示，本周早些时候，有大量高速马达从亚博（Yambo）运往哈迪布。 |
| R97 | 2014 年 6 月 5 日 | **文件开发**：一张用户识别模块卡透露的情况是，博萨索港官员阿丹 · 德哈约（Aadan Dhaayow，达罗德族）腐败，与人口贩子勾结。 |
| R98 | 2014 年 6 月 5 日 | **网络情报**：已知阿拉伯半岛基地组织有防护措施不力的聊天室。在这个聊天室里，发现多个已知属于该组织的账号吹嘘微型潜艇的事。 |
| R99 | 2014 年 6 月 5 日 | **图像情报**：图像显示，人们在哈迪布开展挖掘工作，似乎是在修建一个固定的“飞毛腿”导弹站点。 |
| R100 | 2014 年 6 月 5 日 | **人力情报 012-A2**：驻哈迪布的第 2 军获得了哈维耶族金主提供的便携式防空系统，多达 30 套。 |

# 五、背景

## （一）补充情报报告 1：哈瓦拉

以下内容摘自迈克尔 · 米克洛乌齐茨（Michael Miklaucic）与杰奎琳 · 布鲁尔（Jacqueline Brewer）合著的《趋同：全球化时代的非法网络和

国家安全》(*Convergence: Illicit Networks and National Security in the Age of Globalization*，华盛顿特区：国防大学出版社，2013 年出版)。

包括恐怖主义团体在内的非法网络，使用被称为哈瓦拉（hawala）的非正规银行系统，利用这种系统的不透明性和流动性，在某些地区转移自己的资产。汇款是外国工人向自己祖国转移资金的一种方式。在非正规银行系统中，收取资金的目的是让这笔钱或是与之相当的价值，可以支付给在另一地理位置的第三方，不论资金的形式是否与最初相同。此类转账通常发生在正规银行系统之外，通过持有非银行货币服务业务（MSB）牌照的企业，或那些通常不受监管、没有注册并且主要经营活动可能并不是汇款的其他企业实体来完成。一直以来，商人和移民劳工等侨民使用非正规银行系统，把钱汇入那些没有正规安全银行系统的国家，或从这些国家把钱汇回国内。今天，非正规银行系统仍然被美国和其他地区的移民少数民族所使用。此类系统的基础是信任，以及广泛使用家族关系或乡亲关系等联系。

通常，此类银行系统还会在那些没有正规银行系统的偏远地区，或是金融监管薄弱的国家开展业务，比如在索马里，巴拉卡特非正规银行系统就在为基地组织转移资金。人们相信，2008 年 11 月发动孟买袭击事件的人员，就是依靠哈瓦拉的业务活动，才有钱开展行动的。

### （二）补充情报报告 2：阿拉伯半岛基地组织

以下内容摘自萨利·希利（Sally Healy）与金尼·希尔（Ginny Hill）合著的《也门与索马里：恐怖主义、影子网络和建国限制》(*Yemen and Somalia: Terrorism, Shadow Networks and the Limitations of State-building*，伦敦：英国皇家国际事务研究所 [Chatham House]，2010 年出版)。

阿拉伯半岛基地组织是基地组织的跨国分支，2009 年由也门和沙特的分支组织合并后成立。它的首领来自两个国家：一把手纳赛尔·瓦赫希（Nasser al-Wuhayshi）是也门人；二把手赛义德·希赫里（Said al-

Shihri）是沙特公民，曾被囚于关塔那摩监狱，也曾参加过沙特为前“圣战”分子准备的旗舰式回归社会项目，并顺利毕业。瓦赫希曾在阿富汗为本·拉登效力，希赫里曾于2001年在巴基斯坦与阿富汗接壤的边境被捕。

2010年，美国政府将阿拉伯半岛基地组织认定为外国恐怖组织，并对两人实施制裁。阿拉伯半岛基地组织通过其在线杂志《战争回声》，宣扬该组织的目标并表达不满情绪。它与基地组织在国际上的标准说辞口径一致，也说自己的目标是建立伊斯兰哈里发国，并鼓励攻击石油工业等西方利益。虽然该组织的总部位于也门，但它的活动计划是跨国的，这同样可以反映出其领导层的跨国性质。2009年，它曾试图在利雅得暗杀一名位高权重的沙特王子，另外希赫里曾经敦促该组织在沙特的细胞式小分队，要求他们绑架沙特王室成员及居住沙特的基督教徒。

阿拉伯半岛基地组织还将也门安全部门作为攻击目标，原因是据称该组织成员在拘禁期间遭受酷刑。该组织试图让自己的反政府活动与也门普遍存在的反美情绪产生联系，具体做法就是大肆炒作公众所认为的精英集团腐败、军国主义横行和权力过于集中等问题。有时，总统萨利赫会指责阿拉伯半岛基地组织支持也门胡塞族反政府军，支持南方分离势力——胡塞族反政府军是伊斯兰什叶派在当地的唯一分支；而南方分离主义势力认为，萨利赫总统所属的北方部族在管理国家时以权谋私。然而，三次反对萨利赫政府的叛乱发生在不同的历史时期，但作为起因的国家认同理念却又各不相同，并且反映出人们虽然希望将国家改革成理想状态，但认识却是相互矛盾的。这些反政府军都宣称自己是谋求社会正义的运动组织，宣称总统萨利赫的政权与利雅得及华盛顿缔结机会主义军事同盟，因此政府虽然得以苟延残喘，但也因此众叛亲离。

[第 14 章]

# 北科隆海地区遭受网络攻击

本章案例研究的设定是虚构的，时间是 2015 年。目的是展示如何将问题定义模型和目标网络模型等，应用到网络威胁分析当中。虚构的设定被称为北科隆海地区（North Kelon Sea Region），这个地区最大的特点就是经济蓬勃发展，但局势愈发动荡。这个动荡不安的地区由阿克纳德（Arknad）、特伦特（Trent）、戈克兰（Gokland）、哈尔顿（Haldun）和巴西利奇联邦（Basillic Federation）等国家组成。核心事件是阿克纳德国刚刚遭到一次来源不明的网络攻击。阿克纳德没有组建本国的网络防御司令部，因此它谨慎地要求其主要贸易伙伴，也就是拥有完备网络司令部的特伦特提供帮助，识别此次网络攻击发动者的身份。如果不能妥善解决这个问题，就会催生出更多激进的民族主义行为体，为该地区带来不稳定和冲突的风险，冲击该地区所有国家的经济。这是传统的“谁干的、为什么”式挑战，但外面包裹了一层简单的网络背景。

## 一、目标

本练习旨在介绍网络行动，具体如下：

- 学习与网络情报有关的基本概念；
- 管理标签和标识符的数字类型学（digital typology）；
- 创建关于网络攻击的问题定义模型和目标网络模型。

## 二、任务

假设你是全源分析人员，在特伦特网络司令部工作，已被任命为负责协助阿克纳德政府的首席全源分析人员，特伦特网络司令部的全部资源都将为你提供支持。

你的任务是识别阿克纳德所受大规模网络攻击的始作俑者的身份，并向特伦特和阿克纳德两国当局提交结论。要完成此项任务，你必须执行以下操作：

- 创建一个问题定义模型和若干适当的目标网络模型，这些模型里应当包括参与攻击的实体和攻击针对的目标；
- 确定发动攻击的方式和原因；
- 以分镜头的方式，向特伦特和阿克纳德两国当局汇报你对此次攻击所作的结论。

## 三、想定

北科隆海地区（参见图 14–1）由 5 个国家组成，分别是哈尔顿、阿克纳德、戈克兰、特伦特和巴西利奇联邦北端。一直以来，这里曾就各种问题爆发冲突，从边界划定到捕鱼权，不一而足。这里存在着许多错综复杂的分歧，涉及语言、宗教、政治和历史等多个方面。不过，在过去半个世纪里，尽管敌对活动持续不断，但这里的主要局势是相对和平的。

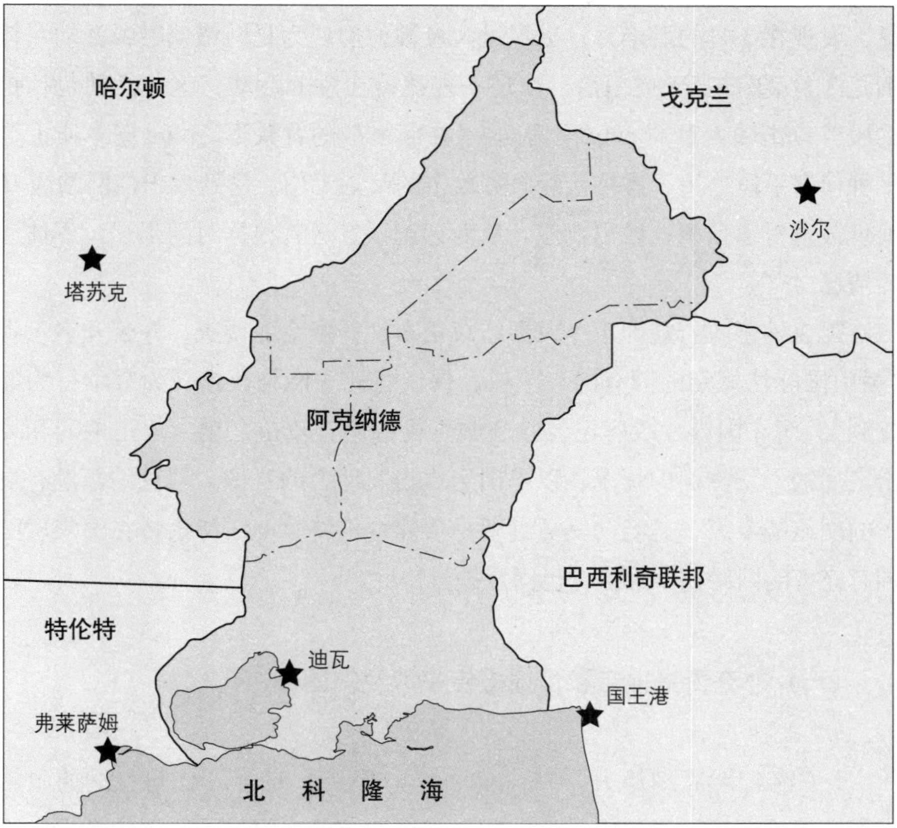


图 14–1 北科隆海地区

阿克纳德于 1865 年建国，首都迪瓦（Diva）城，它是哈尔顿国东部与西部爆发内战后的产物。停战协议将这个国家一分为二，哈尔顿只剩下以塔苏克（Tasuk）为首都的西部地区，阿克纳德则控制了东部地区。尽管已经过去了一个多世纪，但两国在政治、军事、经济和社会发展等几乎每个领域，一直都在进行着激烈的对抗。然而，几乎不存在爆发公开冲突的重大风险。

2014 年 4 月 1 日，阿克纳德发现在 1 至 13 时之间，本国遭到长达数小时的网络攻击。攻击结束后，军方和其他国家机构的多台服务器上有大量数据遭到盗窃。攻击发生后，阿克纳德当局检查了攻击发生前的通信流量，发现在 3 月的后半月，出现过大量被他们认为是网络侦察的活动，特别是 3 月 23 日当天或前后，出现一些值得注意的活动。这些活动包括拒绝服务攻击和大量的 ping 网活动。（在网络战的背景下，ping 网本质上是一种侦察手段，用于支持拒绝服务攻击的策划工作。遭到攻击的网站或 IP 地址被迫对通信测试做出响应，从而让测试发送者根据时间延迟，评估连接情况。）

阿克纳德政府立即下令对网络攻击事件开展全面调查，并公开表示将“援引国际法规定的固有的自卫权，保留将此次网络攻击视为战争行为的权利”。而在国内，政府已经命令调查机构调查攻击之前、攻击期间和攻击之后的一切方面的情况，以求确定攻击发动者的身份。阿克纳德没有真正的网络战专家，已经向其关键贸易伙伴特伦特求助。特伦特在国家层面拥有完备的网络司令部，并已同意提供协助。

## （一）补充情报报告和情报报告中涉及的团体

1.“流亡阿克纳德人”（Arknadians in Exile）是第二代阿克纳德政治难民，特伦特不顾主要贸易伙伴阿克纳德的抗议，根据国际法为其提供庇护。因为维持该地区和平是符合特伦特利益的做法，所以特伦特当局对这些政治难民实施严格管控，以确保稳定。该团体的总部位于特伦特。

2.“巴西利奇电子军”（Bassilic Electronic Army）是一个自封的网络战团体，巴西利奇联邦已经正式与其断绝关系，但人们怀疑它正在以非官方的方式，从事支持政府政策的活动。许多人认为它只是一个幌子组织，目的是让巴西利奇联邦可以“合理推诿”。它资金充足，专业性强。它的总部位于巴西利奇联邦。

3.“网络雄狮”（Cyber Lion）是在该地区众多活动组织中新近出现的一个，人们对它知之甚少。

4.“戈克兰信息局”（Gokland Bureau of Informatics）是戈克兰政府的一个部门。它负责管理戈克兰大部分的基础设施，从医疗记录到交通信号灯，不一而足。它之所以在该地区获得了传奇般的地位，是因为它购买了现有计算机中性能最为强大的一台。戈克兰以网络社会管理领域先锋的身份而感到自豪，但在网络防御方面投入甚少。

5.“泰坦环保小组”（Titan Environmental Group）是一个环保活动组织，总部位于巴西利奇联邦。它以在巴西利奇联邦开展的公民不服从活动而闻名于世，人们经常指责它针对多种工业发动破坏性网络攻击。它曾在社交媒体上与巴西利奇电子军直接交锋，打过多场信息战。

以下是补充情报报告，详细介绍了分配给该地区各国的 IP 地址，以及在网络攻击中遭受攻击的 IP 地址和文件的详细情况。

## （二）补充情报报告 1：地区性主要 IP 地址块

**情报报告 14–1**

| 阿克纳德 | | |
|---|---|---|
| **出访 IP** | **入访 IP** | **所有者** |
| 203.215.32.0 | 203.215.47.255 | 海军司令部 |
| 202.86.16.0 | 202.86.31.255 | 陆军司令部 |
| 182.50.176.0 | 182.50.191.255 | 空军司令部 |
| 175.106.32.0 | 175.106.63.255 | 国家银行 |
| 61.5.192.0 | 61.5.207.255 | 国民警察总部 |
| 121.127.32.0 | 121.127.63.255 | 国防部 |
| 190.104.96.0 | 190.104.111.255 | 交通部 |
| 27.0.96.0 | 27.0.127.255 | 农业部 |
| 58.97.128.0 | 58.97.255.255 | 阿克纳德国防情报局 |
| 61.247.176.0 | 61.247.191.255 | 渔民联合会 |
| 114.31.0.0 | 114.31.31.255 | 阿克纳德大学 |

## 情报报告 14–2

| 哈尔顿 | | |
|---|---|---|
| 出访 IP | 入访 IP | 所有者 |
| 64.37.32.0 | 64.37.47.255 | 陆军 |
| 66.55.112.0 | 66.55.127.255 | 海军 |
| 76.8.32.0 | 76.8.47.255 | 空军 |
| 206.53.176.0 | 206.53.191.255 | 哈尔顿情报局 |
| 209.240.32.0 | 209.240.47.255 | 哈尔顿大学 |
| 216.249.32.0 | 216.249.47.255 | 大西部大学（Great Western University） |
| 61.6.192.0 | 61.6.192.0 | 哈尔顿联通公司（Haldun Connect） |
| 119.160.128.0 | 119.160.191.255 | 电话通公司（Teleho） |

## 情报报告 14–3

| 戈克兰 | | |
|---|---|---|
| 出访 IP | 入访 IP | 所有者 |
| 41.67.192.0 | 41.67.255.255 | 戈克兰大学 |
| 41.92.128.0 | 41.92.255.255 | 戈克兰对内安全局 |
| 41.202.192.0 | 41.202.223.255 | 戈克兰财政部 |
| 41.204.64.0 | 41.204.95.255 | 戈克兰信息局 |

## 情报报告 14–4

| 巴西利奇联邦 | | |
|---|---|---|
| 出访 IP | 入访 IP | 所有者 |
| 41.67.0.0 | 41.67.63.255 | 泰坦环保小组 |
| 41.95.0.0 | 41.95.255.255 | 巴西利奇电子军 |
| 41.202.160.0 | 41.202.191.255 | 陆军第 3 混成旅 |
| 41.209.64.0 | 41.209.127.255 | 联邦商务部 |
| 105.238.0.0 | 105.239.255.255 | 联邦交通部 |
| 196.29.160.0 | 196.29.191.255 | 联邦渔业部 |
| 197.254.192.0 | 197.254.223.255 | 联邦议会 |
| 197.254.224.0 | 197.254.255.255 | 科隆海第 8 舰队 |
| 212.0.128.0 | 212.0.159.255 | 国王港大学（King’s Harbour University） |

（续表）

| 巴西利奇联邦 | | |
|---|---|---|
| 出访 IP | 入访 IP | 所有者 |
| 223.200.0.0 | 223.260.15.255 | 巴西利奇纪念大学 |
| 223.136.0.0 | 223.143.127.255 | 北巴西利奇学院 |
| 223.27.32.0 | 223.27.63.255 | 斯坦石油公司（Stan Petroleum） |
| 223.143.64.0 | 223.143.255.255 | 巴西利奇国家石油财团 |
| 223.144.0.0 | 223.144.255.255 | 礼帽电信公司（Tophat Telecoms） |

**情报报告 14–5**

| 特伦特 | | |
|---|---|---|
| 出访 IP | 入访 IP | 所有者 |
| 41.224.0.0 | 41.231.255.255 | 国防部 |
| 193.95.0.0 | 193.95.127.255 | 陆军 |
| 196.203.0.0 | 196.203.255.255 | 海军 |
| 197.0.0.0 | 197.31.255.255 | 空军 |
| 213.150.160.0 | 213.150.191.255 | 网络情报司令部 |
| 41.207.160.0 | 41.207.191.255 | “流亡阿克纳德人” |

## （三）补充情报报告 2：目标文件

**情报报告 14–6**

| 时间 | 遭攻击 IP | 所有者 | 文件名 | 描述 | 攻击指挥与控制 IP |
|---|---|---|---|---|---|
| 2014 年 4 月 1 日 1 时 20 分 | 202.86.19.122 | 第 1 师 | TOR19AB | 目前的人员配置状况，列出部分专业名称 | 41.67.201.130 |
| 2014 年 4 月 1 日 1 时 20 分 | 202.86.29.88 | 第 1 师 | TOR19AC | 包括火炮在内的各种平台的武器战备状况 | 41.67.201.131 |
| 2014 年 4 月 1 日 1 时 20 分 | 202.86.18.210 | 第 1 师 | TOR19AD | 以重量而非数量显示的弹药库存 | 41.67.201.132 |
| 2014 年 4 月 1 日 1 时 20 分 | 202.86.24.34 | 第 1 师 | TOR19AE | 库存军装尺码 | 41.67.201.133 |
| 2014 年 4 月 1 日 1 时 20 分 | 202.86.18.186 | 第 1 师 | TOR19AF | 零部件收据 | 41.67.201.134 |

（续表）

| 时间 | 遭攻击 IP | 所有者 | 文件名 | 描述 | 攻击指挥与控制 IP |
|---|---|---|---|---|---|
| 2014 年 4 月 1 日 2 时 5 分 | 202.86.24.45 | 第 4 师 | TOR49AE | 库存军装尺码 | 41.204.84.56 |
| 2014 年 4 月 1 日 2 时 5 分 | 202.86.29.60 | 第 4 师 | TOR49AB | 目前的人员配置状况，未列出专业名称 | 41.204.84.57 |
| 2014 年 4 月 1 日 2 时 5 分 | 202.86.19.159 | 第 4 师 | TOR49AF | 零部件收据：以代称显示的保养记录 | 41.204.84.59 |
| 2014 年 4 月 1 日 3 时 3 分 | 203.215.35.231 | 第 12 海军特遣编队 | AS102-hfgui | 驱逐舰及护卫舰：空中雷达数据的陆侧备份 | 41.204.84.62 |
| 2014 年 4 月 1 日 3 时 3 分 | 203.215.35.216 | 第 12 海军特遣编队 | AS105-rtuie | 驱逐舰及护卫舰：前次演习记录中水面雷达行为模式的陆侧备份 | 41.204.84.66 |
| 2014 年 4 月 1 日 3 时 3 分 | 203.215.35.209 | 第 12 海军特遣编队 | AS106-sdjfk | 驱逐舰及护卫舰：弹药规格的陆侧备份 | 41.204.84.67 |
| 2014 年 4 月 1 日 3 时 3 分 | 203.215.35.202 | 第 12 海军特遣编队 | AS109-vdnoi | 驱逐舰及护卫舰：船员值班名册的陆侧备份 | 41.204.84.64 |
| 2014 年 4 月 1 日 3 时 3 分 | 203.215.37.149 | 第 12 海军特遣编队 | AS202-wroif | 扫雷舰：舰艇载重值的陆侧备份 | 41.204.89.7 |
| 2014 年 4 月 1 日 3 时 3 分 | 203.215.37.134 | 第 12 海军特遣编队 | AS205-lskdo | 扫雷舰：舰艇载重值的陆侧备份 | 41.204.89.14 |
| 2014 年 4 月 1 日 3 时 3 分 | 203.215.40.45 | 第 12 海军特遣编队 | AS304-csdjk | 两栖攻击舰的舰载仪器：上月沿南海岸开展测量的陆侧备份 | 41.204.90.3 |
| 2014 年 4 月 1 日 3 时 3 分 | 203.215.43.178 | 第 12 海军特遣编队 | AS305-qajdr | 两栖攻击舰：包括注水和投放（登陆艇）时间在内的投放活动统计数据 [1] | 41.204.89.24 |

[2] 译注：两栖攻击舰大多数配备有坞舱，可以停放和投放登陆艇。

（续表）

| 时间 | 遭攻击 IP | 所有者 | 文件名 | 描述 | 攻击指挥与控制 IP |
|---|---|---|---|---|---|
| 2014 年 4 月 1 日 3 时 3 分 | 203.215.45.37 | 第 12 海军特遣编队 | AS402-lokij | 空中突击舰：直升机燃料统计数据 | 41.204.89.45 |
| 2014 年 4 月 1 日 3 时 3 分 | 203.215.45.22 | 第 12 海军特遣编队 | AS403-wrsse | 巡洋舰：通信规范 | 41.204.89.77 |
| 2014 年 4 月 1 日 1 时 47 分 | 182.50.185.14 | 第 3 空军联队 | KAS83754 | 南区巡逻时间安排 | 41.95.93.102 |
| 2014 年 4 月 1 日 1 时 47 分 | 182.50.185.23 | 第 3 空军联队 | KAS83952 | 过去 6 个月的保养规范 | 41.95.93.104 |
| 2014 年 4 月 1 日 1 时 47 分 | 182.50.185.34 | 第 3 空军联队 | KAS83209 | 燃料库的位置和储量 | 41.95.93.105 |
| 2014 年 4 月 1 日 2 时 33 分 | 121.127.44.12 | 国防部 | JAK 24 | 去年的采购项目 | 41.67.32.45 |
| 2014 年 4 月 1 日 2 时 33 分 | 121.127.46.18 | 国防部 | JAK 25 | 今年的采购项目 | 41.67.32.49 |
| 2014 年 4 月 1 日 2 时 33 分 | 190.104.102.59 | 交通部 | AGAHxt | 人事文件 | 212.0.143.104 |
| 2014 年 4 月 1 日 2 时 33 分 | 190.104.99.230 | 交通部 | AGAHst | 管理文件 | 212.0.143.105 |
| 2014 年 4 月 1 日 2 时 33 分 | 190.104.103.15 | 交通部 | AGAHty | 流量统计数据 | 212.0.143.106 |
| 2014 年 3 月 23 日 2 时 39 分 | 61.247.184.77 | 渔民联合会 | CAB4506 | IP 地址 | 41.207.180.37 |
| 2014 年 4 月 1 日 3 时 56 分 | 114.31.19.109 | 阿克纳德大学 | HALO Files | 涉及大学的交换制度 | 41.67.201.9 |
| 2014 年 3 月 23 日 2 时 44 分 | 61.5.202.37 | 国民警察总部 | Hfhf000002 | IP 监控数据 | 41.207.180.114 |
| 2014 年 4 月 1 日 3 时 49 分 | 175.106.52.31 | 国家银行 | Rutame2007 Files | 旧的账目文件 | 41.67.201.133 |
| 2014 年 4 月 1 日 2 时 33 分 | 27.0.113.5 | 农业部 | wheatgen360 | 去年的粮食拍卖结果 | 41.67.201.134 |
| 2014 年 4 月 1 日 3 时 25 分 | 58.97.191.11 | 阿克纳德国防情报局 | YTTelecad | 内部电话 | 41.67.201.130 |

# 四、情报报告

**情报报告 14–7**

<table>
<tr><th>报告编号</th><th>日期</th><th colspan="2">内容</th></tr>
<tr><td>R1</td><td>2014 年<br>4 月 7 日</td><td colspan="2">开源情报：地区媒体报道称，阿克纳德和戈克兰之间的紧张关系现已极度紧张，因为阿克纳德政府内部的线人称，他们掌握的迹象显示，戈克兰正是 2014 年 4 月 1 日大规模网络攻击的幕后黑手。</td></tr>
<tr><td>R2</td><td>2014 年<br>4 月 7 日</td><td colspan="2">开源情报：一些阿克纳德媒体直接指责生活在特伦特的团体“流亡阿克纳德人”。媒体指出，该团体去年曾破坏过多个阿克纳德政府网站。</td></tr>
<tr><td rowspan="6">R3</td><td rowspan="6">2014 年<br>4 月 7 日</td><td colspan="2">网络情报：基于入侵检测系统（IDS）的阿克纳德异常情况报告显示，以下 IP 段可能在 2014 年 3 月 15 至 16 日期间遭到扫描或侦察。</td></tr>
<tr><td>121.127.40.0</td><td>121.127.45.255</td></tr>
<tr><td>202.86.18.0</td><td>202.86.29.255</td></tr>
<tr><td>203.215.35.0</td><td>203.215.45.0</td></tr>
<tr><td>182.50.185.0</td><td>182.50.185.255</td></tr>
<tr><td>58.97.191.0</td><td>58.97.191.255</td></tr>
<tr><td>R4</td><td>2014 年<br>4 月 7 日</td><td colspan="2">人力情报 043–C3：线人报告称，巴西利奇联邦正在调查泰坦环保小组，以确认其是否有可能参与针对阿克纳德的网络攻击。</td></tr>
<tr><td>R5</td><td>2014 年<br>4 月 8 日</td><td colspan="2">网络情报：有未经授权的网络扫描被执行。实施扫描的工作站的 IP 段为 41.67.201.120 至 41.67.201.140。（未经授权的网络扫描其实就是使用未经授权的软件，绘制该网络中服务器和工作站的结构图。）</td></tr>
<tr><td>R6</td><td>2014 年<br>4 月 8 日</td><td colspan="2">人力情报 020–B2：早上所有人到岗上班的时候，戈克兰信息局出现严重恐慌。</td></tr>
<tr><td>R7</td><td>2014 年<br>4 月 8 日</td><td colspan="2">信号情报：已知“懒汉”克里斯·威尔逊（Chris “Slackjaw” Wilson）是巴西利奇电子军成员。4 月 1 日 11 时 30 分，他给另一个身份不明的成员打电话，问道：“情况如何？你能搞定吗？”该联系人答称：“搞不定。但这事闹大了，我认为我们得老实一段时间了。”</td></tr>
</table>

（续表）

| 报告编号 | 日期 | 内容 |
| --- | --- | --- |
| R8 | 2014 年 4 月 8 日 | **网络情报**：2014 年 3 月 20 日，有人试图通过电子邮件，使用恶意软件感染 IP 地址为 61.5.202.20 的工作站。该尝试被基于特征的入侵检测系统所阻止。 |
| R9 | 2014 年 4 月 8 日 | **网络情报**：2014 年 3 月 20 日，有人试图通过电子邮件，使用恶意软件感染 IP 地址为 175.106.52.14 的工作站。该尝试被基于特征的入侵检测系统所阻止。 |
| R10 | 2014 年 4 月 8 日 | **阿克纳德情报报告**：4 月 1 日 4 时，阿克纳德政府各部所有 IP 的域名全部离线，原因是恶意软件感染。 |
| R11 | 2014 年 4 月 9 日 | **网络情报**：社交媒体"马甲"报告称，泰坦环保小组的在线成员确实感到非常惊讶。（"马甲"[sock puppet] 是社交媒体上的虚假身份，可以渗入开源渠道以搜集信息。它实际上是一种数字伪装，可用以参加数字会议或论坛。） |
| R12 | 2014 年 4 月 9 日 | **网络情报**：4 月 1 日 1 至 13 时，拒绝服务攻击禁用了 41.92.176.0 至 41.92.177.255 的 IP 段。 |
| R13 | 2014 年 4 月 10 日 | **人力情报 012–A2**："流亡阿克纳德人"的高层非常担心自己会被指责为不久前大规模网络攻击事件的发动者。他们并没有能力发动这种攻击。 |
| R14 | 2014 年 4 月 10 日 | **网络情报**：4 月 1 日 1 至 13 时，拒绝服务攻击禁用了 206.53.181.10 至 206.53.181.95 的 IP 段。已知这些 IP 被哈尔顿情报机构用于网络安全事宜。 |
| R15 | 2014 年 4 月 10 日 | **情报报告**：有未经授权的、使用先进特征扫描软件的网络扫描被执行。实施扫描的工作站位于哈尔顿大学校园，IP 地址为 209.240.39.145。它是图书馆的一个工作站。 |
| R16 | 2014 年 4 月 10 日 | **阿克纳德情报报告**：阿克纳德交通部报告称，在被复制的文件中，只有 AGAHxt 是敏感文件。该文件未被销毁，也未检测到休眠的恶意软件。该文件中的数据大多是雇员的个人信息，其中包括一些评估结果。 |
| R17 | 2014 年 4 月 10 日 | **阿克纳德情报报告**：阿克纳德农业部报告称，没有敏感数据被盗，信息在公共领域都是可用的。 |
| R18 | 2014 年 4 月 10 日 | **人力情报 076–B1**：IP 段为 41.204.90.0 至 41.204.90.20 的工作站，来自该地区最强大的服务器拥有者——戈克兰信息局。 |
| R19 | 2014 年 4 月 10 日 | **开源情报**：巴西利奇联邦针对巴西利奇电子军已知成员发起严打行动。 |

（续表）

| 报告编号 | 日期 | 内容 |
|---|---|---|
| R20 | 2014 年 4 月 11 日 | **信号情报**：4 月 1 日，已知黑客“安静的查理”（Quiet Charley）接到不明人员打来的电话，通话的第一句是：“我知道他在做一些事情……” |
| R21 | 2014 年 4 月 11 日 | **测量与特征情报**：总体评估认为，4 月 1 日的攻击对软件和系统造成的物理损害极小。这已经得到阿克纳德专家的证实。 |
| R22 | 2014 年 4 月 11 日 | **阿克纳德情报报告**：大多数被盗军事文件包含的信息在公共领域都是可用的。以下文件在公共领域是不可用的：<br>TOR19AB<br>TOR49AB<br>TOR19AC<br>AS105-rtuie<br>AS304-csdjk<br>AS402-lokij<br>AS403-wrsse<br>KAS83754 |
| R23 | 2014 年 4 月 11 日 | **人力情报 043-C3**：臭名昭著的“浪人”黑客迈克尔·申克（Michael Schenke）一直在黑客圈子里吹嘘，称自己 4 周就能赚到 1 年的工资。他的手机号码是 09305077。 |
| R24 | 2014 年 4 月 12 日 | **阿克纳德情报报告**：阿克纳德网络安全报告称，在针对军方服务器发动攻击中，尽管有些攻击几乎刚一开始即被阻止，但攻击者还有第 2 条备用线路，可以用来攻击被盯上的服务器。如果攻击的是海军，可能还有第 3 条线路。 |
| R25 | 2014 年 4 月 12 日 | **人力情报 021-F6**：该线人在国王港大学的学生酒吧中，无意中听到泰坦环保小组成员正策划在 3 月 19 日做件“非常大”的事。 |
| R26 | 2014 年 4 月 12 日 | **开源情报**：在许多已知的激进社交媒体聊天室里，人们也在纷纷推测究竟是谁发动此次攻击。 |
| R27 | 2014 年 4 月 13 日 | **信号情报**：全球移动通信系统（GSM）数据流量监测软件显示，0 时 30 分至 1 时、4 至 15 时或攻击期间，数据传输量异常激增。 |

（续表）

<table>
<tr><th>报告编号</th><th>日期</th><th colspan="2">内容</th></tr>
<tr><td>R28</td><td>2014 年 4 月 13 日</td><td colspan="2">信号情报：巴西利奇电子军的“司令”约翰·拉瑟福德（John R. Rutherford）致电手下最厉害的网络专家，也就是被称为“屏幕闪光灯”的达伦·沃尔什（Darren “Screen Flash” Walsh）称：“如果这种情况再次困扰我们，那就是你的错了，因为你没有考虑到我们自己系统的安全性……（冷笑）知名黑客居然被人给黑了。”</td></tr>
<tr><td>R29</td><td>2014 年 4 月 13 日</td><td colspan="2">人力情报 020-B2：戈克兰政府已经启动秘密调查，调查是谁以及如何才能入侵该地区最强大的计算机系统，也就是戈克兰信息局的系统。</td></tr>
<tr><td>R30</td><td>2014 年 4 月 14 日</td><td colspan="2">网络情报：3 月 25 日，阿克纳德国家警察总部在 IP 地址为 61.5.202.9 的工作站上发现恶意软件。看起来，它企图在 4 月 1 日 0 时擦除文件 Hfhf000002。他们移除了这个恶意软件。</td></tr>
<tr><td>R31</td><td>2014 年 4 月 14 日</td><td colspan="2">人力情报 043-C3：巴西利奇联邦当局认为，泰坦环保小组的主服务器遭到劫持，攻击来自哈尔顿的某个未知 IP，可能是哈尔顿大学。（但在官方口径中，他们仍然指责泰坦环保小组。）</td></tr>
<tr><td rowspan="15">R32</td><td rowspan="15">2014 年 4 月 15 日</td><td colspan="2">网络情报：2014 年 4 月 8 日，01 号需求被提出，网络情报司令部回应称，在 3 月 10 至 31 日，该地区未遭 ping、扫描或侦察的主要 IP 块如下：</td></tr>
<tr><td>114.31.0.0</td><td>114.31.31.255</td></tr>
<tr><td>64.37.32.0</td><td>64.37.47.255</td></tr>
<tr><td>66.55.112.0</td><td>66.55.127.255</td></tr>
<tr><td>76.8.32.0</td><td>76.8.47.255</td></tr>
<tr><td>64.37.32.0</td><td>64.37.47.255</td></tr>
<tr><td>209.240.32.0</td><td>209.240.47.255</td></tr>
<tr><td>223.27.32.0</td><td>223.27.63.255</td></tr>
<tr><td>223.26.64.0</td><td>223.143.255.255</td></tr>
<tr><td>223.144.0.0</td><td>223.200.255.255</td></tr>
<tr><td>41.224.0.0</td><td>41.231.255.255</td></tr>
<tr><td>193.95.0.0</td><td>193.95.127.255</td></tr>
<tr><td>196.203.0.0</td><td>196.203.255.255</td></tr>
<tr><td>197.0.0.0</td><td>197.31.255.255</td></tr>
<tr><td>213.150.160.0</td><td>213.150.191.255</td></tr>
</table>

（续表）

<table>
<tr><th>报告编号</th><th>日期</th><th>内容</th></tr>
<tr><td>R33</td><td>2014 年 4 月 16 日</td><td>开源情报：根据媒体互通信息，人们评估认为，北科隆海地区的所有电信和数据供应商都对此次网络攻击感到意外。</td></tr>
<tr><td>R34</td><td>2014 年 4 月 16 日</td><td>网络情报：2014 年 4 月 8 日，02 号需求被提出，网络情报司令部回应称，高度确定在 4 月 1 日，该地区未遭一切形式攻击的 IP 块如下：
<table>
<tr><td>41.224.0.0</td><td>41.231.255.255</td></tr>
<tr><td>193.95.0.0</td><td>193.95.127.255</td></tr>
<tr><td>196.203.0.0</td><td>196.203.255.255</td></tr>
<tr><td>197.0.0.0</td><td>197.31.255.255</td></tr>
<tr><td>213.150.160.0</td><td>213.150.191.255</td></tr>
<tr><td>223.27.32.0</td><td>223.27.63.255</td></tr>
<tr><td>223.144.0.0</td><td>223.200.255.255</td></tr>
<tr><td>197.254.224.0</td><td>197.254.255.255</td></tr>
<tr><td>41.209.64.0</td><td>41.209.127.255</td></tr>
<tr><td>105.238.0.0</td><td>105.239.255.255</td></tr>
<tr><td>196.29.160.0</td><td>196.29.191.255</td></tr>
</table></td></tr>
<tr><td>R35</td><td>2014 年 4 月 16 日</td><td>开源情报：被称为网络雄狮的另一个组织正在通过媒体，宣称为这次网络攻击负责。几乎不掌握他们的情况。</td></tr>
<tr><td>R36</td><td>2014 年 4 月 17 日</td><td>情报报告：迈克尔·申克是国王港大学的一名全日制地质学博士。他的主导师是德里克·哈梅尔（Derik Hammel）教授。他在哈尔顿大学的副导师是海洋地质学专家希娜·史蒂文斯（Sheena Stevens）博士。</td></tr>
<tr><td>R37</td><td>2014 年 4 月 17 日</td><td>人力情报 021-F6：此次攻击幕后黑客的手机号码为 07456738、05464675 和 08328764。全部都是泰坦环保小组成员。</td></tr>
</table>

（续表）

| 报告编号 | 日期 | 内容 |
| --- | --- | --- |
| R38 | 2014 年 4 月 17 日 | **信号情报**：2014 年 4 月 13 日，03 号需求被提出，要求获取手机号 09305077 的情况。在所提供的 IP 块中，选出距离最近的 IP 块进行交叉参照（cross-reference），得到全球移动通信系统标签（实际上，就是使用已经进行过地理定位的 IP 块，对手机号 09305077 的大致位置进行交叉参照），结果如下：<br>3 月 17 日，IP 段 212.0.128.0 至 212.0.159.255 附近，11 至 16 时；<br>3 月 18 日，IP 段 223.27.32.0 至 223.27.63.255 附近，19 至 21 时；<br>3 月 19 日，IP 段 209.240.32.0 至 209.240.47.255 附近，16 至 21 时；<br>3 月 20 日，IP 段 209.240.32.0 至 209.240.47.255 附近，16 至 21 时；<br>3 月 21 日，IP 段 209.240.32.0 至 209.240.47.255 附近，10 至 22 时；<br>3 月 22 日，IP 段 209.240.32.0 至 209.240.47.255 附近，12 至 22 时；<br>3 月 23 日，IP 段 209.240.32.0 至 209.240.47.255 附近，7 至 22 时；<br>3 月 24 日，IP 段 212.0.128.0 至 212.0.159.255 附近，10 至 15 时；<br>3 月 25 日，IP 段 223.27.32.0 至 223.27.63.255 附近，19 至 21 时；<br>4 月 1 日，IP 段 209.240.32.0 至 209.240.47.255 附近，0 时 30 分至 1 时与 4 至 5 时。 |
| R39 | 2014 年 4 月 17 日 | **网络情报**：4 月 1 日 3 至 13 时，至少有 5 名攻击者在相互配合，发动复杂的网络攻击。他们使用拒绝服务攻击来掩护此次行动。 |
| R40 | 2014 年 4 月 18 日 | **网络情报**：2014 年 4 月 13 日，04 号需求被提出，你要求获得 4 月 1 日 0 至 5 时哈尔顿大学活跃 IP 的清单，现回复如下：<br>209.240.32.0 至 209.240.47.255<br>209.240.34.2 图书馆（0 时 44 分离线）<br>209.240.34.3 图书馆（1 时 20 分离线）<br>209.240.34.4 图书馆（1 时 30 分离线）<br>209.240.42.14 沉积地质学和海洋地质学系（5 时离线）<br>209.240.42.15 沉积地质学和海洋地质学系（5 时离线）<br>209.240.42.16 沉积地质学和海洋地质学系（5 时离线）<br>209.240.42.17 沉积地质学和海洋地质学系（5 时离线） |
| R41 | 2014 年 4 月 18 日 | **情报报告**：希娜·史蒂文斯博士嫁给了韦恩·史蒂文斯（Wayne Stevens）。韦恩是斯坦石油公司负责勘探业务的执行主管唐纳德·史蒂文斯（Donald Stevens）的儿子。 |

# 免责声明

本书案例均基于虚构想定。许多地名、装备名称和组织名称都是现实世界存在的，但案例中介绍的事件通常都是虚构的。

所有关于事实、意见或分析的陈述均来自两位作者，并不代表中央情报局或其他任何美国政府机构、丹麦皇家国防学院或其他任何丹麦政府机构的官方立场或观点。本书的任何内容均不应被解读为确认或暗示美国政府对书中内容表示认可，或相关机构对作者观点表示认可。本书已由中央情报局审核，审核目的是防止泄露保密性信息。

# 致 谢

如果没有克拉克博士的妻子阿比盖尔（Abigail）主动提供大量内容，本材料根本无法成书，我们两人非常感激她的无私奉献。另外，克拉克博士非常感谢他以前在国家情报总监“情报界官员课程”中的同事们：唐纳德·卡明斯（Donald Cummings）博士、约翰·艾利森（John Allison）博士、彼得·奥利森（Peter Oleson）博士、马西娅·巴克尔（Marcia Barkell）博士、加里·古德里奇（Gary Goodrich）博士，他们的努力为刚果（金）案例研究提供了灵感。米切尔博士非常感谢丹麦国防部队和其中的许多人士，多年来他们在丹麦皇家国防学院的课堂上和多次海外行动中，有力推动了军事情报学习和实践活动。在这方面，他特别感谢伦尼·弗雷德斯科夫·汉森（Lennie Fredskov Hansen）准将、托马斯·芬奇（Thomas Funch）中校，汉斯·亨里克·默勒（Hans Henrik Møller）中校、尼尔斯·彼得森（Niels Petersen）少校、瑟伦·斯波德斯贝里（Søren Spodsberg）上尉和瑟伦·柯克巴克（Søren Kirkbak）首席顾问。我们还要感谢国会季刊出版社（CQ）策划编辑苏珊·弗林奇博（Suzanne Flinchbaugh）、助理编辑达维亚·格兰特（Davia Grant）、生产编辑戴维·费尔茨（David C. Felts）和文字编辑梅甘·马尔卡尼奇（Megan Markanich），感谢他们为出版本书所作的贡献。

# 作者简介

**罗伯特·克拉克**博士，国家情报总监“情报界官员课程”前教员和“情报界入门课程”前主任。他曾任美国空军中校电子作战官和情报官，中情局高级分析师兼分析方法组组长。他曾出版《情报分析：以目标为中心的方法》、《情报搜集技术》和《情报搜集：技术、方法与思维》等著作，与马克·洛文塔尔博士共同主编《情报搜集的五大科目》。他曾先后获得麻省理工学院科学学士、伊利诺伊大学电子工程学博士和乔治·华盛顿大学法学博士等学位。目前，他是美国情报界威胁分析独立咨询专家，也是情报与安全学院教员和马里兰大学情报学教授。

**威廉·米切尔**博士，曾任丹麦皇家国防学院研究委员会成员，负责情报行动、联合行动和特种行动等在理论、实践和教学等方面的同步发展。他曾参与在阿富汗、巴尔干、伊拉克、非洲和法属圭亚那的军事行动，军旅和情报生涯长达30年。他曾作为北约科技组织的团队成员，获得2014年北约科学成就奖。他是两个国家的授勋参战退伍军人，获得一个嘉奖令和多枚勋章，其中有法国战斗者十字勋章和丹麦国防勋章。他曾出版多部关于军事情报学和作战空间敏捷性的著作。他以优异成绩获得肯特大学学士和硕士学位，以及奥胡斯大学政治学博士学位。目前，他是丹麦国防部的在职全源专家、研究员和教员，一直支持北约和美国国防部的研究、教育和理论发展等项目。

# 英汉词汇对照

Afghan National Army (ANA) 阿富汗国民军

Afghan National Police (ANP) 阿富汗国民警察

Afghan National Security Forces (ANSF) 阿富汗国家安全部队

Al-Shabaab （索马里）青年党

Albanian Rebellion (1997) 1997 年阿尔巴尼亚动乱

Analysis of Competing Hypothesis 竞争性假设分析

Antiship missle (ASM) 反舰导弹

Arab Spring (2011) 2011 年“阿拉伯之春”

Area of responsibility (AoR) 防区

Armored personnel carrier (APC) 装甲运兵车

ASCOPE (area, structure, capabilities, organizations, people, event) 地区、结构、能力、组织、人员和事件

Attack helicopter (AH) 武装直升机

Australian Defence Force (ADF) 澳大利亚国防军

Australian Secret Intelligence Service (ASIS) 澳大利亚秘密情报局

Biological warfare 生物战

Bundesnachrichtendienst (BND) （德国）联邦情报局

Case study 案例研究

Centers for Disease Control and Prevention (CDC) （美国）疾病控制和预防中心

Chemical warfare 化学战

Civil-society 公民社会

Coastal defense cruise missile (CDCM) 海防巡航导弹
Communications Intelligence (COMINT) 通信情报
Concept of operation (CONOP) 行动构想
Configuration management 配置管理
Counternarcotics 反毒品
Counterproliferation 反扩散
Counterterrorism 反恐
Critical thinking 批判性思维
Cyber intelligence collection 网络情报搜集
Cyber threat problem definition model 网络威胁问题定义模型
Cyber warfare 网络战

Defence Imagery and Geospatial Organisation (DIGO) （澳大利亚）国防图像和地理空间组织
Defence Signals Directorate (DSD)（澳大利亚）国防信号局
Denial of service (DoS) 拒绝服务
Doctors Without Borders 无国界医生
Document Exploitation (DOCEX) 文件开发
Drug Enforcement Administration (United States) (DEA) （美国）缉毒署

Ebola virus 埃博拉病毒
Electronic funds transfer (EFT) 电汇
Electronic Intelligence (ELINT) 电子情报
Electronic Intelligence Satellite (ELISA) 电子情报卫星
European Community Monitor Mission (ECMM) 欧洲共同体监督使团

Federal Bureau of Investigation (FBI) （美国）联邦调查局
Foreign Instrumentation Signals Intelligence (FISINT) 外国仪器信号情报
Foreign Intelligence Service of the Russian Federation (SVR RF) 俄罗斯联邦对外情报局
Fuerzas Armadas Revolutionarias de Colombia (FARC) 哥伦比亚革命武装力量

General Directorate for External Security (DGSE) （法国）对外安全总局
Generic problem definition model 通用问题定义模型
Generic target network model 通用目标网络模型

Geographic Information System (GIS) 地理信息系统
Geospatial Intelligence (GEOINT) 地理空间情报
Geospatial model 地理空间模型
Golden Triangle 金三角
Gray market arms transfer 灰市武器贩运
Ground moving target indicator (GMTI) 地面移动目标指示器

High Intensity Drug Trafficking Area (HIDTA) “贩毒高发区”（项目）
High-value target list (HVTL) 高价值目标清单
Horn of Africa 非洲之角
Human Intelligence (HUMINT) 人力情报
Human organ smuggling 走私人体器官
Human trafficking 贩卖人口

Imagery Intelligence (IMINT) 图像情报
improvised explosive device (IED) 简易爆炸装置
Individual component analysis 组分分析
Information system 信息系统
Intelligence 情报
Intelligence analysis 情报分析
Intelligence collection plan (ICP) 情报搜集计划
Intelligence product 情报产品
Intelligence Report (INTREP) 情报报告
International Assessment and Strategy Center (IASC) 国际评估与战略中心
International Criminal Police Organization (INTERPOL) 国际刑事警察组织
International Maritime Defense Exhibition and Conference (IMDEX) 国际海防展览会
Internet relay chat (IRC) 互联网中继聊天

Joint Command Intelligence Organization (J2) 联合指挥情报部门
Joint Command Operations Organization (J3) 联合指挥行动部门
Joint Intelligence Center (JIC) 联合情报中心
Joint Task Force (JTF) 联合特遣队

Law enforcement systems 执法系统
Lusaka Agreement (1999) 1999 年《卢萨卡协议》
Low Probability of Intercept (LPI) 低截获概率

Mai Mai Kata Katanga (MMKK)　加丹加独立军
Man-portable air defense system (MANPADS)　便携式防空系统
Mara Salvatrucha (MS-13)　“野蛮萨尔瓦多人”
Measurement and Signature Intelligence (MASINT)　测量与特征情报
Military intelligence organization　军事情报组织
Military operation problem definition model　军事行动问题定义模型
Military operations target network model　军事行动目标网络模型
Military system　军事系统
Modeling　建模

Nerve agent production　神经毒剂生产
Netwar　网络战
Network　网络
Nipah virus　尼帕病毒
Nodal analysis　节点分析
Nongovernmental organization (NGO)　非政府组织
North Atlantic Treaty Organization (NATO)　北大西洋公约组织

Observe-orient-decide-act (OODA) loop　观察—定位—决策—行动循环
Occupy Wall Street movement　“占领华尔街”运动
Office of National Assessments (Australia) (ONA)　（澳大利亚）国家评估办公室
Open Source Intelligence (OSINT)　开源情报
Operation Desert Storm　“沙漠风暴行动”
Operation Free Sailing　“自由航行行动”
Operations targeting　行动目标选择
Organization for Security and Cooperation in Europe (OSCE)　欧安组织
Organisation for the Prohibition of Chemical Weapons (OPCW)　（联合国）禁止化学武器组织
Organization of African Unity (OAU)　非洲统一组织
Organization of the Petroleum Exporting Countries (OPEC)　石油输出国组织
Ottoman Empire　奥斯曼帝国

Pattern analysis model　模式分析模型
Pattern of living model　行为模式模型
People’s Front for Democracy and Justice (Eritrea) (PFDJ)　（厄立特里亚）人民民主与正义阵线

PMESII (political, military, econnomic, societal, infrastructure, information) 政治、军事、经济、社会、基础设施和信息

Pretoria Accord 《比勒陀利亚协定》
Problem definition model 问题定义模型

Revolutionary United Front (RUF)（塞拉利昂）革命联合阵线
Righteous Path “正义之路”

Sarin (GB) 沙林
Second Congo War 第二次刚果战争
Signals Intelligence (SIGINT) 信号情报
Single node target 单节点目标
Situational awareness (SA) 态势感知
Situational understanding (SU) 态势认知
Small Waterplane Area Twin Hull (SWATH) 小水线面双船体
Social network analysis (SNA) 社交网络分析
Soman (GD) 梭曼
Structured analytic technique 结构化分析方法
Supplemental intelligence report (SUPINTREP) 补充情报报告
Synthetic aperture radar (SAR) 合成孔径雷达
System of systems 系统的系统

Tabun 塔崩
Target network modeling 目标网络建模
Target network model (TNM) 目标网络模型
Target set 目标集
Tear line report “撕纸线”报告
Tehran Genetic Engineering and Biotechnology Research Center (TGEBRC) （伊朗）德黑兰基因工程和生物技术研究中心
Timeline Analysis 时间线分析
Transporter erector launcher (TEL) 导弹运输起竖式发射车
Transporter erector launcher and radar (TELAR) 导弹运输起竖式雷达功能发射车

Union for the Total Independence of Angola (UNITA) 争取安哥拉彻底独立全国联盟（简称“安盟”）
United Nations Children’s Fund (UNICEF) 联合国儿童基金会
United Nations High Commissioner for Refugees (UNHCR) 联合国难民事

务高级专员公署

United Nations Mission in Ethiopia and Eritrea (UNMEE) 联合国驻埃塞俄比亚和厄立特里亚特派团（简称“埃厄特派团”）

United Nations Office for the Coordination of Humanitarian Affairs 联合国人道主义事务协调办公室

United Nations Office on Drugs and Crime (UNODC) 联合国毒品和犯罪问题办公室

United Nations Operation in Somalia II (UNOSOM II) 联合国第二期索马里行动

United Nations Organization Mission in the Democratic Republic of Congo (MONUC) 联合国组织刚果民主共和国特派团（简称“联刚特派团”）

United Nations Organization Stabilization Mission in the Democratic Republic of the Congo (MONUSCO) 联合国组织刚果民主共和国稳定特派团（简称“联刚稳定团”）

United Wa State Army 佤邦联合军

Unmanned aerial vehicle (UAV) 无人机

U.S. Drug Enforcement Administration 美国缉毒署

U.S. Joint Special Operations Command 美国联合特种作战司令部

Visualization technique 可视化技术

Warsaw Pact (1955) 1955 年《华沙条约》

World Health Organization (WHO) 世界卫生组织

## 国家安全与保密参考书目

### 情报与反情报丛书

《以目标为中心的网络建模》 [美] 罗伯特·克拉克 [丹] 威廉·米切尔
《情报欺骗：反欺骗与反情报》 [美] 罗伯特·克拉克 [丹] 威廉·米切尔
《情报搜集：技术、方法与思维》 [美] 罗伯特·克拉克
《情报搜集的五大科目》 [美] 马克·洛文塔尔 罗伯特·克拉克
《情报分析：复杂环境下的思维方法》 [美] 韦恩·霍尔 加里·西腾鲍姆
《战略情报：情报人员、管理者和用户手册》 [澳] 唐·麦克道尔
《分析情报：国家安全从业者视角》 [美] 罗杰·乔治 詹姆斯·布鲁斯
《情报分析案例·实操版：结构化分析方法的应用》[美] 萨拉·毕比 伦道夫·弗森
《情报分析案例：结构化分析方法的应用》 [美] 萨拉·毕比 伦道夫·弗森
《情报分析：结构化分析方法》 [美] 小理查兹·J. 霍耶尔 伦道夫·弗森
《情报研究与分析入门》 [美] 杰罗姆·克劳泽 简·戈德曼
《战略情报的批判性思维》 [美] 凯瑟琳·弗森 伦道夫·弗森
《情报搜集技术》 [美] 罗伯特·克拉克
《情报：从秘密到政策》 [美] 马克·洛文塔尔
《情报分析心理学》 [美] 小理查兹·J. 霍耶尔
《情报分析：以目标为中心的方法》 [美] 罗伯特·克拉克

### 国家战略预警研究译丛

（"十三五"国家重点图书出版规划项目）

《情报与突然袭击：战略预警案例研究》 [美] 埃里克·J. 达尔
《减少不确定性：情报分析与国家安全》 [美] 冯稼时
《珍珠港：预警与决策》 [美] 罗伯塔·沃尔斯泰特
《预警情报手册（完整解密版）：国家安全威胁评估》 [美] 辛西娅·格拉博
《先发制人：国际冲突的先制与预防》 [美] 迈克尔·多伊尔
《突然袭击：被袭国的视角》 [以] 伊弗雷姆·卡姆

## 国家安全译丛

《秘密与泄密：美国国家保密的困境》 [美] 拉胡尔·赛加尔
《美国政府保密史：制度的诞生与进化》 [美] 戴维·弗罗斯特
《数据与监控：信息安全的隐形之战》 [美] 布鲁斯·施奈尔
《21 世纪犯罪情报：公共安全从业者指南》 [美] 理查德·赖特
《恐怖主义如何终结：恐怖活动的衰退与消亡》 [美] 奥德丽·克罗宁
《国家安全与情报政策研究：美国安全体系的起源、思维和架构》 [美] 伯特·查普曼
《秘密情报与公共政策：保密、民主和决策》 [美] 帕特·霍尔特
《网络战：信息空间攻防历史、案例与未来》 [美] 保罗·沙克瑞恩
《全民监控：大数据时代的安全与隐私困境》 [英] 约翰·帕克
《骗中骗：克格勃与中情局的无声战争》 [美] 爱德华·爱泼斯坦
《情报术：间谍大师杜勒斯论情报的搜集处理》 [美] 艾伦·杜勒斯
《谁来监管泄密者？：国家安全与新闻自由的冲突》 [美] 盖里·罗斯

## 其　他

《希特勒的间谍：纳粹德国军事情报史》（全译本，上下册） [美] 戴维·卡恩
《破译者：人类密码史》（全译本，上下册） [美] 戴维·卡恩
《偷阅绅士信件的人：美国黑室创始人雅德利传》 [美] 戴维·卡恩
《大西洋密码战："捕获"恩尼格玛》 [美] 戴维·卡恩
《间谍图文史：世界情报战 5000 年》（精装彩印） [美] 欧内斯特·弗克曼
《斯诺登档案：世界头号通缉犯的内幕故事》（修订版） [英] 卢克·哈丁
《二战后的美国对外政策》 [美] 史蒂文·胡克　约翰·斯帕尼尔
《金融情报学》 王幸平

……后续新品，敬请关注……